제2판

대학생이 알아야 할

한자

漢字

허경진 · 유춘동 공저

연세대학교 대학출판문화원

머리말

이 책은 학생들에게 한자와 관련된 지식을 공부할 수 있는 기회를 제공하고, 한자 능력검정시험이나 각종 한자 관련시험들에 대한 실제적인 대비를 목표로 만든 것이다.

그동안 한자 교육은 '한글전용론'과 '한자혼용론'의 논쟁 속에서 여러 차례 변해왔다. 이로 인해 각 세대마다 한자 능력에서 큰 차이가 있다. 현재 중등교육 과정에서 한문과목을 주당 1시간 배정해서 가르치고 있으며, 대학입시에서는 한자과목을 선택과목으로 지정해놓았다. 그런데도 대학생들의 한자실력은 이전 세대보다 부실한 상황이다. 실제로 수업을 진행해보면 한자교육을 위해 지정해 놓은 1800자를 제대로 읽고 쓸 줄 아는 학생이 드물다.

그런데 최근 주요 대기업을 중심으로 '동북아 시대'의 기업경쟁력을 고려하여, 한자능력검정자격증을 입사과정에서 중요한 채용 기준으로 활용하고 있다. 문제는 한자, 한문 지식이 거의 없는 학생들로서는 이에 대한 준비가 막막하다는 점이다. 체계적인 공부를 하려고 해도 한자의 엄청난 양으로 인하여 공부를 시작하기도 전에 겁을 먹고 걱정부터 하게 된다. 교재 선택에 있어서도 학생들은 고민을 하게 된다. 시중에 많은 교재들이 나와 있지만 학술적인 부분에서 미흡한 면이 있고, 실제 생활에서 거의 사용하지 않는 한자도 용례로 제시하고 있다. 따라서 대학에서는 학생들의 이러한 고민을 해결해주기 위한 한자 · 한문 과목의 개설이 필요하고, 이에 알맞은 교재도 필요하다.

이 책은 이런 고민에서 시작되었다. 이 책에서 제시한 한자는 현재 한자능력 검정자격시험을 주관하는 두 단체에서 제시해 놓은 한자를 활용했다. 새로운 분류로 인하여 학생들이 시험을 이중으로 준비하는 것을 막기 위해서이다. 이를 위해 기존에 두 단체에서 분류한 3급이나 3급Ⅱ의 한자를 체계적으로 제시했고, 실생활에서 필요한 용례를 익히도록 했다. 이를 통해서 한자에 대한 정확한 이해와 용례를 알 수 있고, 한자뿐만 아니라 우리말을 바르고 정확하게 이해하고 사용하는데 도움을 준다.

그리고 이 책에서는 한자상식과 한자로 읽어보기 코너를 만들었다. 한자는 단순한 문자에만 그치는 것이 아니라, 동아시아의 문화를 반영하고 의사를 전달하는 표현의 도구였다. 이로 인해 동아시아의 중요한 문화와 역사적 사건들은 모두 한자, 한문으로 기록되었다. 한자를 이해하지 못하고서는 현재의 우리를 제대로 이해하지 못한다고 해도 과언이 아니다. 한자를 배우면 인간과 역사를 이해할 수 있다. 이 책의 여러 코너에서는 이러한 점을 감안하여 꼭 필요한 지식 등을 선별해 놓았다.

아무쪼록 이 책이 학생들이 계획하는 목표에 보다 가까이 갈 수 있게 하는 친절한 교과서가 되기를 바란다.

2014년 1월

허 경 진

책의 구성과 특징

1 이 책은 한국어문회와 대한검정회에서 지정한 3급 · 3급Ⅱ 한자를 기준으로, 교재를 구성했다.

2 책은 제1부 〈한자의 이해편〉, 제2부 〈한자 학습편〉, 〈별책〉인 연습장으로 짜여있다.

3 제1부 〈한자의 이해편〉에서는 한자의 기원, 한자의 형성, 한자의 부수, 자전 찾는 법을 배운다.

4 제2부 〈한자 학습편〉에서는 다음과 같은 차례에 의하여 한자를 배운다.

1) 〈기본학습〉에서는 3급·3급Ⅱ 배정 한자를 〈표〉와 같이 '한자–훈음–총획–부수–설명–용례' 순으로 학습한다.

〈예시〉

佳 아름다울 가 8획 | 人 | 3Ⅱ	아름답다 · 좋다의 의미를 지닌 한자어. 사람 인(亻)과 서옥 규(圭)의 결합. 아름다운 미인을 뜻한다. 용례 가인(佳人), 가약(佳約), 가인박명(佳人薄命)

2) 〈심화학습〉에서는 기본학습에서 배운 한자의 훈과 음, 독음을 복습한다.

3) 〈배운 한자를 활용한 고사성어(故事成語)〉에서는 〈기본학습〉에서 제시된 한자를 활용한 고사성어를 선별하여 배운다.

4) 〈한자의 활용〉에서는 일상생활에서 꼭 알아야 할 한자·한문지식 등을 선별하여 한자상식으로 제시했고, 배운 한자를 활용한다는 의미에서 〈한자로 읽어보기〉를 만들어 놓았다.

5 〈별책〉 연습장에서는 본문의 제시된 한자를 다시 써보며 복습한다.

차례

제1부 한자의 이해편

제2부 한자 학습편

제1강

제2강

제3강

제4강

제5강

제10강

제11강

제12강

제13강

제14강

제15강

제16강

부록

제 01 부

한자의 이해편

1 한자의 기원

2 한자의 형성과 육서(六書)

3 한자의 부수(部首)

4 한자를 찾는 방법

5 조선시대 아이들이 가장 먼저 배웠던 《천자문》

1 한자의 기원

한자의 기원에 대해서는 그동안 많은 학설이 있었다. 이 중에서 가장 대표적인 설은 창힐제자설(倉頡製字說), 갑골문자설(甲骨文字說)이다.

1) 창힐제자설(倉頡製字說)

창힐(倉頡)은 중국 고대의 전설적인 제왕이었던 황제의 사관(史官)으로 알려져 있다. '창힐제자설'은 그가 최초로 한자를 만들었다는 설이다.

그는 태어날 때부터 4개의 눈을 갖고 태어났기 때문에, 보통사람들과는 달리 성덕(聖德)과 지혜가 높았다고 한다.(〈그림 1〉 참조)

그는 기록을 남기려고 고심하던 중에, 우연히 새와 짐승의 발자국을 보고 지금의 한자를 창안했다고 한다. 이러한 전설은 한(漢)나라 때부터 널리 전해져 있었고, 『한서(漢書) 예문지(藝文志)』에도 전해진다.

〈그림 1〉 신화 속의 인물, 창힐

그러나 이 학설은 어디까지나 신화에 근거를 둔 것이기 때문에, 학술적으로 받아들이기에는 한계가 있다.

2) 갑골문자설(甲骨文字說)

'갑골문자'는 거북의 등이나 소뼈에 새긴 문자를 말한다. 중국 상(商)나라 때 제사와 전쟁 그리고 수렵 등의 결과를 점치기 위하여, 이를 사용했다고 전한다.

'갑골문자'는 중국 은허(殷墟, 허난성[河南省]에 있는 상(商)나라 수도의 유적지)에서 발굴되었기 때문에, 이 지역의 명칭을 따라서 '은허문자'라 부르기도 한다.

'갑골문자'는 사물현상의 모양을 본떠서 만든 상형문자이다. 인류의 역사를 살펴볼 때, 가

장 오래된 형태의 문자 형태가 상형문자이다. (〈그림 2〉 참조)

갑골문이 시간이 흐르면서 금문(金文, 청동으로 만든 그릇에 새겨진 문자), 대전(大篆, 주나라 때 사용하던 한자체), 소전(小篆, 진시황이 개량한 한자체), 예서(隸書, 한나라 때 하급관리였던 예인(隸人)이 사용하던 한자체)의 과정을 거쳐 현재 우리가 볼 수 있는 한자와 근접한 모습으로 변화했다. 이러한 점을 감안한다면, 한자의 출발점으로 '갑골문자설'이 가장 무난하다.

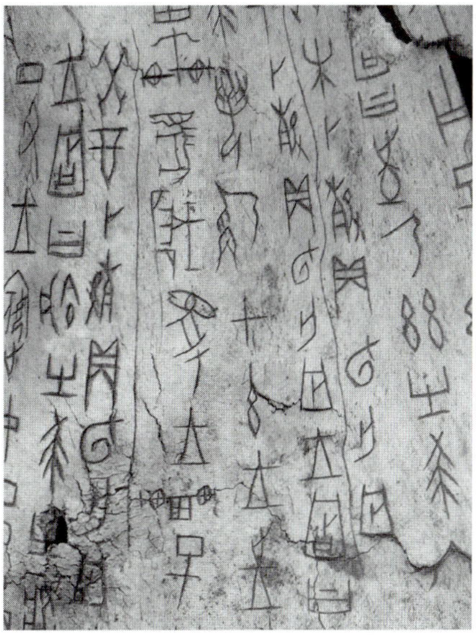

〈그림 2〉 갑골문자

지금까지 제시된 한자의 기원설을 종합해보면, 결국 한자는 어느 한 사람에 의해 만들어진 것이 아니라 자연의 모습을 본뜬 그림 같은 것에서 출발하여 오랜 세월 동안 수많은 사람들의 손을 거치면서 현재의 모습으로 만들어진 것으로 볼 수 있다.

2 한자의 형성과 육서(六書)

한자의 형성 과정은 중국 후한(後漢) 때에 허신(許愼)이 지은 『설문해자(說文解字)』에서 체계적으로 정리되었다. 이 책에서는 한자의 자형(字形)을 상형(象形)·지사(指事)·형성(形聲)·회의(會意)·전주(轉注)·가차(假借) 여섯 가지로 분류하고 이를 육서(六書)라고 했다. 이 분류 방법은 현재에도 유효하여 한자를 이해하는 데 있어서 중요한 자료가 된다.

육서(六書)	상형(象形)	한자를 만드는 원리
	지사(指事)	
	형성(形聲)	
	회의(會意)	
	전주(轉注)	한자를 운용하는 원리
	가차(假借)	

1) 상형(象形)

사물의 모양을 본떠서 만든 한자이다. 한자에서 차지하는 비중은 크지 않으나, 한자에서 가장 기본적인 글자라고 할 수 있는 부수(部首)에 해당하는 글자가 대부분 여기에 속한다. 나머지 글자들도 상당수 이를 바탕으로 만들어졌다.

1. 인체를 형상화한 것 : 人, 女, 首, 目, 耳, 口 등.
2. 천문을 형상화한 것 : 日, 月, 山, 川, 水, 雨 등.
3. 동식물을 형상화한 것 : 犬, 象, 馬, 鳥, 牛, 魚 등.
4. 사물을 형상화한 것 : 井, 門, 舟, 冊, 鼎, 弓 등.

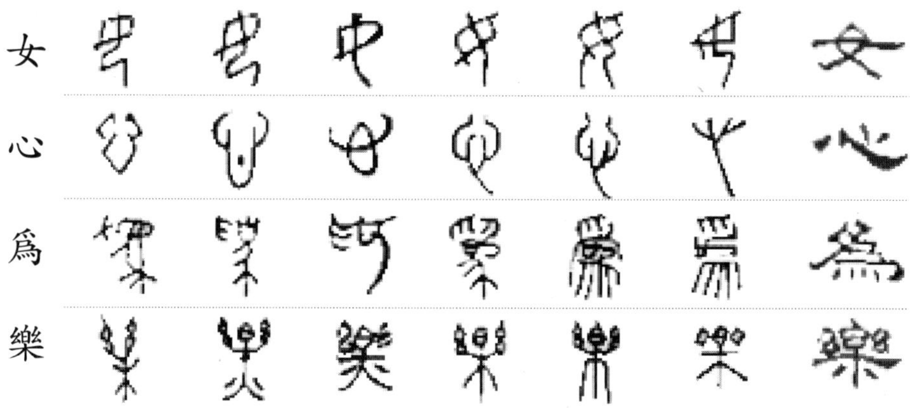

〈그림 3〉 상형자의 예

2) 지사(指事)

추상적인 개념을 점과 선을 쓰거나 부호 등을 표시함으로써, 그것을 보는 사람들에게 의미를 유추해내거나 뜻을 분명히 알도록 만든 한자이다.

1. 상징적인 개념을 의미하는 것: 一, 二, 上, 下 등.
2. 이미 만들어진 글자에 획을 더하여 의미를 보다 분명하게 하는 것: 天, 刃, 本, 甘 등.

〈그림 4〉 지사자의 예

3) 형성(形聲)

이미 만들어진 글자에서 뜻(形)과 음(聲)을 합하는 방법으로 만들어진 한자를 말한다. 한자에서 가장 많은 분량을 차지한다. 『설문해자(說文解字)』를 보면 9,353자 가운데 7,697자가 여기에 해당한다.

기존글자	기존글자	새로운 한자	
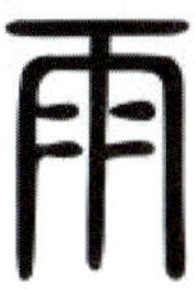			뜻: 구름 음: 운
비(雨)	이를 운(云)	뜻을 나타내는 부분[雨]과 음을 나타내는 [云] 부분이 결합하여 '구름 운'이 만들어짐	

형성자는 뜻[形]과 음[聲]이 서로 결합하는 방식에 따라 다음과 같이 나눌 수 있다. 이 경우에 대개 의미부가 부수가 된다.

1. 왼쪽이 의미부가 되고, 오른쪽이 독음부가 되는 경우(左形右聲): 梅, 懼, 伴, 唱, 情 등.
2. 오른쪽이 의미부가 되고, 왼쪽이 독음부가 되는 경우(右形左聲): 功, 判, 雞, 郡, 頂 등.
3. 위가 의미부가 되고, 아래가 독음부가 되는 경우(上形下聲): 花, 草, 雲, 霜, 霧, 星 등.
4. 아래가 의미부가 되고, 위는 독음부가 되는 경우(下形上聲): 忠, 妄, 智, 烈, 想, 梨 등.

5. 안이 의미부가 되고, 바깥이 독음부가 되는 경우(內形外聲): 悶, 聞, 辯, 問 등.
6. 바깥이 의미부가 되고, 안쪽이 독음부가 되는 경우(外形內聲): 固, 闊, 圍, 園 등.

4) 회의(會意)

이미 만들어진 글자에서 뜻(意)과 뜻(意)을 합하는 방법으로 만들어진 한자를 말한다. 형성(形聲) 다음으로 많은 분량을 차지한다.

기존글자	기존글자	새로운 한자	
			뜻: 좋다 음: 호
계집(女)	아들(子)	좋을 호(好): 여자[女]가 아이[子]를 안고 있으면 좋다는 데서 '좋다'는 의미가 만들어짐	

회의자는 뜻(意)과 뜻(意)이 서로 결합하는 방식에 따라 다음과 같이 나눌 수 있다.

1. 같은 글자로 결합되는 경우(同體會意): 林, 森, 姦, 炎, 晶 등.
2. 서로 다른 글자로 결합되는 경우(異體會意): 休, 鳴, 明, 位, 男 등.
3. 결합하면서 획을 줄이거나 변하게 하는 경우(變體會意): 孝 등.
4. 결합하면서 한 글자가 뜻과 음을 모두 가진 경우(兼聲會意): 仕 등.

5) 전주(轉注)

이미 만들어진 글자에서 뜻을 유추해, 다른 뜻의 글자로 의미가 전이(轉移) 내지 확장하는 방법이다.

기존글자	의미의 확장	기존글자	의미의 확장
	우두머리		즐겁다
	머리		좋아하다
원래의 뜻: 길다(長)	오랜	원래의 뜻: 음악(樂)	풍류

전주(轉注)는 뜻만 바뀌는 것(形轉)과 독음까지 바뀌는 것(音轉)으로 나눌 수 있다.

1. 뜻만 바뀌는 경우(形轉): 道(길→ 인생), 長(길다→ 우두머리) 등.
2. 독음까지 바뀌는 경우(音轉): 度(탁/도), 說(설/세), 數(수/삭), 惡(오/악) 등.

6) 가차(假借)

해당하는 글자의 한자가 없을 경우, 한자의 원 의미와는 상관없이 음만 빌려 쓰는 방법이다. 주로 외래어의 인명, 지명, 국명 등을 표기할 때 쓰인다.

1. 해당하는 글자가 없어서, 비슷한 뜻을 빌려 쓰는 경우: 電梯[엘리베이터], 熱狗[핫도그] 등.
2. 독음만을 빌려 쓰는 경우: 亞細亞(아시아), 獨逸(도이칠란드), 伯林(베를린), 羅馬(로마), 巴里(파리), 牛頓(뉴톤), 倍根(베이컨), 亞里斯多(아리스토텔레스) 등.

〈그림 5〉 중국에서의 맥도날드 가차표기

3 한자의 부수(部首)

현재 사용하고 있는 한자의 부수는 총 214개이며, 획수(劃數)에 따라서 1획부터 17획까지 나누어져 있다. 부수의 종류에서부터 시작해서, 부수, 제부수에 해당하는 한자까지 차례로 살펴보기로 한다.

1) 부수의 종류

명칭	설명	예
변(邊)	글자 왼쪽 부분에 있는 경우	亻, 忄, 氵, 犭, 礻, 糸, 彳, 阝(좌부방), 言, 木 등
방(傍)	글자 오른쪽 부분에 있는 경우	刂, 戈, 欠, 見, 阝(우부방), 支, 頁 등
머리	글자 위쪽 부분에 있는 경우	亠, 宀, 山, 竹, 艹, 罒, 雨 등
발	글자 아래 부분에 있는 경우	儿, 灬, 貝, 皿 등
받침	글자가 왼쪽과 아래를 덮고 있는 경우	辶, 走, 廴 등
엄호	글자가 위쪽과 왼쪽을 덮고 있는 경우	厂, 尸, 疒, 广, 虍 등
몸(에운담)	글자를 에워 싼 경우	門, 口, 凵, 匚 등
제부수	글자가 그대로 부수인 경우	入, 力, 土, 大, 牛, 鼠, 齒 등

2) 부수의 명칭

1획

一 한 일
丨 뚫을 곤
丶 점 주
丿 삐침 별
乙 새 을
亅 갈고리 궐

2획

二 두 이
亠 돼지머리 해
人(亻) 사람 인
儿 어진사람 인 발
入 들 입
八 여덟 팔
冂 멀 경
冖 민갓머리
冫 이수 변
几 안석 궤
凵 위 터진 입구
刀(刂) 칼 도
力 힘 력
勹 쌀 포
匕 비수 비
匚 감출 혜
十 열 십
卜 점 복
卩(㔾) 병부 절
厂 굴바위 엄
厶 사사 사
又 또 우

3획

口 입 구
囗 에울 위
土 흙 토
士 선비 사
夂 뒤져올 치
夊 천천히 걸을 쇠
夕 저녁 석
大 큰 대
女 계집 녀
子 아들 자
宀 갓머리
寸 마디 촌
小 작을 소
尢 절름발이 왕
尸 주검 시
山 메 산
巛(川) 개미허리 천
工 장인 공
己 몸 기
巾 수건 건
干 방패 간
幺 작을 요
广 엄 호
廴 민책받침
廾 손맞잡을 공
弋 주살 익
弓 활 궁
彐(彑) 돼지머리 계
터진가로 왈
彡 터럭 삼
彳 두인 변

4획

心(忄) 마음 심
戈 창 과
戶 지게 호
手(扌) 손 수
支 가지 지
攴(攵) 칠 복
文 글월 문
斗 말 두
斤 도끼 근
方 모 방
无 없을 무
日 날 일
曰 가로 왈
月 달 월
木 나무 목
欠 하품 흠
止 그칠 지
歹 죽을 사
殳 갖은등글월 문
毋 없을 무
比 견줄 비
毛 털 모
氏 성씨 씨
气 기운 기
水(氵) 물 수
火(灬) 불 화
爪(爫) 손톱 조
父 아비 부
爻 점괘 효
爿 장수 장 변
片 조각 편
牙 어금니 아
牛(牜) 소 우
犬(犭) 개 견

5획

玄 검을 현
玉(王) 구슬 옥
瓜 오이 과
瓦 기와 와
甘 달 감
生 날 생
用 쓸 용
田 밭 전
疋 발 소, 짝 필
疒 병질 엄
癶 걸을 발, 필발머리
白 흰 백
皮 가죽 피
皿 그릇명
目 눈 목
矛 창 모
矢 화살 시
石 돌 석
示(礻) 보일 시
禸 짐승발자국 유
禾 벼 화
穴 구멍 혈
立 설 립

6획

竹 대 죽
米 쌀 미
糸 실 사
缶 장군 부
网(罒) 그물 망
羊 양 양
羽 깃 우
老(耂) 늙을 로
而 말이을 이
耒 쟁기 뢰
耳 귀 이
聿 붓 율
肉(月) 고기 육
臣 신하 신
自 스스로 자
至 이를 지
臼 절구 구
舌 혀 설
舛 어그러질 천
舟 배 주
艮 그칠 간
色 빛 색
艸(艹) 풀 초
虍 범 호
虫 벌레 충
血 피 혈
行 다닐 행
衣(衤) 옷 의
襾 덮을 아

7획

見 볼 견
角 뿔 각
言 말씀 언
谷 골 곡
豆 콩 두
豕 돼지 시
豸 갖은돼지 시
貝 조개 패
赤 붉을 적
走 달릴 주
足 발 족
身 몸 신
車 수레 거(차)
辛 매울 신
辰 별 신
辵(辶) 쉬엄쉬엄 갈 착
邑 고을 읍
酉 닭 유
釆 분별할 변
里 마을 리

8획

金 쇠 금
長(镸) 길 장
門 문 문
阜(阝) 언덕 부
隶 밑 이
隹 새 추
雨 비 우
靑 푸를 청
非 아닐 비

9획

面 낯 면
革 가죽 혁
韋 가죽 위
韭 부추 구
音 소리 음
頁 머리 혈
風 바람 풍
飛 날 비
食 밥 식
首 머리 수
香 향기 향

10획

馬 말 마
骨 뼈 골
高 높을 고
髟 머리털 늘어질 표
鬥 싸울 투
鬯 울창주 창
鬲 다리굽은솥 력
鬼 귀신 귀

11획

魚 물고기 어
鳥 새 조
鹵 소금밭 로
鹿 사슴 록
麥 보리 맥
麻 삼 마

12획

黃 누를 황
黍 기장 서
黑 검을 흑
黹 바느질할 치

13획

黽 맹꽁이 맹
鼎 솥 정
鼓 북 고
鼠 쥐 서

14획

鼻 코 비
齊 가지런할 제

15획

齒 이 치

16획

龍 용 룡
龜 거북 귀

17획

龠 피리 약

4 한자를 찾는 방법

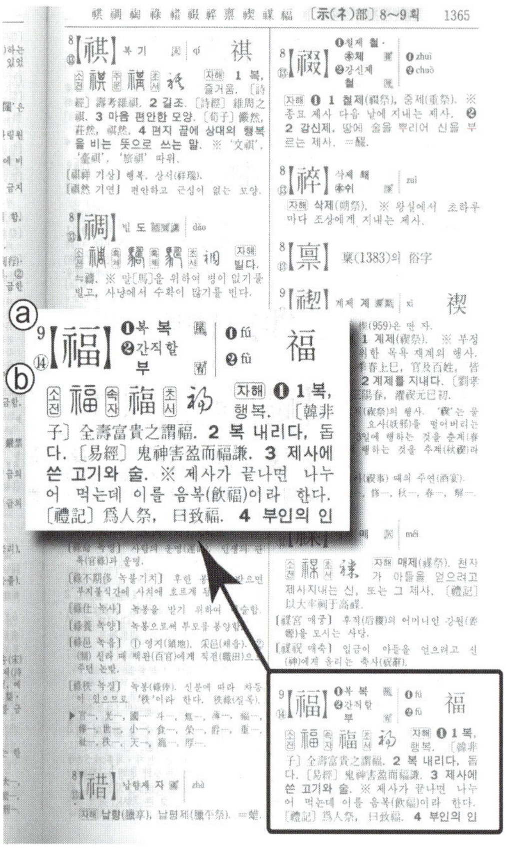

〈그림 6〉 부수색인 찾는 법

자전(字典) 또는 옥편(玉篇)은 한자를 부수와 획수의 차례로 배열하고, 뜻과 음을 써놓은 책이다. 대부분의 자전은 예시에서 볼 수 있듯이, 총획(ⓑ), 부수를 제외한 획수(ⓐ), 음(音), 해당 글자의 풀이로 짜여 있다.

자전을 통해서 원하는 글자를 찾는 방법은 크게 세 가지이다. 첫째, 부수색인(部首索引), 둘째, 자음색인(字音索引), 셋째, 총획색인(總劃索引)을 통해서 찾는 방법이다.

1) 부수색인(部首索引)을 통해서 찾는 방법

부수를 이용해서 한자를 찾는 방법이다. 먼저 찾고자 하는 한자의 부수를 확인한다. 예를 들어, 〈그림 6〉에 나오는 [福]자를 부수색인을 이용해서 찾으려면 먼저 부수인 [示]를 부수색인에서 찾고, 해당 쪽수를 확인한다. [示]를 제외한 나머지 획수가 9획이므로 9획에 해당 항목을 찾아가면 된다.

2) 자음색인(字音索引)를 통해서 찾는 방법

한자의 음을 이용해서 한자를 찾는 방법이다. 예를 들어 〈그림 7〉에 [福]자를 자음색인을 이용해서 찾으려면, 자음색인 쪽수를 찾고, 한글 독음 순으로 배열된 해당 음인 [복]를 찾고, 해당 쪽수를 찾으면 된다.

자음 색인〔병~복〕

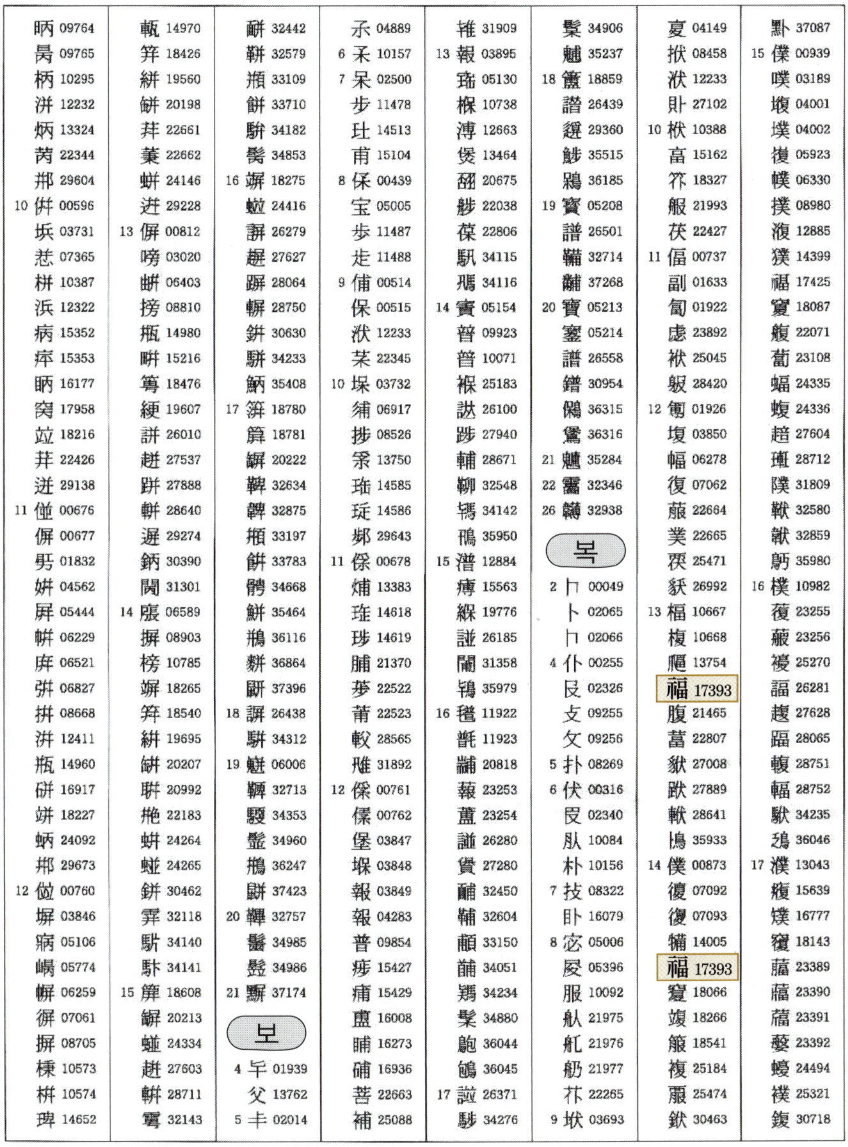

〈그림 7〉 자음색인 찾는법

3) 총획색인(總劃索引)을 통해서 찾는 방법

찾으려는 한자의 전체 획수를 이용해서 글자를 찾는 방법이다. 〈그림 8〉에 [福]자를 총획색인을 이용해서 찾으려면, 전체 획수가 14획이기 때문에 총획색인을 찾아서 14획에 가서 해당하는 한자를 찾으면 된다.

총획 색인〔14획〕

田 畽 15228	瘺 15538	敱 16377	豵 16689	碃 17051	稉 17706	窩 18077	箑 18547
畟 15229	瘵 15539	睲 16378	猴 16690	碣 17052	稻 17707	窓 18078	箬 18548
畩 15230	瘋 15540	睃 16379	猴 16691	碶 17053	稢 17708	窟 18079	箐 18549
畽 15231	瘡 15541	睯 16380	矢 矰 16766	碭 17054	穈 17709	窪 18080	箊 18550
畸 15232	瘖 15542	睻 16381	𥎊 16767	碰 17055	穆 17710	立 竭 18262	箞 18551
睦 15233	瘸 15543	睹 16382	𥎋 16768	碥 17056	稸 17711	竵 18263	箢 18552
畼 15234	瘷 15544	睗 16383	石 碣 17013	碬 17057	稫 17712	端 18264	箏 18553
畷 15235	瘓 15545	瞱 16384	碱 17014	示 禊 17388	稰 17713	竮 18265	箔 18554
畽 15236	瘇 15546	睿 16385	碁 17015	禑 17389	稈 17714	竲 18266	箋 18555
疋 疑 15284	瘦 15547	瞏 16386	碏 17016	䅇 17390	稹 17715	竧 18267	箕 18556
疐 15285	瘊 15548	瞁 16387	碑 17017	禋 17391	稼 17716	竪 18268	箚 18557
疒 瘕 15505	瘃 15549	瞼 16388	碦 17018	禖 17392	稭 17717	竫 18269	箈 18558
瘤 15506	白 皞 15816	瞮 16389	碟 17019	福 17393	稺 17718	竹 箇 18515	箐 18559
瘍 15507	皠 15817	瞞 16390	碶 17020	禗 17395	稑 17719	箉 18516	箵 18560
瘈 15508	皡 15818	瞁 16391	碻 17021	禘 17396	稦 17720	箌 18517	箪 18561
瘔 15509	皥 15819	睼 16392	碮 17022	禓 17397	穊 17721	箍 18518	箘 18562
瘑 15510	皮 皶 15910	睷 16393	磁 17023	禒 17399	稊 17722	箹 18519	箚 18563
瘏 15511	皸 15911	睤 16394	碫 17024	禕 17400	種 17723	箛 18520	箛 18564
瘌 15512	皹 15912	睽 16395	碡 17025	禍 17401	稯 17724	箛 18521	箣 18565
瘥 15513	皻 15913	睺 16396	碧 17026	禓 17402	稛 17725	箜 18522	箹 18566
瘑 15514	皼 15914	瞂 16397	碯 17027	禑 17403	稙 17726	管 18523	箾 18567
瘖 15515	皽 15915	瞀 16398	碧 17028	禐 17404	稳 17727	箤 18524	箴 18568
瘦 15516	皱 15916	睠 16399	磋 17029	禖 17405	稘 17728	箟 18525	箺 18569
瘊 15517	皲 15917	睽 16400	碩 17030	禕 17406	稤 17729	箘 18526	箽 18570
瘍 15518	皺 15918	瞅 16401	碯 17031	禋 17407	稩 17730	箟 18527	箈 18571
瘖 15519	皿 監 16025	瞎 16402	磖 17032	禌 17408	稧 17731	箕 18528	箷 18572
瘐 15520	盡 16026	瞂 16403	碧 17033	禦 17409	稱 17732	箖 18529	箳 18573
瘦 15521	盡 16027	瞏 16404	碶 17034	禎 17410	稨 17733	箵 18530	箅 18574
瘕 15522	盡 16028	瞑 16405	碤 17035	禔 17411	稰 17734	箕 18531	箥 18575
瘟 15523	盬 16029	睽 16406	碨 17036	禘 17412	稹 17735	箌 18532	箘 18576
瘍 15524	目 睫 16363	瞀 16407	碱 17037	禝 17413	穴 窨 18063	箵 18533	箺 18577
瘒 15525	瞁 16364	瞁 16408	碌 17038	禧 17414	窟 18064	箓 18534	箢 18578
瘟 15526	睍 16365	睺 16409	碹 17039	禍 17415	窠 18065	箭 18535	箴 18579
瘋 15527	睪 16366	煦 16410	磁 17040	禔 17417	窡 18066	箖 18536	米 糵 19191
瘴 15528	睴 16367	暖 16411	碴 17041	禐 17418	窴 18067	箣 18537	粿 19192
瘀 15529	睸 16368	暄 16412	碟 17042	禕 17419	窦 18068	箞 18538	粷 19193
瘓 15530	睽 16369	睦 16413	碠 17043	内 禚 17498	窪 18069	箱 18539	粹 19194
瘡 15531	睹 16370	矛 矡 16682	碮 17044	禚 17499	窩 18070	箅 18540	粸 19195
瘖 15532	瞅 16371	矠 16683	碲 17045	禾 稭 17700	窨 18071	箙 18541	粶 19196
瘨 15533	睹 16372	矡 16684	碐 17046	稭 17701	窬 18072	箐 18542	粱 19197
瘇 15534	瞁 16373	矠 16685	碮 17047	稧 17702	窬 18073	箪 18543	粺 19198
瘷 15535	瞄 16374	矡 16686	碜 17048	穀 17703	窨 18074	箟 18544	粼 19199
瘍 15536	睿 16375	矠 16687	碌 17049	稿 17704	窠 18075	算 18545	粟 19200
瘃 15537	瞀 16376	矡 16688	碁 17050	稩 17705	窬 18076	箟 18546	粺 19201

〈그림 8〉 총획색인 찾는 법

5 조선시대 아이들이 가장 먼저 배웠던 《천자문》

조선시대 아이들이 가장 먼저 배웠던 글은 《천자문(千字文)》이다. 이 글은 글자 그대로 '천 글자로 된 글'이다. 그래서 '하늘 천, 따 지, 검을 현, 누를 황'하는 식으로 천 글자가 나열된 글, 또는 책이라고만 생각하기 쉽다. 그러나 《천자문》은 한 권의 글이라기보다는 한 편의 시이다.

한시가 되려면 글자 수와 운(韻)을 맞춰야 한다. 오언절구에는 둘째 구와 넷째 구 끝자리에다 같은 운에 속하는 글자들을 써서 운을 맞췄고, 칠언절구에는 첫째, 둘째, 넷째 구의 끝자리에다 운을 맞춰 썼다. 그런데 《천자문》도 네 글자씩 구절을 나누고, 운을 맞춰 지었다. 그러니 천 글자가 모여 한 편의 시가 된 것이다.

이 책을 통해서 자연·인간·사회를 다 가르치려고 각 분야의 글자들을 뽑았기 때문에, 시의 의미 전개가 몇 단락으로 나눠졌을 뿐이다. 이에 따라서 운도 바꿔 썼다. 어려운 집 아이들은 《천자문》만 겨우 배우고도 다방면의 지식을 얻을 수 있었다.

《천자문》을 흔히 백수문(白首文)이라고도 한다. 양(梁)나라 무제(武帝)가 주흥사(周興嗣)에게 이 책을 짓게 했는데, 하룻밤 사이에 이 책을 만드느라 주흥사의 머리가 희어졌기 때문이라고 한다. 그가 그토록 고심한 까닭은 아이들이 가장 먼저 배워야 할 글자를 천 자로 정하는 것도 힘들었지만, 그 글자들을 골고루 써서 하나의 문장을 만드는 것도 힘들었고, 한 글자도 겹치지 않게 만드는 것이 더 힘들었기 때문이다. 게다가 시가 되려면 각 구절마다 마지막 구절의 운을 맞춰야 하기 때문에, 운자를 고르기가 더 힘들었을 것이다.

주흥사는 왜 글자 가르치는 책을 지으면서 시 형태로 만들었을까. 예전에 서당에서 아이들이 《천자문》을 외울 때 "하늘 천, 따 지, 검을 현, 누를 황" 하면서 높고 낮게, 길고 짧게 한목소리로 외웠던 것만 생각해봐도 알 수 있듯이, 운율 있는 시가 외우기도 좋기 때문이다. 취향에 따라 몸을 앞뒤로, 또는 좌우로 흔들면서 외우면 더 잘 외워진다. 그래서 주흥사는 운을 맞춰 시 형태로 책을 지었다.

天 하늘 천.	地 따 지.	玄 검을 현.	黃 누를 황.
宇 집 우.	宙 집 주.	洪 넓을 홍.	荒 거칠 황.

日 날 일.　　**月** 달 월.　　**盈** 찰 영.　　**仄** 기울 측.
辰 별 진.　　**宿** 잘 숙.　　**列** 벌릴 렬.　　**張** 베풀 장.

謂 이를 위.　　**語** 말씀 어.　　**助** 도울 조.　　**者** 놈 자.
焉 잇기 언.　　**哉** 잇기 재.　　**乎** 온 호.　　**也** 잇기 야.

《천자문》은 의미단락에 따라 몇 차례 운을 바꿔 썼다. 한 줄에 네 글자씩 편집했기 때문에, 시각적으로도 네 글자씩 외우기 좋게 되어 있다. 마지막 구절은 말을 이어주는 어조사들을 소개했다. 문법적으로도 완벽하게 마무리한 셈이다.

《천자문》이 시였기 때문에, 어린이들 사이에 민요로도 널리 불려졌다. 예안 지방에 전해지는 천자풀이 "하늘천 따따지 / 가마솥에 누룽지 / 딸딸 긁어서 / 배꼭다리 한 그릇"은 지금도 많은 아이들이 알고 있다. 한자의 특징을 해학적으로 풀이해서 불렀던 노래인데, 어렵고 지겨운 한자공부를 재미있게 하기 위해서 유희요같이 불렀다.

춘향이를 처음 만나고 돌아온 이도령이 서재에 앉았는데도 공부가 제대로 되지 않자, 새삼 《천자문》을 펼쳐 놓고 "하늘 천, 따 지."하고 읽었다. 그러자 옆에서 시중을 들고 있던 방자가, "여보, 도련님. 점잖이 천자는 웬일이오? 소인놈도 천자 속은 아옵니다." 하고 퉁을 주었다. 책방 도령이 그 나이에 《천자문》을 읽고 앉았을 리가 없기 때문이다. "네가 알더란 말이냐?" "알기를 이르겄소?" "안다 하니 읽어 봐라." 그러자 방자가 "예, 들으시오. 높고 높은 하늘 천(天) / 깊고 깊은 따 지(地) / 홰홰친친 가물 현(玄) / 불타졌다 누르 황(黃)." 하고 천자풀이를 불렀다.

천자풀이는 산대도감극 〈제9과장〉에도 나온다.

취발 : 하늘천 따지 가물현 누루황. 하늘이 있을 제 땅이야 없으랴! 가마솥이 있을 제 눌은 밥이 없으랴!
아해 : 북북 긁어서 선생님은 한 그릇, 나는 두 그릇 먹겠소.

이것만 보아도 《천자문》이나 천자풀이가 남녀노소 부귀빈천 가릴 것 없이 모든 사람에게 알려졌음을 알 수 있다. 돌날 선물로는 천 사람이 한 글자씩 쓴 《천인 천자문》이 가장 값진 평가를 받았다.

《천자문》은 백제 왕인 박사가 일본에 전한 것으로도 유명하다. 우리나라에서 가장 널리 알려진 《천자문》은 1583년 서울에서 한석봉의 해서체 글씨로 간행된 《석봉 천자문》이다.

1752년에 홍성원이 편찬한 《주해 천자문》에는 한 글자에 두세 가지 새김을 달았다. 첫 장을 예로 들면, '넓을 홍'에 '클 홍'이라는 새김도 달았고, '거칠 황'에 '클 황'이라는 새김도 달았다. 그래서 둘째 구절 "우주홍황(宇宙洪荒)"을 "우주는 넓고 거칠다"고 번역할 수도 있지만, "우주는 넓고도 크다"고도 번역할 수 있게 했다.

그 밖에 박팽년의 초서체 글씨로 된 《천자문》도 목판본으로 간행되었는데, 새김과 음이 없이 한자만 천 글자를 내리 써 놓았다. 요즘 우리가 보는 《천자문》은 당연히 훈민정음이 창제된 이후, 중국이나 일본과 다르게 훈과 음을 붙여 간행했음을 알 수 있다. 조선시대에는 《천자문》에 실린 1,000자만 알고도 교양인 행세를 했지만, 요즘은 문화가 바뀌어 사용하는 한자도 달라졌으므로 『대학생이 알아야 할 한자』를 다시 편찬하게 되었다.

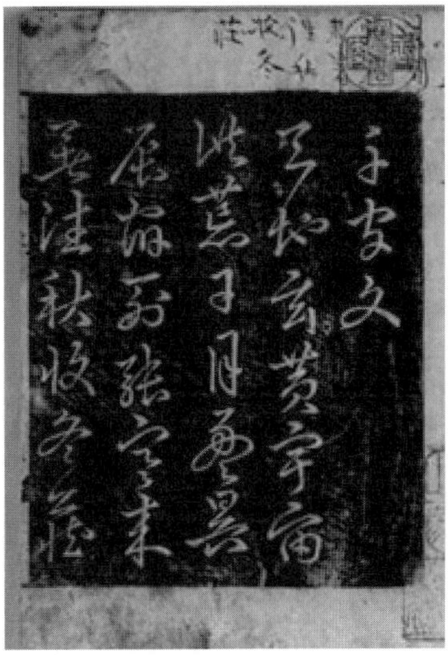
〈석봉 천자문(초서)〉

〈석봉 천자문(해서)〉

제 02 부

한자 학습편

1 기본학습: ㉠~㉭음 계열 한자어의 훈과 음 익히기

2 심화학습: 기본한자 다시 익히기

3 배운 한자를 활용한 고사성어(故事成語)

4 한자의 활용
   1) 한자상식
   2) 한자로 읽어보기

제 1 강

1 기본학습 : ㉠음 계열 한자어의 훈과 음 익히기

한자	훈음 / 획수 / 부수 / 급수	풀이 및 용례
佳	아름다울 가 8획 | 人 | 3Ⅱ	아름답다 · 좋다의 의미를 지닌 한자어. 사람 인(亻)과 서옥 규(圭)의 결합. 아름다운 사람의 뜻이다. **용례** 가인(佳人), 가약(佳約), 가인박명(佳人薄命)
架	시렁 가 9획 | 木 | 3Ⅱ	시렁 · 말뚝 · 건너지르다 · 걸다의 의미를 지닌 한자어. 나무 목(木)과 더할 가(加)의 결합. 나무로 매는 시렁, 걸다의 뜻이다. **용례** 서가(書架), 고가도로(高架道路), 가교(架橋)
却	물리칠 각 7획 | 卩 | 3	물러나다 · 물리치다의 의미를 지닌 한자어. 갈 거(去)와 병부 절(卩)의 결합. 무릎걸음으로 뒤로 물러나다의 뜻이다. **용례** 기각(棄却), 퇴각(退却), 소각(燒却)
脚	다리 각 11획 | 月(肉) | 3Ⅱ	다리 · 밟다의 의미를 지닌 한자어. 육달 월(月)과 물러날 각(却)의 결합. 뒷걸음질 칠 때에 육체의 부분인 정강이의 뜻을 지닌다. **용례** 각선미(脚線美), 각광(脚光), 교각(橋脚)
閣	집 각 14획 | 門 | 3Ⅱ	층집 · 대궐 · 마을의 의미를 지닌 한자어. 문 문(門)과 각각 각(各)의 결합. 지상에 높이 솟은 다락집의 뜻을 지닌다. **용례** 전각(殿閣), 종각(鐘閣)
刊	새길 간 5획 | 刂(刀) | 3Ⅱ	책 · 새기다 · 깎다의 뜻을 지닌 한자어. 방패 간(干)과 칼 도(刂)의 결합. 나무를 파서 책을 펴낸다는 뜻을 지닌다. **용례** 간행(刊行), 창간(創刊), 조간신문(朝刊新聞)
肝	간 간 7획 | 月(肉) | 3Ⅱ	간 · 마음 · 긴요하다 등의 뜻을 지닌 한자어. 육달 월(月)과 방패 간(干)의 결합. 몸의 근원이 되는 간을 뜻한다. **용례** 간장(肝臟), 간담(肝膽), 구곡간장(九曲肝腸)
姦	간사할 간 9획 | 女 | 3	간사 · 거짓 · 어지럽히다의 뜻을 지닌 한자어. 계집 녀(女)와 시끄러울 난(奻)의 결합. 여자들이 모여 간사함을 만들어낸다고 생각했다. **용례** 간사(姦邪), 간신(姦臣), 간통(姦通)

한자	훈음 · 획수 · 부수 · 급수	설명
幹	줄기 간 13획 | 干 | 3Ⅱ	몸 · 줄기 · 근본 · 본질의 뜻을 지닌 한자어. 빛날 간(倝)과 방패 간(干)의 결합. 잘 자란 나무줄기나 기둥의 뜻을 지닌다. **용례** 간부(幹部), 근간(根幹), 기간(基幹)
懇	간절할 간 17획 | 心 | 3Ⅱ	간절 · 정성의 뜻을 지닌 한자어. 정성스러울 간(貇)과 마음 심(心)의 결합. 정성을 다하여 일한다는 뜻을 지닌다. **용례** 간절(懇切), 간청(懇請), 간곡(懇曲)
渴	목마를 갈 12획 | 氵(水) | 3	목마르다 · 서두르다의 뜻을 지닌 한자어. 삼수변(氵)과 어찌 갈(曷)의 결합. 물이 떨어지거나 마르다의 뜻을 지닌다. **용례** 갈증(渴症), 갈망(渴望), 해갈(解渴)
鑑	거울 감 22획 | 金 | 3Ⅱ	거울 · 모범 · 보다 · 감별의 뜻을 지닌 한자어. 쇠 금(金)과 볼 감(監)의 결합. 비춰보거나 구리거울의 뜻을 지닌다. **용례** 감상(鑑賞), 귀감(龜鑑), 감식안(鑑識眼)
剛	굳셀 강 10획 | 刂(刀) | 3Ⅱ	강하다 · 굳세다의 뜻을 지닌 한자어. 칼 도(刂)와 굳셀 강(岡)의 결합. 쉽게 부러지지 않는 강한 칼의 뜻을 지닌다. **용례** 강건(剛健), 강직(剛直)
鋼	강철 강 16획 | 金 | 3Ⅱ	강철 · 강하다는 뜻을 지닌 한자어. 쇠 금(金)과 굳셀 강(岡)의 결합. 단단한 금속의 뜻을 지닌다. **용례** 강철(鋼鐵), 강판(鋼板), 제강(製鋼)
綱	벼리 강 14획 | 糸 | 3Ⅱ	벼리 · 근본 · 법 · 그물의 뜻을 지닌 한자어. 실 사(糸)와 굳셀 강(岡)의 결합. 굵고 단단한 밧줄, 그물의 뜻을 지닌다. **용례** 요강(要綱), 강령(綱領), 기강(紀綱)
介	낄 개 4획 | 人 | 3Ⅱ	끼다 · 나누다 · 갑옷의 뜻을 지닌 한자어. 갑옷 속에 들어가 있는 사람을 본뜬 모양. 사람이 사이에 끼어들어 일을 처리하거나 나누다의 뜻을 지닌다. **용례** 개입(介入), 소개(紹介), 중개인(仲介人)
皆	다 개 9획 | 白 | 3	다 · 모두의 뜻을 지닌 한자어. 견줄 비(比)와 말할 백(白)의 결합. 사람들이 한 목소리로 말한다는 뜻을 지닌다. **용례** 거개(擧皆), 개근상(皆勤賞)
概	대개 개 15획 | 木 | 3Ⅱ	대개 · 저울 · 평목의 뜻을 지닌 한자어. 나무 목(木)과 이미 기(旣)의 결합. 곡식이 넘치는 것을 밀어서 고르게 하는 평미레를 뜻한다. **용례** 대개(大概), 개관(概觀), 개념(概念)
蓋	덮을 개 14획 | 艹(艸) | 3Ⅱ	덮다 · 가리다 · 우산 · 대개 등의 뜻을 지닌 한자어. 풀 초(艹)와 덮을 합(盍)의 결합. 풀을 엮어서 만든 덮개의 뜻을 지닌다. **용례** 개복(蓋覆), 개연적(蓋然的)

한자	훈음 / 획수 / 부수 / 급수	뜻풀이
慨	슬퍼할 개 14획 | 忄(心) | 3	슬퍼하다 · 분노하다 · 탄식하다의 뜻을 지닌 한자어. 마음 심(忄)과 목멜 기(旣)의 결합. 마음이 막히어 한숨을 터뜨리고 탄식한다는 뜻이다. **용례** 개탄(慨嘆), 분개(憤慨), 감개(感慨)
距	떨어질 거 12획 | 足 | 3 Ⅱ	떨어지다 · 막다의 뜻을 지닌 한자어. 발 족(足)과 클 거(巨)의 결합. 원래보다 멀리 떨어져 있다는 뜻이다. **용례** 거금(距今), 거리(距離), 상거(相距)
乾	하늘/마를 건 11획 | 乙 | 3 Ⅱ	하늘 · 마르다의 뜻을 지닌 한자어. 빛날 간(倝)과 새 을(乙)의 결합. 긴 깃대를 본뜬 모양이며, 하늘의 뜻을 나타낸다. **용례** 건곤(乾坤), 건조(乾燥), 건어물(乾魚物)
乞	빌 걸 3획 | 乙 | 3	빌다 · 청하다 · 구걸하다의 뜻을 지닌 한자어. 음이 기(祈)에 가까워서 빌다의 뜻으로 쓰이게 되었다. **용례** 구걸(求乞), 걸인(乞人), 걸식(乞食)
劍	칼 검 15획 | 刂(刀) | 3 Ⅱ	칼 · 검법의 뜻을 지닌 한자어. 뾰족할 첨(僉)과 칼 도(刂)의 결합. 끝이 날카롭게 뾰족한 칼을 나타낸다. **용례** 검도(劍道), 검술(劍術), 검객(劍客)
隔	사이 뜰 격 13획 | 阜(阝) | 3 Ⅱ	막다 · 막히다 · 사이가 뜨다의 뜻을 지닌 한자어. 언덕 부(阝)와 막을 격(鬲)의 결합. 언덕으로 가로막혔다는 뜻이다. **용례** 격차(隔差), 격리(隔離), 격세(隔世), 격의(隔意)
遣	보낼 견 14획 | 辶 | 3	보내다 · 파견하다의 뜻을 지닌 한자어. 양손에 고기를 들고 군대가 원정 나간다는 뜻을 나타낸다. **용례** 파견(派遣), 견외(遣外)
絹	비단 견 13획 | 糸 | 3	비단 · 명주의 뜻을 지닌 한자어. 실 사(糸)와 장구벌레 연(肙)의 결합. 스러질 것 같이 가볍고 얇은 깁의 뜻을 나타낸다. **용례** 견직물(絹織物), 인조견(人造絹)
肩	어깨 견 8획 | 月(肉) | 3	어깨 · 견주다 · 맡기다의 뜻을 지닌 한자어. 지게 호(戶)와 육달 월(月)의 결합. 호(戶)는 어깨의 형상을 나타낸다. **용례** 견비통(肩臂痛), 견장(肩章), 비견(比肩)
牽	이끌 견 11획 | 牛 | 3	끌다 · 줄의 뜻을 지닌 한자어. 소코뚜레의 밧줄을 잡아당겨 나아가게 하는 형상을 나타낸다. **용례** 견인차(牽引車), 견우(牽牛), 견제구(牽制球)
兼	겸할 겸 10획 | 八 | 3 Ⅱ	겸하다 · 쌓다 · 단정히 하다의 뜻을 지닌 한자어. 많은 벼 역(秝)과 손 우(又)의 결합. 나란히 서 있는 벼를 합쳐서 손에 쥔 모양을 형상화한 것이다. **용례** 겸비(兼備), 겸임(兼任), 겸직(兼職)

한자	훈음	획수·부수·급수	풀이	용례
謙	겸손할 겸	17획 | 言 | 3Ⅱ	겸손하다 · 사양하다의 뜻을 지닌 한자어. 말씀 언(言)과 겸할 겸(兼)의 결합. 말을 통해 스스로를 낮춘다는 뜻이다.	겸손(謙遜), 겸사(謙辭), 겸허(謙虛)
訣	이별할 결	11획 | 言 | 3Ⅱ	이별하다 · 애도하다 · 비결의 뜻을 지닌 한자어. 말씀 언(言)과 떨어질 결(決)의 결합. 결(決)은 딱 갈라지다는 뜻을 나타낸다.	결별(訣別), 영결식(永訣式), 비결(秘訣)
硬	굳을 경	12획 | 石 | 3Ⅱ	굳다 · 단단하다 · 강하다의 뜻을 지닌 한자어. 돌 석(石)과 단단할 경(更)의 결합. 단단한 돌의 의미를 나타낸다.	경직(硬直), 강경(强硬), 경화(硬化)
竟	마칠 경	11획 | 立 | 3	마치다 · 다하다의 뜻을 지닌 한자어. 사람이 음악 연주를 끝내다는 뜻에서 끝나다의 의미가 만들어졌다.	필경(畢竟), 경야(竟夜)
耕	밭갈 경	10획 | 耒 | 3Ⅱ	밭을 간다는 뜻을 지닌 한자어. 쟁기 뢰(耒)와 우물 정(井)의 결합. 쟁기로 농경지를 간다는 뜻이다.	농경(農耕), 경작(耕作), 경운기(耕耘機)
卿	벼슬 경	12획 | 卩 | 3	벼슬 · 귀족 · 선생 · 대접하다의 뜻을 지닌 한자어. 두 사람이 음식을 마주보고 있는 모양을 본떠서 향하다, 대접하다, 담당자의 의미를 지니게 되었다.	공경(公卿), 경등(卿等)
庚	별 경	8획 | 广 | 3	별 · 일곱 번째 천간 · 나이의 뜻을 지닌 한자어. 천간(天干)의 일곱째 글자이다.	경신(庚申), 경진(庚辰), 경술국치(庚戌國恥)
頃	잠깐 경	11획 | 頁 | 3Ⅱ	잠깐 · 잠시 · 밭이랑의 뜻을 지닌 한자어. 비수 비(匕)와 머리 혈(頁)의 결합. 비(匕)가 한쪽으로 쏠리는 사람의 형상으로, 머리를 한쪽으로 기울인다는 뜻을 지니게 되었다.	경각(頃刻), 식경(食頃)
徑	지름길 경	10획 | 彳 | 3Ⅱ	지름길 · 빠르다의 뜻을 지닌 한자어. 조금 걸을 척(彳)과 길 경(巠)의 결합. 경(巠)은 똑바르다의 뜻으로 한번에 갈 수 있는 지름길을 뜻하게 되었다.	경로(徑路), 첩경(捷徑)
桂	계수나무 계	10획 | 木 | 3Ⅱ	계수나무 · 월계수 · 달의 뜻을 지닌 한자어. 나무 목(木)과 서옥 규(圭)의 결합. 계수나무의 모습을 형상화한 글자이다.	월계수(月桂樹), 월계관(月桂冠), 계피(桂皮)
癸	북방/천간 계	9획 | 癶 | 3	북쪽 · 열째 천간의 뜻을 지닌 한자어. 기후를 관측하며 방위를 측정하는 기구에서 현재 의미로 사용하게 된 글자이다.	계미(癸未), 계방(癸方), 계축일기(癸丑日記)

繫	맬 계 19획 | 糸 | 3	매다 · 묶다 · 머물다의 뜻을 지닌 한자어. 수레와 수레 사이를 실로 단단히 묶는다는 의미를 지닌다. 용례 계류(繫留), 연계(連繫)
契	맺을 계 9획 | 大 | 3Ⅱ	맺다 · 일치하다의 의미를 지닌 한자어. 부절(符節)의 뜻을 지닌다. 이로 인해 약속, 새기다, 맹세하다의 의미를 지닌다. 용례 계약(契約), 계약금(契約金), 계기(契機)
啓	열 계 11획 | 口 | 3Ⅱ	열다 · 인도하다 · 별의 의미를 지닌 한자어. 손으로 문을 연다는 뜻이다. 용례 계몽(啓蒙), 계도(啓導), 계발(啓發)
械	기계 계 11획 | 木 | 3Ⅱ	기계 · 도구 · 형틀의 의미를 지닌 한자어. 나무 목(木)과 경계할 계(戒)의 결합. 죄인을 벌주기 위해 나무로 만든 형틀을 뜻한다. 용례 기계(器械), 기계(機械)
溪	시내 계 13획 | 氵(水) | 3Ⅱ	시내 · 산골짜기의 의미를 지닌 한자어. 삼수변(氵)과 실 해(奚)의 결합. 실이 이어지듯 쏟아지는 시냇물의 의미를 지닌다. 용례 계곡(溪谷), 계천(溪川), 청계천(淸溪川)

2 심화학습 : 기본한자 다시 익히기

1) 다음 훈과 음을 지닌 한자를 쓰시오.

아름다울 가 [ ]	시렁 가 [ ]	물리칠 각 [ ]	다리 각 [ ]
집 각 [ ]	새길 간 [ ]	간 간 [ ]	간사할 간 [ ]
줄기 간 [ ]	간절할 간 [ ]	목마를 갈 [ ]	거울 감 [ ]
강철 강 [ ]	굳셀 강 [ ]	벼리 강 [ ]	낄 개 [ ]

훈	음		훈	음		훈	음		훈	음	
다	개		대개	개		덮을	개		슬퍼할	개	
떨어질	거		하늘/마를	건		빌	걸		칼	검	
사이 뜰	격		보낼	견		비단	견		어깨	견	
이끌	견		겸할	겸		겸손할	겸		이별할	결	
굳을	경		마칠	경		밭갈	경		벼슬	경	
별	경		잠깐	경		지름길	경		계수나무	계	
북방/천간	계		맬	계		맺을	계		열	계	
기계	계		시내	계							

2) 다음 한자의 훈과 음을 쓰시오.

1. 溪(　　)
2. 械(　　)
3. 啓(　　)
4. 契(　　)
5. 繫(　　)
6. 癸(　　)
7. 桂(　　)
8. 徑(　　)
9. 頃(　　)
10. 庚(　　)
11. 卿(　　)
12. 耕(　　)
13. 竟(　　)
14. 硬(　　)
15. 訣(　　)
16. 謙(　　)
17. 兼(　　)
18. 牽(　　)
19. 肩(　　)
20. 絹(　　)
21. 遣(　　)
22. 隔(　　)
23. 劍(　　)
24. 乞(　　)
25. 乾(　　)
26. 距(　　)
27. 慨(　　)
28. 蓋(　　)
29. 槪(　　)
30. 皆(　　)
31. 介(　　)
32. 綱(　　)
33. 剛(　　)
34. 鋼(　　)
35. 鑑(　　)
36. 渴(　　)
37. 懇(　　)
38. 幹(　　)
39. 姦(　　)
40. 肝(　　)

41 刊(　　　　)　42 閣(　　　　)　43 脚(　　　　)　44 却(　　　　)
45 架(　　　　)　46 佳(　　　　)

3) 다음 밑줄 친 한자의 독음을 쓰시오.

(1) 두 사람은 집안의 반대로 어려움을 겪었지만 결국 허락을 받아내고 백년 佳約을 맺게 되었다.

(2) 이번에 공개되는 홍보자료에는 문화재에 대한 이해를 높이고, 書架에 비치된 문화재 관련 서적을 자세히 소개하고 있다.

(3) 서울중앙지법 민사50부는 30일 지상파 방송3사가 "지상파 방송을 전송할 수 없게 해달라"며 케이블 방송업체를 상대로 낸 가처분 신청을 棄却했다.

(4) 몸매의 조형적 아름다움이 좌우로 움직이는 다이내믹한 선의 동세에서 온다면, 脚線美는 날렵한 선의 속도감에서 온다.

(5) 1398년(태조 7년) 한성부의 운종가(雲從街) 동편(지금의 종로 네거리)에 鐘閣을 세워 인정(人定)과 파루(罷漏)를 알렸다.

(6) 이 책은 조선시대에 刊行된 중국문학 관계 책들의 특징과 그 학술적인 가치를 밝힌 연구서이다.

(7) 작년 여름에 많은 공포영화들이 개봉되어 우리들의 肝膽을 서늘하게 하였다.

(8) 대부분 나라들은 제2차 세계대전 이후에 姦通罪를 폐지하였다. 현재 이 법을 실행하고 있는 나라는 우리나라와 대만뿐이다.

(9) 올해부터 국가 基幹산업의 경쟁력 강화를 위하여 철강, 차, 조선 등에 본격적인 구조조정이 실시된다고 한다.

(10) 울산시 울주군 서생면 간절곶 해안에서, 해맞이 관광객들이 소망우체통에 넣을 엽서를 쓰고 있다. 이곳에는 우리나라에서 가장 큰 우체통이 설치되어 있는데, 해마다 사람들은 懇切한 소망을 담아 엽서를 보내는 것으로 새해를 맞고 있다.

(11) 지금과 같은 추세라면 내년 상반기에도 조선업계의 수주가뭄이 解渴될 가능성이 쉽지 않다는 것이 전문가들의 공통된 견해이다.

(12) 책을 소개하는 것도 중요하지만 어른들의 鑑識眼을 높여주는 것이 비평가의 일차적 덕목이 되어야한다.

(13) 철근 단가 인상에 따라 製鋼업체들의 가격인상이 뒤따를 전망이다.

(14) 고인이 남긴 유품을 통해, 소박하지만 剛直한 고인의 인품을 느낄 수 있습니다.

(15) 대학입시의 정시모집을 위한 세부 要綱이 곧 발표될 예정이다.

(16) 仲介人은 상법 제93조에 따라 타인 간의 상행위를 중개하는 것을 영업으로 하는 자를 말한다.

(17) 소아청소년과 보호자가 함께 무료로 운동을 배운다. 선착순 접수이며 운동교실에 네 번 모두 참석하는 소아청소년에게는 皆勤賞은 물론 푸짐한 상품이 준비돼 있다.

(18) 이 글에서는 인지행동적 가족치료이론의 발달과정을 역사적으로 槪觀하고, 이론마다 가족문제를 어떻게 개념화하고 개입하는지를 상세하게 고찰하였다.

(19) 이 강의를 통하여, 발명에서의 蓋然的 추론과 교육에서의 蓋然的 추론의 차이점을 분석해보기로 한다.

(20) 고위 관계자는 논평을 통해 "이전까지 기술을 이전받기 위해서 설움만 받았지만 이제는 처지가 역전된 점을 感慨무량해 했다"고 말했다.

(21) 이 시집은 시인의 시간적 相距에 따라 '시로써 한평생을 아슬아슬하게 통과해 온 체험과 사유의 편린'들을 되짚어 보고자 씌여진 것이다.

(22) 멸치나 다시마, 새우, 표고버섯 등을 갈아서 음식에 넣으면 담백하면서도 감칠맛을 낼 수 있다. 단, 멸치나 새우 등의 乾魚物은 자체에 염분을 함유하고 있으므로 물에 씻어 염분을 빼낸 뒤 바짝 말려서 가루를 낸다. 그리고 이러한 乾魚物 가루를 음식에 넣을 때는 소금이나 간장

을 적게 넣어 음식의 간을 맞춰야 한다.

(23) 제2신분을 제외한 나머지 국민의 대다수는 제3신분에 속하였다. 그 수는 전 인구의 96%에 달하였으며, 거기에는 가장 부유한 부르주아지로부터 乞人에 이르기까지 다양한 사회계층이 포함되었다. 이 중에서 대다수는 농민으로서 총인구의 3/4를 차지하고 있었다.

(24) 일본 검술사에 있어 궁극의 경지를 이룩했으나 기록다운 기록 하나 남기지 않고 사라져간 환상의 劍術. 그는 도장의 수제자로서 劍術은 스승을 능가한다고도 일컬어진 천재적인 인물이다.

(25) 인간에게 최고의 스트레스는 혼자 隔離돼 있는 것이다. 隔離는 육체적 · 정신적인 자극을 제거해 뇌신경회로의 퇴화를 촉진하여 치매를 앞당기게 된다.

(26) 미국 여객기 테러 기도사건의 배후로 알려진 알-카에다를 지원하기 위해 예멘에 전투요원들을 派遣할 방침임을 밝혔다고 AFP통신 등 외신들이 2일 전했다.

(27) 기원전 중국에서는 오랫동안 양잠과 제사를 엄격한 국가 관리 하에 두어 비밀로 하고 絹織物을 팔았기 때문에, 서역에서는 현란한 무늬의 섬세한 중국 絹織物의 실이 누에고치에서 나온다는 사실을 전혀 모르고 지냈다.

(28) 〈해동이적〉에 의하면 단군은 1508년의 수명을 누린 신선으로서, 중국의 전설적인 성군인 황제에 比肩된다.

(29) 반도체 시장의 회복은 세계 경제 회복의 牽引車 역할을 했다.

(30) 학교 측은 그가 총장의 허가를 받지 않고 사외이사를 兼職하고 있는 것은 '학교의 사외이사 兼職에 관한 규정'을 위반하는 것이라고 징계사유를 밝히고 있다.

(31) 謙遜한 자세로 나를 낮추면 왠지 친구들이 무시할 것 같고 잘 몰라 줄 것 같아 불안한가요? 그렇지 않아요. 謙遜하면 할수록 나의 재능과 지혜가 더욱 커지고 빛이 난답니다.

(32) 永訣式에서 안장식까지 대략 백만 명의 인파가 모여들었다.

(33) 硬直되기 쉬운 근육을 풀어주기 위해서는 무엇보다도 준비운동이 필요하다.

(34) 네가 얼굴에 땀이 흘러야 식물을 먹고 畢竟은 흙으로 돌아가리니, 그 속에서 네가 취함을 입었음이라 너는 흙이니 흙으로 돌아갈 것이니라 하시니라.

(35) 농촌지역에서는 耕耘機 등 농기계가 지날 수 있는 부체도로를 별도로 설치해 농기계 등과 관련한 사고발생도 줄여나가기로 했다.

(36) 왕이 말하기를, "지금 과인이 卿等과 함께 태평을 누리는 것은 유신의 공이다. 만약 이를 멀리하여 버린다면 착한 이를 버리는 것이어서 하늘의 엄벌을 받을 것이다"라고 했다.

(37) 통치권을 잃은 대한제국은 일본 제국에 편입되었고, 일제 강점기가 시작되었다. 한국에서는 이를 庚戌國恥라고 부른다.

(38) 자동차 회사는 정부의 새 환경 기준을 맞추지 못해 새해부터 상용차 생산을 중단한다. 여기에 딸린 100여명의 생산직 직원과 600여 도급직원들의 운명이 頃刻에 달렸다.

(39) 외국어를 공부할 때 捷徑 중에 하나는 무조건 암기하는 것이다.

(40) 고대 그리스에서 월계수는 아폴로신에 바쳐지는 나무로, 月桂冠은 승자나 영웅 및 천재의 머리에 씌워주는 영광의 관이었다. 이후 영웅이나 시인의 명예를 뜻하기도 하며, 가장 뛰어난 사람을 찬양하는 추상적 표현으로도 사용되었다.

(41) 풍수지리에서 말하는 癸方은 북동쪽을 나타내매, 묏자리나 집터의 등지고 앉은 모습을 말한다.

(42) 이 사건은 현재 법원에 繫留 중이다.

(43) 혼인은 부부가 된다는 의사의 합치에서 출발하는데, 이 합의는 일종의 契約이다. 혼인은 부부가 되기로 한 남녀의 개인적인 사건인 동시에, 사회의 질서와 제도 속에 편입되는 사회적 약속이다.

(44) 사람이 지닌 슬기와 재능을 일깨워서 드러나게 해주는 것을 啓發이라 말하고, 외부의 힘에

의해 어떤 것을 만드는 것을 개발이라고 한다.

(45) 機械공학과 계통은 기계설계학과, 기계산업시스템공학과, 산업기계공학과 등으로 무려 80여 개의 학과로 세포 분열되어 있다.

(46) 清溪川 물길이 다시 열렸다. 반세기 만에 이름 그대로의 맑은 清溪川이 시민 품으로 돌아왔다.

3 배운 한자를 활용한 고사성어(故事成語)

1 재자가인(才子佳人)

字句 풀이 才: 재주 재, 子: 아들 자, 佳: 아름다울 가, 人: 사람 인

해설 재주 있는 남자와 아름다운 여자를 아울러 이르는 말. 한 쌍의 아름다운 남녀를 가리키는 말로 사용되었고, 이후 소설에서 남녀주인공을 지칭하는 말로 등장한다. 재자(才子)는 《좌전(左傳)》, 가인(佳人)은 《한서(漢書)》에서 유래했다.

2 사상누각(沙上樓閣)

字句 풀이 沙: 모래 사, 上: 위 상, 樓: 다락 루, 閣: 집 각

해설 모래 위에 세워진 누각이라는 말로, 기초가 약하면 건물이 무너진다는 뜻이다.

3 간담상조(肝膽相照)

字句 풀이 肝: 간 간, 膽: 쓸개 담, 相: 서로 상, 照: 비출 조

해설 간과 쓸개를 서로 꺼내 비춰 보인다는 말. 진심을 터놓고 격의 없이 사귀거나, 마음이 잘 맞는 절친한 사이를 의미한다. 한유(韓愈)의 《유자후묘지명(柳子厚墓誌銘)》에서 유래했다.

4 갈이천정(渴而穿井)

字句 풀이 渴: 목마를 갈, 而: 말이을 이, 穿: 뚫을 천, 井: 우물 정

해설 갈증이 나야 우물을 판다는 말로, 자신이 급해야 서둘러서 일을 한다는 뜻이다. 《설원(說苑)》에서 유래했다.

5 태강즉절(太剛則折)

字句 풀이 太: 클 태, 剛: 굳셀 강, 則: 곧 즉, 折: 꺾을 절

해설 지나치게 강하면 꺾어진다는 말. 《회남자(淮南子)》에서 유래했다.

6 개관사정(蓋棺事定)

字句 풀이 蓋: 덮을 개, 棺: 관 관, 事: 일 사, 定: 정할 정

해설 관 뚜껑을 덮은 후에야 모든 일이 결정된다는 말로, 사람은 죽고 나서야 비로소 평가를 받는다는 뜻이다. 두보(杜甫)의 시에서 유래했다.

7 감개무량(感慨無量)

字句 풀이 感: 느낄 감, 慨: 슬퍼할 개, 無: 없을 무, 量: 헤아릴 량

해설 지나간 일 등에 대해 느끼는 바가 끝이 없다는 말로, 마음속에 사무치는 느낌이나 생각을 뜻한다.

8 건곤일척(乾坤一擲)

字句 풀이 乾: 하늘 건, 坤: 땅 곤, 一: 한 일, 擲: 던질 척

해설 하늘과 땅을 걸고 주사위를 던진다는 말로, 운을 하늘에 맡기고 최후의 승부를 건다는 뜻이다. 한유(韓愈)의 시에서 유래했다.

9 걸해골(乞骸骨)

字句 풀이 乞: 빌 걸, 骸: 뼈 해, 骨: 뼈 골

해설 해골을 빈다는 말로, 관리(官吏)가 나이가 들어 조정의 정사에 참여하지 못할 때, 임금에게 물러나기를 청한다는 뜻이다. 《사기(史記)》에서 유래했다.

10 구밀복검(口蜜腹劍)

字句 풀이 口: 입 구, 蜜: 꿀 밀, 腹: 배 복, 劍: 칼 검

해설 입에는 꿀을 바르고 있지만 배속에는 칼을 품고 있다는 말로, 겉으로는 친한 듯 보이지만 속으로는 해칠 생각을 품고 있다는 뜻이다. 《십팔사략(十八史略)》에서 유래했다.

11 격세지감(隔世之感)

字句 풀이 隔: 사이 뜰 격, 世: 세상 세, 之: 갈 지, 感: 느낄 감

해설 세상이나 세대 간에 많은 변화를 보고 느끼는 감회라는 뜻이다.

12 견강부회(牽强附會)

字句 풀이 牽: 이끌 견, 强: 강할 강, 附: 붙을 부, 會: 모일 회

해설 이치에 맞지 않는 말 등을 억지로 가져다 붙인다는 뜻이다.

13 주경야독(晝耕夜讀)

字句 풀이 晝: 낮 주, 耕: 밭갈 경, 夜: 밤 야, 讀: 읽을 독

해설 낮에는 밭을 갈고 밤에는 독서를 한다는 말로, 어려운 상황에서 공부한다는 뜻이다.

14 만경창파(萬頃蒼波)

字句 풀이 萬: 일만 만, 頃: 이랑·잠깐 경, 蒼: 푸를 창, 波: 물결 파

해설 만 이랑의 푸른 물결이라는 말로, 한없이 넓고 푸른 바다를 뜻한다.

4 한자의 활용

1) 한자상식: 간지와 육십갑자

(1) 간지(干支)

동양 사람들은 세상의 시간을 열둘로 나누었다.

태양이 지구를 한 바퀴 돌아오는 시간을 열둘로 나눈 것은 서양 사람들도 마찬가지이지만, 날짜도 열둘로 나누었다. 그리고 그 날짜나 달, 해에다 동양 사람들이 좋아하는 짐승 12가지를 하나씩 배열했다.

동양 사람들은 우주를 음양오행설로 설명했다. 음은 어둡고, 양은 밝은 것이다. 세상은 어두운 곳과 밝은 곳, 어두운 시간과 밝은 시간이 있어서 밤이 있고 낮이 있다. 오행은 동서남북과 중앙을 가리키는 다섯 가지 방향에서 시작해 다섯 가지 입맛에 이르기까지, 우리가 살고 있는 세상의 여러 가지를 알기 쉽게 나누어주고 있다. 사람들이 사물을 헤아릴 수 있는 손가락이 다섯이고, 두 손을 합하면 열이 되니까, 음양, 오행, 그리고 십간(十干) 십이지(十二支)의 체계로 세상을 나누어본 것이다. 그 손가락 계산이 한 바퀴 돌면 육십, 즉 환갑이 된다.

천간(天干)	지지(地支)	상징하는 동물	시간
갑(甲)	子(자)	쥐	오후 11시~오전 1시(三更)
을(乙)	丑(축)	소	오전 1시~오전 3시(四更)
병(丙)	寅(인)	호랑이	오전 3시~오전 5시(五更)
정(丁)	卯(묘)	토끼	오전 5시~오전 7시
무(戊)	辰(진)	용	오전 7시~오전 9시
기(己)	巳(사)	뱀	오전 9시~오전 11시
경(庚)	午(오)	말	오전 11시~오후 1시
신(辛)	未(미)	양	오후 1시~오후 3시
임(壬)	申(신)	원숭이	오후 3시~오후 5시
계(癸)	酉(유)	닭	오후 5시~오후 7시
	戌(술)	개	오후 7시~오후 9시(初更)
	亥(해)	돼지	오후 9시~오후 11시(二更)

2014년은 갑오년으로, 갑(甲)이란 글자를 오행으로 따지면 동서남북의 동쪽이고, 금목수화토의 목(木)이며, 색깔로는 파란색이다. 갑오년은 청색말로 상징되며, 말이 뜀박질하듯 활기찬 기운이 역동하는 해로 인식된다. 한편, 우리 역사에서는 갑오년은 동학혁명, 갑오경장과 같은 역사적인 사건이 일어난 해였다.

〈김유신 묘 주변의 십이지신 호석(護石)〉

(2) 육십갑자(六十甲子)

甲子	乙丑	丙寅	丁卯	戊辰	己巳	庚午	辛未	壬申	癸酉	甲戌	乙亥
갑자 (1984)	을축 (1985)	병인 (1986)	정묘 (1987)	무진 (1988)	기사 (1989)	경오 (1990)	신미 (1991)	임신 (1992)	계유 (1993)	갑술 (1994)	을해 (1995)
丙子	丁丑	戊寅	己卯	庚辰	辛巳	壬午	癸未	甲申	乙酉	丙戌	丁亥
병자 (1996)	정축 (1997)	무인 (1998)	기묘 (1999)	경진 (2000)	신사 (2001)	임오 (2002)	계미 (2003)	갑신 (2004)	을유 (2005)	병술 (2006)	정해 (2007)
戊子	己丑	庚寅	辛卯	壬辰	癸巳	甲午	乙未	丙申	丁酉	戊戌	己亥
무자 (2008)	기축 (2009)	경인 (2010)	신묘 (2011)	임진 (2012)	계사 (2013)	갑오 (2014)	을미 (2015)	병신 (2016)	정유 (2017)	무술 (2018)	기해 (2019)
庚子	辛丑	壬寅	癸卯	甲辰	乙巳	丙午	丁未	戊申	己酉	庚戌	辛亥
경자 (2020)	신축 (2021)	임인 (2022)	계묘 (2023)	갑진 (2024)	을사 (2025)	병오 (2026)	정미 (2027)	무신 (2028)	기유 (2029)	경술 (2030)	신해 (2031)
壬子	癸丑	甲寅	乙卯	丙辰	丁巳	戊午	己未	庚申	辛酉	壬戌	癸亥
임자 (2032)	계축 (2033)	갑인 (2034)	을묘 (2035)	병진 (2036)	정사 (2037)	무오 (2038)	기미 (2039)	경신 (2040)	신유 (2041)	임술 (2042)	계해 (2043)

2) 한자로 읽어보기

大概 옛 聖人이 禮樂으로 나라를 일으키고 仁義로 가르침을 베풀 때에는 怪異한 일과 헛된 勇猛, 그리고 어지러운 일과 鬼神에 대해 말하지 않았다. 그러나 帝王이 將次 일어날 때에는 符命[1]과 圖籙[2]을 받들어, 반드시 普通 사람과는 다른 점이 있은 뒤에야 큰 變化를 타서 天子의 地位를 얻어 王業을 이루는 것이다.

그러므로 黃河에서 그림이 나오고,[3] 洛水에서 글씨가 나타나[4] 聖人이 태어났다. 甚至於는 무지개가 神母를 둘러 伏羲를 낳았고, 龍이 女登과 交接해 炎帝[5]를 낳았다.

---

1) 부명(符命): 하늘이 천자가 될 자에게 준다는 신비로운 표적.

2) 도록(圖籙): 미래를 점쳐두었다는 예언집.

3) 복희 때 황하에서 등에 그림이 그려진 용마(龍馬)가 나왔는데, 이 그림을 『하도(河圖)』라고 한다. 복희는 이 그림에 의해 팔괘(八卦)를 만들었다고 한다.

4) 우임금이 홍수를 다스릴 때 낙수에서 등에 글이 씌어진 신구(神龜)가 나왔는데, 이 글을 『낙서(洛書)』라고 한다. 우임금은 이 글에 의해서 『홍범구주(洪範九疇)』를 만들었다.

5) 염제(炎帝): 고대 중국의 제왕인 신농씨(神農氏)이다.

皇娥가 窮桑의 들판에서 놀 때 神童이 스스로 '白帝의 아들'이라 일컬으면서 情을 通해 小昊를 낳았고, 簡狄은 제비알을 삼키고 契[6]을 낳았다. 姜嫄은 巨人의 발자국을 밟고 弃[7]를 낳았으며, 堯는 孕胎한 지 열넉 달 만에 태어났고, 龍이 큰 못에서 交接해 沛公을 낳았다.

이 뒤의 일들을 어찌 다 記錄할 수 있겠는가. 그렇다면 三國의 시조가 모두 신비하고 奇異한 데서 나왔다 한들 어찌 怪異하랴. 이것이 「紀異」를 여러 編 앞에 두는 까닭이다. 나의 뜻이 바로 여기에 있다.

(일연 저, 이가원 · 허경진 옮김, 『삼국유사』, 한길사, 2006)

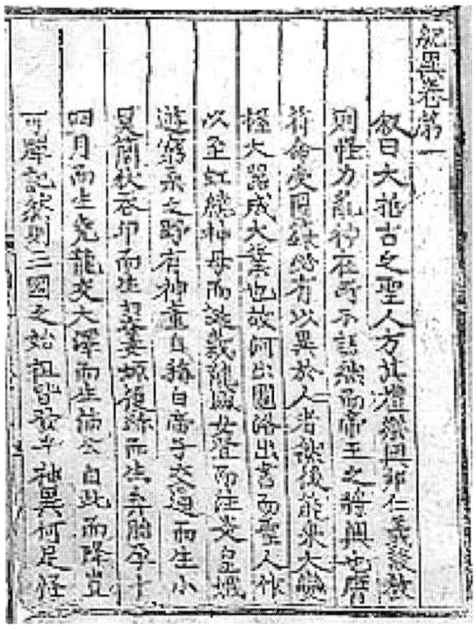
紀異卷第一
敍曰大抵古之聖人方其禮樂興邦仁義設教
則怪力亂神在所不語然而帝王之將興也膺
符命受圖籙必有以異於人者然後能乘大變
握大器成大業也故河出圖洛出書而聖人作
以至虹繞神母而誕羲龍感女登而注炎皇娥
遊窮桑之野有神童自稱白帝子交通而生小
昊簡狄呑卵而生契姜嫄履跡而生弃胎孕十
四月而生堯龍交大澤而生沛公自此而降豈
可盡記然則三國之始祖皆發乎神異何足怪

〈『삼국유사』의 서문〉

6) 설(契): 고신씨(高辛氏)의 아들인데, 순임금 때 사구(司寇)가 되었으며, 뒤에 은나라의 시조가 되었다.
7) 기(弃): 주나라의 시조인 후직(后稷)이다.

제 2 강

1 기본학습 : ㉠음 계열 한자어의 훈과 음 익히기

한자	훈음 / 획수·부수·급수	설명
顧	돌아볼 고 21획 | 頁 | 3	돌아보다 · 생각하다의 의미를 지닌 한자어. 옛 고(雇)와 머리 혈(頁)의 결합. 뒤쪽을 돌아보거나 지난 일을 돌이켜 생각해 보다는 뜻을 지닌다. **용례** 회고(回顧), 고려(顧慮), 고문(顧問)
枯	마를 고 9획 | 木 | 3	마르다 · 말라죽다의 의미를 지닌 한자어. 나무 목(木)과 굳을 고(古)의 결합. 나무가 말라서 굳어지다는 뜻을 지닌다. **용례** 고갈(枯渴), 고사(枯死), 고목(枯木), 고엽제(枯葉劑)
姑	시어머니 고 8획 | 女 | 3Ⅱ	시어머니 · 잠시의 의미를 지닌 한자어. 계집 녀(女)와 옛 고(古)의 결합. 나이 많은 여자란 뜻에서, 시어머니와 장모의 뜻을 지니게 되었다. **용례** 고부갈등(姑婦葛藤), 고종사촌(姑從四寸), 고식지계(姑息之計)
鼓	북 고 13획 | 鼓 | 3Ⅱ	북을 치다 · 두드리다의 의미를 지닌 한자어. 악기 이름 주(壴)와 지탱할 지(支)의 결합. 대나무가지로 북을 친다는 뜻을 지닌다. **용례** 고동(鼓動), 고취(鼓吹), 고함(鼓喊), 고수(鼓手),
稿	원고/볏짚 고 15획 | 禾 | 3Ⅱ	볏짚 · 원고의 의미를 지닌 한자어. 벼 화(禾)와 높을 고(高)의 결합. 크게 자란 벼의 줄기를 뜻한다. **용례** 원고료(原稿料), 고본(稿本), 기고(寄稿), 탈고(脫稿)
谷	골 곡 7획 | 谷 | 3Ⅱ	골짜기 · 좁은 길의 의미를 지닌 한자어. 샘물이 솟아 나와 산간을 흐르는 수로를 형상화한 글자이다. **용례** 심곡(深谷), 계곡(溪谷)
哭	울 곡 10획 | 口 | 3Ⅱ	울다 · 노래하다의 의미를 지닌 한자어. 부르짖을 훤(吅)과 개 견(犬)의 결합. 개가 부르짖듯이 슬피우는 뜻을 지닌 글자이다. **용례** 곡성(哭聲), 곡읍(哭泣), 대성통곡(大聲痛哭)
坤	땅 곤 8획 | 土 | 3	땅 · 여자 · 괘 이름의 의미를 지닌 한자어. 흙 토(土)와 거듭 신(申)의 결합. 만물을 자라게 하는 대지를 뜻한다. **용례** 건곤(乾坤), 곤괘(坤卦)

한자	훈음 / 획수 · 부수 · 급수	설명
供	이바지할 공 8획 | 亻(人) | 3Ⅱ	이바지하다 · 바치다의 의미를 지닌 한자어. 사람 인(亻)과 바칠 공(共)의 결합. 신을 위하여 사람을 재물로 바친 풍속에서 유래되었다고 한다. **용례** 공급(供給), 공물(供物), 공양(供養)
恭	공손할 공 10획 | ⺗(心) | 3Ⅱ	공손하다 · 조심하다의 의미를 지닌 한자어. 바칠 공(共)과 마음 심(心)의 결합. 신에게 재물을 바칠 때의 모습을 형상화했다고 한다. **용례** 공경(恭敬), 공손(恭遜)
貢	바칠 공 10획 | 貝 | 3Ⅱ	바치다 · 공물의 의미를 지닌 한자어. 조개 패(貝)와 장인 공(工)의 결합. 공물 따위를 바친다는 뜻을 나타낸다. **용례** 공납(貢納), 공물(貢物), 조공(朝貢)
恐	두려울 공 10획 | 心 | 3Ⅱ	두려움의 의미를 지닌 한자어. 조심스러울 공(巩)과 마음 심(心)의 결합. 조심스러운 마음, 상황의 뜻을 나타낸다. **용례** 공포(恐怖), 공황(恐慌), 공갈(恐喝)
誇	자랑할 과 13획 | 言 | 3Ⅱ	자랑하다 · 과시하다의 의미를 지닌 한자어. 말씀 언(言)과 자랑할 과(夸)의 결합. 말로써 큰소리친다는 뜻을 나타낸다. **용례** 과시(誇示), 과대망상(誇大妄想), 과장(誇張)
寡	적을 과 14획 | 宀 | 3Ⅱ	적다 · 홀어미의 의미를 지닌 한자어. 갓머리(宀)와 머리 혈(頁)의 결합. 집안에서 혼자 근심하는 사람의 모습을 형상화한 것이다. **용례** 중과부적(衆寡不敵), 과부(寡婦)
郭	둘레/외성 곽 11획 | 阝(邑) | 3	성곽의 의미를 지닌 한자어. 누릴 향(享)과 마을 읍(阝)의 결합. 주민을 지키는 울타리의 뜻을 지닌다. **용례** 외곽(外郭), 윤곽(輪郭), 성곽(城郭)
冠	갓 관 9획 | 冖 | 3Ⅱ	벼 · 관 · 성인의 의미를 지닌 한자어. 머리에 관을 쓰는 구체적인 모습을 형상화했다고 한다. **용례** 약관(弱冠), 관례(冠禮), 관혼상제(冠婚喪祭)
貫	꿸 관 11획 | 貝 | 3Ⅱ	꿰다의 의미를 지닌 한자어. 꿰뚫을 관(毌)과 조개 패(貝)의 결합. 꿰미에 꿴 돈의 뜻을 나타낸다. **용례** 관통(貫通), 관철(貫徹), 초지일관(初志一貫)
慣	익숙할 관 14획 | 忄(心) | 3Ⅱ	익숙하다 · 버릇의 의미를 지닌 한자어. 마음 심(忄)과 꿸 관(貫)이 결합. 물건을 꿰뚫듯이 익숙해진다는 의미를 지니고 있다. **용례** 관습(慣習), 관례(慣例), 관행(慣行), 관용어(慣用語)
寬	너그러울 관 15획 | 宀 | 3Ⅱ	너그럽다의 의미를 지닌 한자어. 갓머리(宀)와 눈 관(萈)의 결합. 집안에서 사람이 편히 누워있는 모습을 뜻한다는 설도 있다. **용례** 관대(寬大), 관용(寬容)

한자	훈음	획수 / 부수 / 급수	풀이	용례
館	집 관	17획 | 食 | 3Ⅱ	큰 집·여관의 의미를 지닌 한자어. 밥 식(食)과 벼슬 관(官)의 결합. 관청 따위의 큰 건물이나 여러 사람을 먹일 수 있는 집의 의미를 지니고 있다.	관사(館舍), 별관(別館), 여관(旅館)
狂	미칠 광	7획 | 犭(犬) | 3Ⅱ	미치다·사납다의 의미를 지닌 한자어. 개 견(犭)과 굽을 왕(王)의 결합. 짐승처럼 미치다의 의미를 지니고 있다.	광기(狂氣), 광란(狂亂), 광분(狂奔), 광신도(狂信徒)
掛	걸 괘	11획 | 扌(手) | 3	걸다·매달다의 의미를 지닌 한자어. 손으로 무엇인가를 건다는 뜻을 지닌다. 건 괘(挂)의 속자이다.	괘도(掛圖), 괘념(掛念), 괘종시계(掛鐘時計)
怪	괴이할 괴	8획 | 忄(心) | 3Ⅱ	괴상하다·이상하다·요망하다의 의미를 지닌 한자어. 마음 심(忄)과 힘쓸 골(圣)의 결합. 심리 상태가 괴이하다는 뜻을 지닌다.	괴이(怪異), 괴기(怪奇), 괴담(怪談), 괴력(怪力)
壞	무너질 괴	19획 | 土 | 3Ⅱ	무너지다·파괴하다의 의미를 지닌 한자어. 흙 토(土)와 품을 회(褱)의 결합. 흙이 갈라져 허물어진다는 의미를 지니고 있다.	파괴(破壞), 붕괴(崩壞), 괴멸(壞滅)
愧	부끄러울 괴	13획 | 忄(心) | 3	부끄러워하다의 의미를 지닌 한자어. 마음 심(忄)과 귀신 귀(鬼)의 결합. 마음이 부끄러움을 느끼다는 의미를 지니고 있다.	자괴감(自愧感)
塊	흙덩이 괴	13획 | 土 | 3	흙덩어리의 의미를 지닌 한자어. 흙 토(土)와 귀신 귀(鬼)의 결합. 흙덩이의 의미를 지니고 있다.	금괴(金塊), 지괴(地塊)
巧	공교할 교	5획 | 工 | 3Ⅱ	솜씨·교묘·거짓의 의미를 지닌 한자어. 장인 공(工)과 예리할 교(丂)의 결합. 기술과 솜씨의 의미를 지니고 있다.	기교(技巧), 교묘(巧妙), 정교(精巧), 교언영색(巧言令色)
郊	들 교	9획 | 阝(邑) | 3	들·교외·성 밖의 의미를 지닌 한자어. 사귈 교(交)와 마을 읍(阝)의 결합. 교외에서 제사를 지내는 장소, 시내의 변두리를 뜻한다.	교외(郊外), 근교(近郊)
矯	바로잡을 교	17획 | 矢 | 3	바로잡다의 의미를 지닌 한자어. 화살 시(矢)와 높을 교(喬)의 결합. 화살을 바로잡는 나무에서 유래되었다고 한다.	교정(矯正), 교각살우(矯角殺牛)
較	비교/견줄 교	13획 | 車 | 3Ⅱ	비교하다·견주다의 의미를 지닌 한자어. 수레 거(車)와 사귈 교(交)의 결합. 수레 양 옆에 교차하는 가로나무에서 유래되었다고 한다.	비교(比較), 교차(較差)

한자	훈음 / 획수 / 부수 / 급수	설명
鷗	갈매기 구 22획 | 鳥 | 3	갈매기의 의미를 지닌 한자어. 구분할 구(區)와 새 조(鳥)의 결합. 푸른 바다에서 두드러진 흰 갈매기를 형상화했다고 한다. **용례** 백구(白鷗), 압구정동(狎鷗亭洞)
狗	개 구 8획 | 犭(犬) | 3	개의 의미를 지닌 한자어. 개 견(犭)과 구부러질 구(句)의 결합. 개나 강아지를 뜻한다. **용례** 백구(白狗), 황구(黃狗), 계명구도(鷄鳴狗盜), 토사구팽(兎死狗烹)
苟	구차할 구 9획 | ++(艸) | 3	구차하다·진실하다의 의미를 지닌 한자어. 풀 초(++)와 굽을 구(句)의 결합. 원래 풀 이름을 나타내는 글자였으나 구차하다는 의미로 쓰이게 되었다. **용례** 구차(苟且), 구명(苟命)
懼	두려워할 구 21획 | 忄(心) | 3	두려워하다·조심하다의 의미를 지닌 한자어. 마음 심(忄)과 놀랄 구(瞿)의 결합. 두려워하다는 의미를 지닌다. **용례** 송구(悚懼), 의구심(疑懼心)
丘	언덕 구 5획 | 一 | 3Ⅱ	언덕·무덤·고향의 의미를 지닌 한자어. 언덕 구(坵)의 본자(本字). 낮은 언덕을 형상화했다고 한다. **용례** 구릉지대(丘陵地帶), 사구(沙丘)
久	오랠 구 3획 | 丿 | 3Ⅱ	오래되다의 의미를 지닌 한자어. 오랠 구(乆)의 본자(本字). 잡고 오랫동안 손에서 놓지 않는다는 의미를 지닌다. **용례** 영구(永久), 내구성(耐久性), 지구력(持久力).
拘	잡을 구 8획 | 扌(手) | 3Ⅱ	잡다·얽매이다의 의미를 지닌 한자어. 손 수(扌)와 올가미 구(句)의 결합. 올가미로 사람이나 동물을 잡는다는 의미를 지닌다. **용례** 구속(拘束), 구금(拘禁), 구치소(拘置所)
俱	함께 구 10획 | 亻(人) | 3	함께·갖추다의 의미를 지닌 한자어. 사람 인(亻)과 갖출 구(具)가 결합. 여러 사람이 함께하다는 의미를 지닌다. **용례** 구존(俱存), 구현(俱現)
龜	거북 구(귀)/터질 균 16획 | 龜 | 3	거북·갈라지다·점치다의 의미를 지닌 한자어. 거북의 모양을 본뜬 글자이다. **용례** 귀감(龜鑑), 균열(龜裂)
菊	국화 국 12획 | ++(艸) | 3Ⅱ	국화·양지의 의미를 지닌 한자어. 풀 초(++)와 움킬 국(匊)의 결합. 꽃잎이 한곳으로 모여서 피는 국화의 모양을 본뜬 글자라고 한다. **용례** 국화(菊花), 국화차(菊花茶)
弓	활 궁 3획 | 弓 | 3Ⅱ	활·궁술의 의미를 지닌 한자어. 활의 모양을 본뜬 글자이다. **용례** 궁술(弓術), 국궁(國弓), 양궁(洋弓)

拳	주먹 권 10획 | 手 | 3Ⅱ	주먹 · 힘 · 권법 · 정성스럽다의 의미를 지닌 한자어. 손을 구부려 쥔 주먹의 모양을 본뜬 글자라고 한다. 용례 권법(拳法), 권총(拳銃), 권투(拳鬪)
厥	그 궐 12획 | 厂 | 3	그 · 그것 · 파다의 의미를 지닌 한자어. 굴 엄(厂)과 팔 궐(欮)의 결합. 지시대명사나 동사로 쓰인다. 용례 궐녀(厥女), 궐자(厥者)
軌	바퀴자국 궤 9획 | 車 | 3	궤도 · 수레바퀴의 의미를 지닌 한자어. 수레 거(車)와 아홉 구(九)의 결합. 바퀴자국이나 길의 의미를 지닌다. 용례 궤도(軌道), 궤적(軌跡)
叫	부르짖을 규 5획 | 口 | 3	부르짖다 · 울부짖다의 의미를 지닌 한자어. 입 구(口)와 얽킬 규(丩)의 결합. 큰 소리로 울거나 부르짖다는 의미를 지닌다. 용례 절규(絶叫), 아비규환(阿鼻叫喚)

2 심화학습 : 기본한자 다시 익히기

1) 다음 훈과 음을 지닌 한자를 쓰시오.

돌아볼 고 [ ]	마를 고 [ ]	시어머니 고 [ ]	북 고 [ ]
원고/볏짚 고 [ ]	골 곡 [ ]	울 곡 [ ]	땅 곤 [ ]
이바지할 공 [ ]	공손할 공 [ ]	바칠 공 [ ]	두려울 공 [ ]
자랑할 과 [ ]	적을 과 [ ]	둘레/외성 곽 [ ]	갓 관 [ ]
꿸 관 [ ]	너그러울 관 [ ]	익숙할 관 [ ]	집 관 [ ]

훈	음	훈	음	훈	음	훈	음
미칠	광	걸	괘	괴이할	괴	무너질	괴
부끄러울	괴	흙덩이	괴	공교할	교	들	교
바로잡을	교	비교/견줄	교	갈매기	구	개	구
구차할	구	두려워할	구	언덕	구	오랠	구
잡을	구	함께	구	거북 구(귀)/터질 균		국화	국
활	궁	주먹	권	그	궐	바퀴자국	궤
부르짖을	규						

2) 다음 한자의 훈과 음을 쓰시오.

❶ 叫( ) ❷ 塊( ) ❸ 弓( ) ❹ 怪( )
❺ 愧( ) ❻ 軌( ) ❼ 郊( ) ❽ 掛( )
❾ 慣( ) ❿ 龜( ) ⓫ 拳( ) ⓬ 館( )
⓭ 坤( ) ⓮ 冠( ) ⓯ 鷗( ) ⓰ 丘( )
⓱ 苟( ) ⓲ 壞( ) ⓳ 懼( ) ⓴ 貫( )
㉑ 貢( ) ㉒ 寬( ) ㉓ 厥( ) ㉔ 恐( )
㉕ 矯( ) ㉖ 郭( ) ㉗ 狗( ) ㉘ 恭( )
㉙ 哭( ) ㉚ 誇( ) ㉛ 巧( ) ㉜ 較( )
㉝ 谷( ) ㉞ 久( ) ㉟ 狂( ) ㊱ 姑( )
㊲ 俱( ) ㊳ 鼓( ) ㊴ 供( ) ㊵ 稿( )
㊶ 枯( ) ㊷ 菊( ) ㊸ 寡( ) ㊹ 顧( )
㊺ 拘( )

3) 다음 밑줄 친 한자의 독음을 쓰시오.

(1) 그의 回顧를 통하여 당시 한국에서의 선교가 얼마나 어려운 일이었는지를 알 수 있다.

(2) 枯葉劑 환자에게 매월 1인 당 3만원의 보훈 명예수당을 지급한다고 한다.

(3) 姑婦葛藤은 아침드라마의 단골 소재이다.

(4) 판소리에서 鼓手는 창자보다 중요한 역할을 차지한다.

(5) 작가들의 原稿料는 4등급 정도로 나뉘며, B등급은 6000원 정도를 받는다.

(6) 溪谷은 울창한 활엽수림으로 이루어져 있기 때문에, 가을에는 단풍이 아름답다.

(7) 시청자들은 그 장면을 보고 모두 大聲痛哭하였다.

(8) 태극기에서 坤卦는 땅을 상징한다.

(9) 정부가 대기업에게만 부지를 $1m^2$당 36만~40만원에 供給하는 것은 형평성에 맞지 않다.

(10) 교회가 성모를 恭敬하는 까닭은 그리스도 때문이다.

(11) 朝貢은 전근대 동아시아의 국제 관계에서 중국 주변에 있는 나라들이 정기적으로 중국에 사절을 보내 예물을 바친 행위를 말한다.

(12) 여름철에는 恐怖영화를 보며 무더위를 식힌다.

(13) 그는 誇示와 세계에 대한 적대감이 뒤섞여 있는 인물로, 그를 시대의 맥락 속에서 이해할 때 그를 조금이나마 이해할 수 있다.

(14) 한 주먹이 열 주먹을 못 당한다는 속담이 있다. 衆寡不敵은 이와 같은 뜻이다.

(15) 높이 올라가면 저 멀리에 다른 봉우리도 보이고, 산맥의 전체적인 輪郭도 보일 것이다.

(16) 冠禮와 계례(笄禮)란 전통사회에서 있었던 남자들의 성인의식을 말한다.

(17) 국내 최장 터널인 강원도 춘천시 배후령 터널이 공사 6년 만에 貫通되었다.

(18) 그는 임기를 마치는 날까지 폭력에 대해서는 어떠한 寬容도 베풀지 않겠다고 말했다.

(19) 법조계에서 전관우대는 慣例로 되어 있다.

(20) 시골에 있는 조그마한 旅館은 사람들로 하여금 많은 향수를 자아낸다.

(21) 경찰은 다른 종교 狂信徒들의 우발적인 방화일 수도 있다고 보고, 이 부분에 대해 집중 조사하고 있다.

(22) 掛鐘時計를 오래도록 사용하기 위해서는 주기적으로 태엽을 감아줘야 하고, 추를 움직여서 시간조절도 해주어야 한다.

(23) 무서운 이야기는 우리들의 불만이나 원망, 불안한 마음을 간직한 채 확대 재생산되기도 한다. 이를 보면 怪談에 감정이입기능이 있다는 것도 알 수 있다.

(24) 이 사건은 사회의 제반 조건들이 급속도로 崩壞되고 있음을 여실히 보여주고 있다.

(25) 사각턱 콤플렉스 때문에 정신적 스트레스를 많이 받는다. 이로 인해 대인관계 시 위축이 되거나 예쁘지 않다는 自愧感에 빠지기도 한다.

(26) 와인은 애호가들에게는 마치 金塊처럼 가치가 변하지 않는 상품으로 여겨지는 특성을 갖고 있다.

(27) 그의 바이올린 소나타는 음악성보다는 아름다운 음률과 技巧로 더 유명하다.

(28) 시내에 지하철과 고가도로를 건설하고, 외곽 지역에 새로운 주택가를 많이 조성하는 한편, 近郊에 위성도시들도 형성되었다.

(29) 전화를 걸었을 때, 업주가 사투리만 듣고 전화를 끊어버릴 정도로 우리 사회의 차별은 심각하

다. 사투리 矯正은 꼭 필요한 문제이다.

(30) 환절기에는 밤과 낮의 日較差가 심하다.

(31) 狎鷗亭洞은 고급 아파트촌으로 유명하며 백화점 등 강남의 고급 상권을 형성한다.

(32) 하얀 마음 白狗의 제작진이 다시 뭉쳐서 장편 애니메이션을 만들기로 하였다.

(33) 세상에서 가장 苟且한 변명은 시간이 없어서 라는 말이다.

(34) 이 옷을 보면 전체방수가 될까 하는 疑懼心을 가질 수 있는데, 실제 검사결과 전체방수 기능이 있음이 확인되었다.

(35) 중부지역은 삼림이 풍부한 丘陵地帶로 대규모 산림군이 펼쳐지는 지역이다.

(36) 耐久性이 떨어지는 범용 아스팔트의 사용을 제한하고, 수명이 긴 제품을 사용하는 것도 한 방법이다.

(37) 검찰은 불법자금을 곧바로 拘束하던 전례와 달리, 이번에는 다른 처분을 내려 봐주기 논란이 일고 있다.

(38) 보안 성능을 높이는 프로그램을 지원함으로써 프로세싱 속도를 쉽게 俱現할 수 있다

(39) 발바닥과 같이 각질층이 두꺼운 부분은 각질층이 침연되어 이울거나 주름이 잡히고 龜裂이 생겨 통증을 느끼게 된다.

(40) 菊花茶는 비타민이 풍부하여 겨울철 감기 예방에 좋으며 기관지 계통을 깨끗하게 해 주어 기침, 천식, 가래해소, 후두염에 좋다고 한다.

(41) 한국 여자 洋弓의 독식을 막으려고 국제양궁협회에서 룰을 바꾼 것이 수십 차례이다.

(42) 쿵푸의 기기묘묘한 拳法은 보고만 있어도, 어깨와 허리를 움찔거리게 하는 묘미를 느낄 수 있다.

(43) 그나 그녀가 3인칭 대명사로 쓰이기 시작한 것은 최근의 일이다. 이전까지는 그 대신에 厥者를, 그녀 대신에 厥女라는 말을 썼다.

(44) 일정하게 튀기는 공은 다양한 종류의 블록에 따라 軌跡이 달라진다.

(45) 교통사고의 현장은 阿鼻叫喚, 그 자체로 참혹하였다.

3 배운 한자를 활용한 고사성어(故事成語)

1 고식지계(姑息之計)

字句 풀이 姑: 시어머니·잠깐 고, 息: 쉴 식, 之: 갈 지, 計: 셀 계

해설 당장의 편안함만을 꾀하는 일시적인 방법을 이르는 말. 《예기(禮記)》에서 유래했다.

2 고복격양(鼓腹擊壤)

字句 풀이 鼓: 북 고, 腹: 배 복, 擊: 칠 격, 壤: 흙덩이 양

해설 배를 두드리고 땅바닥을 친다는 뜻으로, 매우 살기 좋은 시절을 말한다. 고대 중국의 요임금과 순임금이 다스렸던 태평성대를 일컫는 말이다. 《십팔사략(十八史略)》에서 유래했다.

3 중과부적(衆寡不敵)

字句 풀이 衆: 무리 중, 寡: 적을 과, 不: 아닐 부, 敵: 대적할 적

해설 적은 수효로 많은 수효를 대적하지 못한다는 뜻으로,《맹자(孟子)》에서 유래했다.

4 초지일관(初志一貫)

字句 풀이 初: 처음 초, 志: 뜻 지, 一: 한 일, 貫: 꿸 관

해설 처음에 세운 뜻을 끝까지 밀고 나간다는 뜻이다.

5 교언영색(巧言令色)

字句 풀이 巧: 교묘할 교, 言: 말씀 언, 令: 하여금·꾸밀 영, 色: 빛 색

해설 교묘한 말과 보기 좋은 얼굴빛이란 뜻으로, 남의 환심을 사기 위해 아첨하는 모습을 말한다. 《논어(論語)》에서 유래했다.

6 교각살우(矯角殺牛)

字句 풀이 矯: 바로잡을 교, 角: 뿔 각, 殺: 죽일 살, 牛: 소 우

해설 소뿔을 바로 잡으려다 소를 죽인다는 뜻으로, 결점 등을 고치기 위한 수단이 도리어 지나쳐서 일을 그르친다는 말이다. 《맹자(孟子)》에서 유래했다.

7 계명구도(鷄鳴狗盜)

字句 풀이 鷄: 닭 계, 鳴: 울 명, 狗: 개 구, 盜: 도둑 도

해설 닭의 울음소리를 잘 내는 사람과 개의 흉내를 잘 내는 좀도둑이라는 뜻으로, 보잘것 없는 재주를 지닌 사람도 언젠가는 쓸모가 있음을 비유하는 말이다. 《사기(史記) 맹상군전(孟嘗君傳)》에서 유래했다.

4 한자의 활용

1) 한자상식: 24절기

우리나라의 고유 전통으로만 여기기 쉬운 24절기는 사실은 중국 주(周)나라 때 만들어진 것이다. 이전에는 달의 움직임을 토대로 만든 음력(陰曆)만을 사용했었다. 그러나 음력은 계절과 기후의 변화를 제대로 감지해내지 못하는 문제점이 있었다. 따라서 새로운 보완책이 필요했다. 그 해결책이 바로 태양의 운동을 반영해서 만든 24절기이다.

기산의 〈풍속화〉, 단오

24절기는 춘분점(春分點)을 기준으로, 태양이 움직이는 길인 황도(黃道)를 15도의 간격으로 24개로 나누고, 각각의 지점에 명칭을 붙인 것이다. 이로 인하여 음력의 문제를 보완하고 계절과 기후 변화에 민감하게 반응할 수 있었다.

이렇게 절기를 만든 이유는 농사와 밀접한 관련이 있다. 계절의 변화에 따라 그때그때 농사일을 챙겨야만 보다 많은 수확을 할 수 있기 때문이다. 따라서 우리 선조들의 삶은 이 절기와 밀접한 관련이 있었다. 때마다 농사에 필요한 일을 행했고, 그에 따른 세시 풍속도 만들어냈다. 따라서 우리 민족에게 있어서 '절기'는 떼려야 뗄 수 없는 삶의 한 부분이었다.

春 (봄)	立春(입춘)	2월 4일경	봄이 시작하는 시기. 대문이나 기둥에 입춘첩(立春帖)을 써서 붙인다.
	雨水(우수)	2월 19일경	얼었던 강물이 풀리고 초목이 싹트는 시기.
	驚蟄(경칩)	3월 5일경	동물이 겨울잠에서 깨어나는 시기. 흙일을 하면 탈이 없다고 해서 벽을 바르거나 담을 쌓기도 한다.
	春分(춘분)	3월 21일경	밤과 낮의 길이가 같아지는 시기. 바람이 매섭고 차기 때문에, "2

			월 바람에 김치독 깨진다", "꽃샘에 설늙은이 얼어죽는다"는 속담이 있다.
	淸明(청명)	4월 5일경	날씨가 맑고 청명한 시기. 한식 하루 전날이거나 같은 날이 많다. 농사력의 기준이 되며, 농가에서는 가래질을 하여 논농사의 시작을 알린다.
	穀雨(곡우)	4월 20일경	봄비가 와서 곡식이 윤택해지는 시기. 본격적인 농경이 시작된다. 이때는 나무에 물이 가장 많이 오르는 시기이므로, 나무에 상처를 내서 물을 마신다.
夏 (여름)	立夏(입하)	5월 6일경	여름이 시작되는 시기. 쑥무리를 절식(節食)으로 마련한다.
	小滿(소만)	5월 21일경	만물이 성장하여 가득하게 되는 시기. 날씨가 여름에 들어서며 모내기가 시작되고 보리 수확을 시작한다.
	芒種(망종)	6월 6일경	보리는 익고, 모가 자라는 시기. 모내기나 보리 베기가 완성된다. 1년 중 가장 바쁜 때라고 한다.
	夏至(하지)	6월 21일경	낮이 제일 길고 밤이 제일 짧은 시기. 하지부터 더워지기 시작하여 삼복(三伏)에 더위가 절정에 이른다. 단오를 전후하여 시작된 모심기가 하지 이전이면 모두 끝난다.
	小暑(소서)	7월 7일경	본격적인 더위가 시작되며 장마철이 시작되는 시기. 과일과 채소가 풍성해지고, 밀과 보리를 먹게 된다.
	大暑(대서)	7월 23일경	더위가 가장 심한 시기. 여름 과일이 가장 맛있는 때라고 한다.
秋 (가을)	立秋(입추)	8월 8일경	가을이 시작되는 시기. 밤에 서늘한 바람이 불기 시작한다.
	處暑(처서)	8월 23일경	더위가 물러가는 시기. 산소의 벌초를 한다. 이때 비가 오면 곡식이 흉작든다고 한다.
	白露(백로)	9월 8일경	이슬이 내리고 가을이 시작되는 시기. 이 무렵이면 농사를 다 짓고 추수까지 잠시 쉬는 시기이므로 가까운 친척을 방문한다고 한다.
	秋分(추분)	9월 23일경	낮과 밤의 길이가 같아지는 시기. 추수가 다 끝나는 시기이며, 이때 나물을 준비하여 먹는다고 한다.
	寒露(한로)	10월 8일경	찬 서리의 기운이 느껴지는 시기. 타작이 한창인 시기이며, 이때 국화전과 국화술을 먹는다고 한다.
	霜降(상강)	10월 23일경	서리가 내리는 시기.
冬 (겨울)	立冬(입동)	11월 7일경	겨울이 시작되는 시기. 물과 땅이 언다고 한다.
	小雪(소설)	11월 23일경	첫 눈이 오는 시기.
	大雪(대설)	12월 7일경	눈이 많이 오는 시기. 이날 눈이 많이 오면 다음해 풍년이 든다고 한다.
	冬至(동지)	12월 23일경	낮이 제일 짧고 밤이 제일 긴 시기. 역귀(疫鬼)를 쫓기 위해 팥죽을 먹는다.

	小寒(소한)	1월 6일경	겨울 중 가장 추운 시기. '대한이 소한집에 놀러 갔다가 얼어 죽었다'는 속담이 있다.
	大寒(대한)	1월 20일경	추운 시기. 겨울 추위의 매듭을 짓는다고 한다.

2) 한자로 읽어보기

〈階伯〉

階伯은 百濟人이다. 벼슬하여 達率이 되었다.

(中國) 唐나라 顯慶 五年 庚申(660年, 百濟 義慈王 20年)에 高宗이 蘇定方을 神丘道大摠管으로 삼아 軍隊를 이끌고 바다를 건너 新羅와 더불어 百濟를 칠 때, 階伯은 將軍이 되어 決死兵 五千名을 뽑아 對抗하면서 말하였다.

"한 나라 사람이 唐나라와 新羅의 大軍을 當해내야 하니, 國家의 存亡을 알 수 없다. 내 妻와 子息들이 捕虜로 잡혀 奴婢가 될지 모르는데, 살아서 辱을 보는 것보다는 차라리 快히 죽는 것이 낫다."

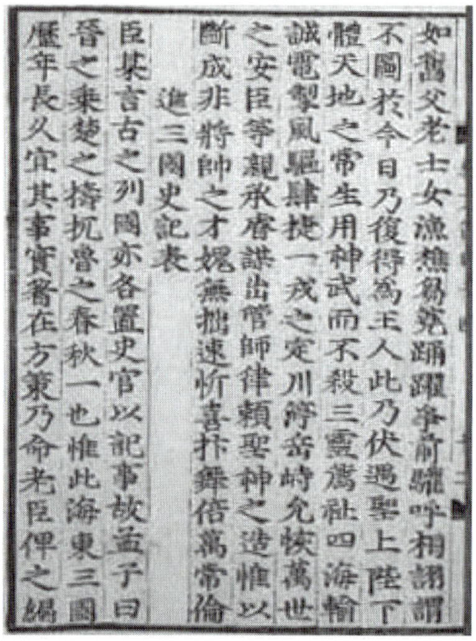

如舊父老士女漁樵芻蕘踴躍爭前驩呼相謂
不圖於今日乃復得爲王人此乃伏遇聖上陛下
體天地之常生用神武而不殺三靈薦祉四海輸
誠電掣風驅肆捷一戎之定川寧岳峙允恢萬世
之安臣等親承睿謨出膺師律賴聖神之造惟以
斷成非將帥之才媿無攄速忻喜抃舞倍萬常倫
進三國史記表
臣某言古之列國亦各置史官以記事故孟子曰
晉之乘楚之檮杌魯之春秋一也惟此海東三國
歷年長久宜其事實著在方策乃命老臣俾之編

〈『삼국사기』의 서문〉

〈계백장군유적전승지에 조성해 놓은 계백의 묘〉

드디어 家族을 모두 죽였다.

黃山벌에 이르러 세 陣營을 設置하고 新羅의 軍士를 맞아 싸울 때 뭇 사람에게 盟誓하였다.

"옛날 句踐[1]은 五千名으로 吳나라 七十萬 軍士를 擊破하였다. 오늘은 마땅히 各自 勇氣를 다하여 싸워 이겨 國恩에 報答하자."

드디어 힘을 다하여 싸우니, 한 사람이 千 사람을 當해냈다. 新羅 軍士가 이에 물러났다. 이처럼 進退를 네 번이나 하였다. 그러나 마침내 힘이 다하여 죽었다.

(김부식 저, 이병도 역주, 『삼국사기』, 을유문화사, 1983)

---

1) 구천(句踐): 중국 춘추시대 월나라의 왕. 오왕 부차(夫差)에게 복수하기 위하여 와신상담(臥薪嘗膽)했던 일화가 유명하다.

제 3 강

1 기본학습 : ㉠음~㉢음 계열 한자어의 훈과 음 익히기

한자	훈음 / 획수 / 부수 / 급수	설명
糾	얽힐 규 8획 | 糸 | 3	밝히다 · 살피다 · 얽히다의 의미를 지닌 한자어. 가는 실 사(糸)와 엉킬 규(丩)의 결합. 실이 꼬인 복잡한 모습을 형상화한 글자이다. 용례 규명(糾明), 규합(糾合), 분규(紛糾)
菌	버섯 균 12획 | ++(艸) | 3 Ⅱ	버섯 · 세균 · 병균의 의미를 지닌 한자어. 풀 초(++)와 곳간 균(囷)의 결합. 버섯의 모습, 속성을 형상화한 글자이다. 용례 균류(菌類), 세균(細菌), 병균(病菌)
鬼	귀신 귀 10획 | 鬼 | 3 Ⅱ	귀신 · 도깨비의 의미를 지닌 한자어. 무시무시한 머리를 한 사람의 형상화한 글자이다. 용례 귀신(鬼神), 악귀(惡鬼), 마귀(魔鬼)
克	이길 극 7획 | 儿 | 3 Ⅱ	이기다 · 억누르다의 의미를 지닌 한자어. 사람이 갑옷을 입은 형상으로 갑옷의 무게를 이긴다는 뜻을 지닌다. 용례 극기(克己), 극복(克服), 초극(超克)
僅	겨우 근 13획 | 亻(人) | 3	겨우 · 조금의 의미를 지닌 한자어. 사람 인(亻)과 조금 근(堇)의 결합. 사람의 힘이 부족하다는 뜻을 지닌다. 용례 근근(僅僅), 근소(僅少)
謹	삼갈 근 18획 | 言 | 3	삼가다 · 공경하다의 의미를 지닌 한자어. 말씀 언(言)과 조금 근(堇)의 결합. 말을 삼간다는 뜻을 지닌다. 용례 근조(謹弔), 근엄(謹嚴)
斤	근/날 근 4획 | 斤 | 3	도끼 · 무게의 의미를 지닌 한자어. 날이 선 도끼의 모습을 형상화한 글자이다. 용례 근량(斤量), 근수(斤數)
禽	새 금 13획 | 内 | 3 Ⅱ	새 · 날짐승의 의미를 지닌 한자어. 짐승 발자국 유(内)와 이제 금(今)의 결합. 새를 그물로 잡는 모습을 형상화한 글자이다. 용례 금수(禽獸), 가금류(家禽類)

한자	훈음 / 획수 / 부수 / 급수	설명
琴	거문고 금 12획 | 王(玉) | 3Ⅱ	거문고의 의미를 지닌 한자어. 기러기 발이 있는 거문고의 모습을 형상화한 글자이다. **용례** 탄금대(彈琴臺), 심금(心琴), 금슬지락(琴瑟之樂)
錦	비단 금 16획 | 金 | 3Ⅱ	비단·아름답다의 의미를 지닌 한자어. 쇠 금(金)과 비단 백(帛)의 결합. 아름답고 빛나는 비단을 뜻한다. **용례** 금상첨화(錦上添花), 금의환향(錦衣還鄕)
及	미칠 급 4획 | 又 | 3Ⅱ	미치다·이르다의 의미를 지닌 한자어. 사람 인(人)과 또 우(又)의 결합. 사람의 손이 닿거나 길게 늘어뜨린 모습을 형상화한 글자이다. **용례** 보급(普及), 언급(言及), 급기야(及其也)
肯	즐길 긍 8획 | 月(肉) | 3	즐기다·뼈에 붙은 살의 의미를 지닌 한자어. 멈출 지(止)와 육달 월(月)의 결합. 살로 긁어낸 뼈의 모습을 형상화한 글자이다. **용례** 수긍(首肯), 긍정적(肯定的)
忌	꺼릴 기 7획 | 心 | 3	꺼리다·미워하다의 의미를 지닌 한자어. 마음 심(心)과 몸 기(己)의 결합. 마음속으로 멀리하거나 꺼리다의 뜻을 지닌다. **용례** 금기(禁忌), 기피(忌避), 기일(忌日)
企	꾀할 기 6획 | 人 | 3Ⅱ	꾀하다·바라다·계획하다의 의미를 지닌 한자어. 사람 인(人)과 발 지(止)의 결합. 발돋움하여 멀리 바라본다는 뜻을 지닌다. **용례** 기획(企劃), 기업(企業)
其	그 기 8획 | 八 | 3Ⅱ	그·그것의 의미를 지닌 한자어. 벼를 까부는 키의 모양과 그것을 놓는 대의 모습을 형상화한 글자이다. **용례** 기타(其他), 기실(其實)
騎	말탈 기 18획 | 馬 | 3Ⅱ	말을 타다의 의미를 지닌 한자어. 말 마(馬)와 갈고리 기(奇)의 결합. 양다리를 구부려 말에 올라타다의 뜻을 지닌다. **용례** 기수(騎手), 기마(騎馬), 기호지세(騎虎之勢)
幾	몇 기 12획 | 幺 | 3	몇·기미의 의미를 지닌 한자어. 작을 유(幺)와 지킬 술(戍)의 결합. 전쟁에 나간 병사의 마음에서 유래되었다고 한다. **용례** 기도(幾度), 기미(幾微)
棄	버릴 기 12획 | 木 | 3	버리다·포기하다·잊다의 의미를 지닌 한자어. 어린 아이를 두 손으로 삼태기에 담아 버리는 모습을 형상화한 글자이다. **용례** 기아(棄兒), 유기견(遺棄犬), 기각(棄却), 기권(棄權)
祈	빌 기 9획 | 示 | 3Ⅱ	바라다·기도하다의 의미를 지닌 한자어. 보일 시(示)와 도끼 근(斤)의 결합. 신에게 기도를 지내는 제단에서 유래된 글자라고 한다. **용례** 기원(祈願), 기우제(祈雨祭).

畿	경기 기 15획 | 田 | 3Ⅱ	밭 전(田)과 가까울 근[幾]의 결합. 도성을 중심으로 하여 사방 500리 이내의 땅을 의미한다. 용례 경기도(京畿道), 기호지방(畿湖地方)
欺	속일 기 12획 | 欠 | 3	속이다·업신여기다의 의미를 지닌 한자어. 기대할 기(其)와 하품 흠(欠)의 결합. 기대하게 만들고 배반한다는 의미에서 유래된 한자라고 한다. 용례 기만(欺瞞), 기롱(欺弄), 사기(詐欺)
豈	어찌 기/즐길 개 10획 | 豆 | 3	어찌·즐기다의 의미를 지닌 한자어. 장식을 한 북의 모양을 형상화한 글자이다. 용례 기감(豈敢), 기불(豈不), 개악(豈樂)
旣	이미 기 11획 | 无 | 3	이미·다하다의 의미를 지닌 한자어. 맛있는 음식 조(皀)와 외면할 기(旡)의 결합. 음식을 다 먹고 외면했던 사람에게서 유래되었다고 한다. 용례 기왕(旣往), 기혼(旣婚)
飢	주릴 기 11획 | 食 | 3	굶주리다의 의미를 지닌 한자어. 먹을 식(食)과 안석 궤(几)의 결합. 먹을 것이 부족하다는 뜻을 지닌다. 용례 기아(飢餓), 기갈(飢渴), 요기(療飢)
緊	긴할 긴 14획 | 糸 | 3Ⅱ	요긴하다·급하다의 의미를 지닌 한자어. 단단할 견(臤)과 실 사(糸)의 결합. 실로 단단히 죄다는 뜻을 지닌다. 용례 긴급(緊急), 긴장(緊張), 긴축(緊縮)
那	어찌 나/어조사 내 7획 | 阝(邑) | 3	어찌·저·저것의 의미를 지닌 한자어. 나아갈 염(冄)과 마을 읍(阝)의 결합. 땅 이름을 나타냈지만 어찌의 뜻을 지닌 글자로 변모하게 되었다고 한다. 용례 찰나(刹那), 나락(那落)
諾	허락할 낙 16획 | 言 | 3Ⅱ	대답하다·허락하다의 의미를 지닌 한자어. 말씀 언(言)과 같을 약(若)의 결합. 말로 승낙하다의 뜻을 지닌다. 용례 수락(受諾), 승낙(承諾)
娘	계집 낭 10획 | 女 | 3Ⅱ	소녀·아가씨·딸의 의미를 지닌 한자어. 계집 녀(女)와 어질 양(良)의 결합. 좋은 여자, 아름다운 여자의 뜻을 지닌다. 용례 낭자(娘子), 낭가(娘家)
耐	견딜 내 9획 | 而 | 3Ⅱ	견디다·참다·인내하다의 의미를 지닌 한자어. 말 이을 이(而)와 마디 촌(寸)의 결합. 어려운 일 따위를 잘 견뎌내다는 뜻을 지닌다. 용례 인내(忍耐), 내구성(耐久性)
乃	이에 내 2획 | 丿 | 3	이에·곧·부터의 의미를 지닌 한자어. 주로 조사로 쓰인다. 용례 내지(乃至), 내후(乃後)

한자	훈음 / 획수 / 부수 / 급수	설명
奈	어찌 내/나락 나 8획 | 大 | 3	어찌 · 지옥의 의미를 지닌 한자어. 큰 대(大)와 보일 시(示)의 결합. 의문사로 쓰인다. **용례** 내하(奈何), 막무가내(莫無可奈)
寧	편안할 녕 14획 | 宀 | 3Ⅱ	편안하다 · 고을 · 어찌의 의미를 지닌 한자어. 음식물을 가득담아 신에게 제사지내는 모습을 형상화했다고 한다. **용례** 안녕(安寧), 수복강녕(壽福康寧)
奴	종 노 5획 | 女 | 3Ⅱ	종의 의미를 지닌 한자어. 계집 녀(女)와 잡을 우(又)의 결합. 손에 잡힌 계집종의 모습을 형상화했다고 한다. **용례** 노비(奴婢), 노복(奴僕), 추노(推奴), 노역(奴役)
腦	골/뇌수 뇌 13획 | 月(肉) | 3Ⅱ	뇌 · 머리 · 정신의 의미를 지닌 한자어. 뇌의 모습을 형상화했다고 한다. **용례** 수뇌부(首腦部), 뇌출혈(腦出血)
惱	번뇌할 뇌 12획 | 忄(心) | 3	번뇌하다 · 괴롭다의 의미를 지닌 한자어. 마음이 어지럽다는 의미를 지닌다. **용례** 고뇌(苦惱), 번뇌(煩惱), 백팔번뇌(百八煩惱)
泥	진흙 니 8획 | 氵(水) | 3Ⅱ	진흙 · 수렁의 의미를 지닌 한자어. 물 수(氵)와 들러붙을 니(尼)의 결합. 들러붙은 진흙의 뜻을 지닌다. **용례** 이토(泥土), 이금(泥金)
茶	차 다/차 10획 | 艹(艸) | 3Ⅱ	차의 의미를 지닌 한자어. 풀 초(艹)와 자랄 여(余)의 결합. 갓 자란 새싹을 따서 차로 만든 것에서 유래된 한자라고 한다. **용례** 다과(茶菓), 다기(茶器), 다도(茶道)
丹	붉을 단 4획 | 丶 | 3Ⅱ	붉다 · 충성의 의미를 지닌 한자어. 붉은 빛을 띤 우물을 본뜬 글자라고 한다. **용례** 단청(丹靑), 일편단심(一片丹心)
旦	아침 단 5획 | 日 | 3Ⅱ	아침 · 새벽 · 일찍의 의미를 지닌 한자어. 해가 땅 위에 솟는 모양을 형상한 글자라고 한다. **용례** 원단(元旦), 세단(歲旦)
但	다만 단 7획 | 亻(人) | 3Ⅱ	다만의 의미를 지닌 한자어. 사람 인(人)과 아침 단(旦)의 결합. 주로 어조사로 쓰인다. **용례** 단지(但只), 비단(非但)
淡	맑을 담 11획 | 氵(水) | 3Ⅱ	물이 맑다 · 묽다의 의미를 지닌 한자어. 물 수(氵)와 아름다울 담(炎)의 결합. 햇빛을 받고 피어오르는 아지랑이의 모습을 형상화한 글자라고 한다. **용례** 담담(淡淡), 담백(淡白), 냉담(冷淡)

한자	훈음 · 획수 · 부수 · 급수	설명
畓	논 답 9획 | 田 | 3	논의 의미를 지닌 한자어. 물 수(水)와 밭 전(田)의 결합. 물이 담긴 논을 형상화한 것이다. 용례 전답(田畓), 옥답(沃畓)
踏	밟을 답 15획 | 足 | 3Ⅱ	밟다 · 이어받다의 의미를 지닌 한자어. 발 족(足)과 겹칠 답(沓)의 결합. 밟을 답(蹋)의 속자라고 한다. 용례 답보(踏步), 답사(踏査), 답습(踏襲)
唐	당나라 당 10획 | 口 | 3Ⅱ	당나라 · 황당하다 · 당돌하다의 의미를 지닌 한자어. 별 경(庚)과 입 구(口)의 결합. 입으로 큰소리를 치는 모습을 형상화한 것이라고 한다. 용례 당황(唐惶), 당돌(唐突)
糖	엿 당 16획 | 米 | 3Ⅱ	사탕 · 엿의 의미를 지닌 한자어. 쌀 미(米)와 당(唐)의 결합. 단 음식인 엿을 뜻한다. 용례 당뇨병(糖尿病), 과당(果糖), 당분(糖分)

2 심화학습 : 기본한자 다시 익히기

1) 다음 훈과 음을 지닌 한자를 쓰시오.

얽힐 규 [ ]	버섯 균 [ ]	귀신 귀 [ ]	이길 극 [ ]
겨우 근 [ ]	근/날 근 [ ]	삼갈 근 [ ]	새 금 [ ]
거문고 금 [ ]	비단 금 [ ]	미칠 급 [ ]	즐길 긍 [ ]
꺼릴 기 [ ]	꾀할 기 [ ]	그 기 [ ]	말탈 기 [ ]
몇 기 [ ]	버릴 기 [ ]	빌 기 [ ]	경기 기 [ ]

속일 기	어찌 기/즐길 개	이미 기	주릴 기
긴할 긴	어찌 나/어조사 내	허락할 낙	계집 낭
견딜 내	이에 내	어찌 내/나락 나	편안할 녕
종 노	골/뇌수 뇌	번뇌할 뇌	진흙 니
차 다/차	붉을 단	아침 단	다만 단
맑을 담	논 답	밟을 답	당나라 당
엿 당			

2) 다음 한자의 훈과 음을 쓰시오.

❶ 糖(　　)	❷ 奈(　　)	❸ 畓(　　)	❹ 踏(　　)
❺ 騎(　　)	❻ 飢(　　)	❼ 但(　　)	❽ 豈(　　)
❾ 忌(　　)	❿ 諾(　　)	⓫ 唐(　　)	⓬ 其(　　)
⓭ 耐(　　)	⓮ 畿(　　)	⓯ 肯(　　)	⓰ 錦(　　)
⓱ 欺(　　)	⓲ 丹(　　)	⓳ 旣(　　)	⓴ 斤(　　)
㉑ 僅(　　)	㉒ 奴(　　)	㉓ 娘(　　)	㉔ 克(　　)
㉕ 寧(　　)	㉖ 糾(　　)	㉗ 祈(　　)	㉘ 鬼(　　)
㉙ 菌(　　)	㉚ 惱(　　)	㉛ 幾(　　)	㉜ 謹(　　)
㉝ 腦(　　)	㉞ 緊(　　)	㉟ 企(　　)	㊱ 禽(　　)
㊲ 棄(　　)	㊳ 那(　　)	㊴ 泥(　　)	㊵ 琴(　　)
㊶ 及(　　)	㊷ 旦(　　)	㊸ 淡(　　)	㊹ 乃(　　)
㊺ 茶(　　)			

3) 다음 밑줄 친 한자의 독음을 쓰시오.

(1) 임금 및 단체협상을 한 이후 15년 동안 단 한 번의 파업도 紛糾도 없었다.

(2) 집안 바닥에 쌓인 미세 먼지와 細菌은 이 청소기로 말끔히 제거할 수 있다.

(3) 옛날에는 좋지 않은 일을 모두 鬼神의 탓으로 돌렸다.

(4) 노화현상의 의학적 접근을 통한 克服은 건강을 유지하는 측면에서 가장 중요한 부분을 차지하고 있다.

(5) 이 기업은 소액의 일반인 후원금을 받아 지금까지 僅僅이 운영해 왔다.

(6) 홍삼 재배 농가에서는 한 뿌리 당 斤數를 늘리기 위하여 최선을 다하고 있다.

(7) 謹弔는 부모상과 승중상에만 쓰고 그 밖에는 근위라고 쓴다.

(8) 조류독감의 발생으로 인하여 방역 작업도 한 단계 높일 예정이다. 아울러 다른 지역에서 생산되는 家禽類에 대한 반입금지 조치도 유지하기로 할 방침이다.

(9) 충주에 있는 彈琴臺는 조선시대의 슬픈 역사를 간직한 곳이다.

(10) 그는 자신의 노력만으로 조선 최초의 스웨덴 경제학사가 되어 錦衣還鄕했다.

(11) 축구의 普及은 1904년 서울의 관립 외국어학교에서 체육 과목의 하나로 채택하면서부터이다.

(12) 도라지꽃의 꽃말은 소망, 영원한 사랑이라고 하는데, 도라지에 대한 전설을 들어보면 이 같은 꽃말에 首肯이 간다.

(13) 이 영화는 트랜스젠더라는 禁忌의 소재를 처음 다룬 것에서 인정받을 만하다.

(14) 국내 企業들은 지난해 세계시장 점유율이 처음으로 30%대에 이르는 최고 실적을 올렸다.

(15) 이 학교가 설립된 지 어언 10년, 其間 이 학교는 수많은 영재를 배출해 왔다.

(16) 두 가지 국정 현안을 놓고 여야는 騎虎之勢의 형국을 보이고 있다.

(17) 이스라엘-팔레스타인 문제는 여전히 해결의 幾微를 보이지 않고 있다.

(18) 인간에게 버림받고 보호소에서 죽어가는 遺棄犬을 통해 생명의 소중함을 알 수 있다.

(19) 인디언이 祈雨祭를 지내면 반드시 비가 왔다. 비가 올 때까지 제사를 지냈기 때문이다.

(20) 京畿道는 한강을 끼고 비옥한 들판이 펼쳐져 있어 선사시대부터 사람들이 살았다.

(21) 야당은 대국민 詐欺행위를 즉각 중단하라고 주장했다.

(22) 豈敢毁傷은 '부모께서 주신 몸을 어찌 감히 훼상할 수 있는가'라는 말이다.

(23) 세 후보는 旣往에 발생한 실업자에 대한 대책에 있어서는 무대책으로 일관했다.

(24) 일시적인 飢餓는 시작된 시점에서부터 식량지원 등을 통해서 해결하면 끝이 나지만, 구조적인 飢餓는 일회성의 식량지원으로는 근본적인 해결이 불가능하다.

(25) 緊縮정책에 대한 우려가 제기된 가운데 달러 강세로 인해 주가가 일제히 하락했다.

(26) 시간이 정지된 것처럼 침묵하던 그 시간, 그 刹那는 내가 살아온 사십년 넘는 세월의 무게를 가지고 있었다.

(27) 그가 이번 인터뷰를 受諾한 이유도 자신의 메시지를 전해주고 싶어서였다.

(28) 숙영娘子전은 적강소설의 구조를 그대로 유지하고 있는 고소설이다.

(29) 이 운동에서 효과를 보기 위해서는 무엇보다도 忍耐가 필요하다.

(30) 파도의 높이가 5미터 乃至 10미터에 이른다고 한다.

(31) 이렇게 莫無可奈식의 주장은 처음이라서 우리도 무척 난감하다.

(32) 가족들은 할아버지 생신을 맞이하여 할아버지께 절을 올리며 壽福康寧을 기원했다.

(33) 推奴란 도망친 노비를 쫓는 노비 사냥꾼을 말한다.

(34) 과다한 소금의 섭취는 고혈압, 위암, 그리고 腦出血의 원인이 된다.

(35) 이 소설에서는 지식인의 苦惱를 우회적으로 묘사했다.

(36) 泥土란 빛깔이 붉고 차진 흙을 말한다.

(37) 茶道는 우리의 삶에 느림의 미학을 가르쳐 준다.

(38) 丹靑은 장식용으로 문양과 그림을 오방정색(적, 청, 황, 백, 흑색)을 기본으로 하고 간색과 함께 단장한다.

(39) 元旦은 설날 아침을 뜻한다.

(40) 그에 바라는 것은 但只 성실함뿐이다.

(41) 淡白한 맛이 일품이다.

(42) 조선총독부는 전라도와 황해도의 沃畓을 강제로 사들였다.

(43) 이번 踏査는 인터넷 누리꾼들을 대상으로 생생한 관광 후기를 전달함으로써 개별 관광수요 창출에 크게 기여할 것으로 기대된다.

(44) 요즘 아이들, 참 唐突하단 생각에 계속 헛웃음이 나왔다.

(45) 糖尿病의 치료는 병을 완전히 제거하는 것이 아니라, 혈당조절을 통하여 증상을 줄이고 합병증을 없애는 데 초점을 맞춘다.

3 배운 한자를 활용한 고사성어(故事成語)

1 극기복례(克己復禮)

✧ **字句 풀이** 克: 이길 극, 己: 몸 기, 復: 회복할 복, 禮: 예절 례

✧ **해설** 자기의 사욕을 극복하고 예(禮)로 돌아갈 것을 뜻하는 말이다. 《논어(論語)》에서 유래했다.

2 금슬지락(琴瑟之樂)

✧ **字句 풀이** 琴: 거문고 금, 瑟: 큰 거문고 슬, 之: 갈 지, 樂: 즐길 락

✧ **해설** 거문고와 비파의 조화로운 소리라는 말이다. 부부 사이의 다정하고 화목한 즐거움을 뜻한다. 《시경(詩經)》에서 유래했다.

3 금상첨화(錦上添花)

✧ **字句 풀이** 錦: 비단 금, 上: 윗 상, 添: 더할 첨, 花: 꽃 화

✧ **해설** 비단 위에 꽃을 더한다는 말로, 좋은 일에 다시 좋은 일이 더해짐을 뜻한다. 왕안석(王安石)의 시에서 유래했다.

4 기호지세(騎虎之勢)

✧ **字句 풀이** 騎: 말탈 기, 虎: 범 호, 之: 갈 지, 勢: 형세 세

✧ **해설** 호랑이를 타고 달리는 기세라는 말로, 무슨 일을 하다가 도중에 그만둘 수 없는 상황이나 팽팽하게 맞서는 모습을 뜻한다. 《수서(隋書)》에서 유래했다.

4 한자의 활용

1) 한자상식: 족보

족보(族譜)란 한 가문의 계통과 혈연관계를 알기 쉽게 체계적으로 정리한 책을 말한다. 족보에서 '나'를 확인하기 위해서는 다음과 같은 사항이 필요하다.

첫째, 자신이 어느 파(派)에 속해 있는지를 알아야 한다. 파를 알지 못할 경우에는 조상이 어느 지역에서 살았고, 그 지방에 어떤 파(派)가 살았던가를 확인해야 한다. 그래도 모를 경우에는 대동보(大同譜)를 찾아서 확인할 수밖에 없다.

둘째, 자신이 시조(始祖)로부터 몇 세(世)인지를 알아야 한다. 족보는 가로로 단을 갈라서 같은 세대(世代)에 속하는 자손을 배열한 것이기 때문에, 자신이 속한 세(世)의 단을 확인하면 된다.

셋째, 항렬자(行列字)를 알아보고, 기재된 이름을 확인한다. 집에서 부르는 이름이나 호적에 올린 이름의 경우 항렬자가 없더라도, 족보에 실을 때는 반드시 항렬자를 넣은 이름을 기재했기 때문에 주의해서 확인해야 한다.

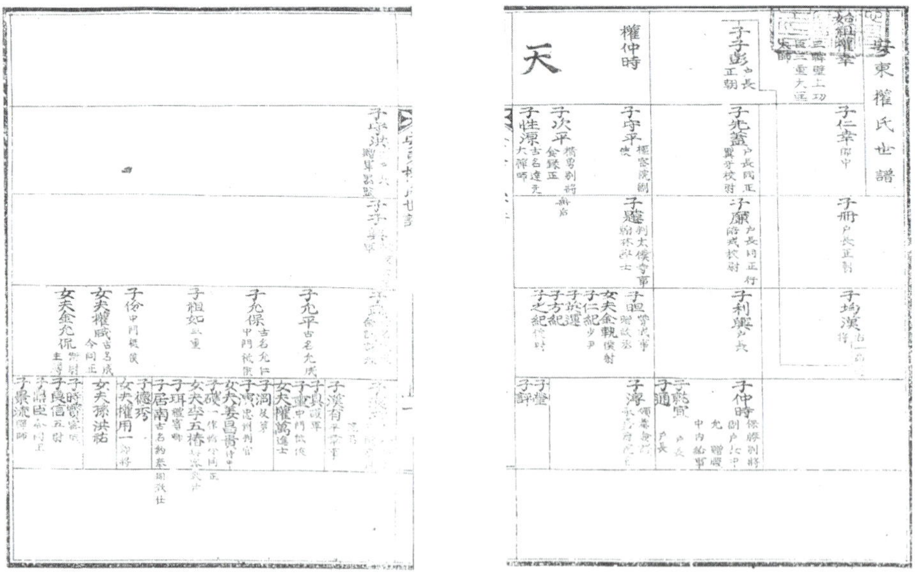

〈安東 權氏 世譜〉

〈보기〉는 1467년에 간행된 〈安東 權氏 世譜〉로, 현전하는 가장 오래된 족보이다. 이를 통해 족보의 기재사항을 간략하게 살펴보기로 한다.

① 먼저 오른쪽 상단에 시조(始祖)를 볼 수 있다. 같은 단의 가로는 세가 같은 혈손들이며, 오른쪽부터 장남, 차남 등의 순서로 기록해 놓았다.

② "자 윤평(子 允平)"의 경우, 이름 아래 작은 글씨로 아명(兒名)을 적어 놓았다.

③ 그리고 그 밑에는 아들과 사위의 이름을 적어 놓았다.

※ 족보와 관련된 한자어

시조(始祖), 비조(鼻祖), 중시조(中始祖), 선계(先系), 세계(世系), 세(世), 대(代), 아명(兒名), 관명(冠名), 호(號), 시호(諡號), 함(銜), 휘(諱), 사손(嗣孫), 후사(後嗣), 무후(无后), 계자(系子)

2) 한자로 읽어보기

世上에서 東明王의 神異한 일이 이야기되고 있는데, 비록 배운 것 없는 微賤한 男女들까지도 제법 그에 關한 일들을 이야기 할 수 있을 정도이다.

내가 일찍이 이 이야기를 듣고는 웃으며, "先師 孔子님은 怪力亂神을 말씀하지 아니 하셨는데, 이 東明王 說話는 실로 荒唐하고 奇詭하니 우리들의 論議할 바가 아닌 것이다"라고 말한 일이 있었다.

그 後 『魏書』·『通典』을 읽어보니 그 事實이 記錄되어 있었다. 그러하나 簡略하고 詳細치 않았으니, 이는 自國 內의 일은 昭詳케 하고, 外國의 것은 줄인 뜻이 아니겠는가?

다음 癸丑年 四月에 『舊三國史』를 얻어서 〈東明王本紀〉를 보니, 그 神異한 事跡이 世上에서 이야기되고 있던 바보다 더 仔細하였다.

그러나 亦是 처음에는 그를 믿지 못하였으니, 鬼幻스럽다고 생각하였기 때문이다. 여러 번 耽讀 味讀하여 次次로 그 根源을 찾아가니, 이는 幻이 아니요 聖이며, 鬼가 아니고 神이었다. 하물며 國史는 直筆하는 冊이니 어찌 그 事實을 妄傳하겠느냐? 金公 富軾이 國史를 다시 編纂할 때 東明王의 事跡을 매우 簡略하게 다루었다. 公은 國史란 世上을 바로잡을 冊이니, 크게 神異한 일로써 後世에 보여줌은 옳지 않다고 생각하여 그를 簡略하게 했을 것이 아니겠는가?

唐〈玄宗本紀〉와 『楊貴妃傳』을 살펴보면, 方士가 하늘에 오르고 땅에 들어간 事跡이 없었는데, 오직 詩人 白樂天이 그들의 事跡이 淪沒될까 걱정하여 노래로 지어 그 일들을 記錄했다. 그것은 實로 荒淫하고 奇誕스런 일인데도 오히려 또한 노래로 읊어서 後世에 보였는데, 하물며 東明王의 事跡은 變化神異하여 여러 사람들의 눈을 眩惑시킬 일이 아니요, 실로 創國하신 神의 자취인 것이다. 이러하니 이 일을 記述하지 않으면 앞으로 後世에 무엇을 볼 수 있으리요?

이런 까닭에, 詩를 지어 이를 記念하고 天下 사람들로 하여금 우리나라의 根本이 聖人의 나라임을 알게끔 하려할 따름인 것이다.

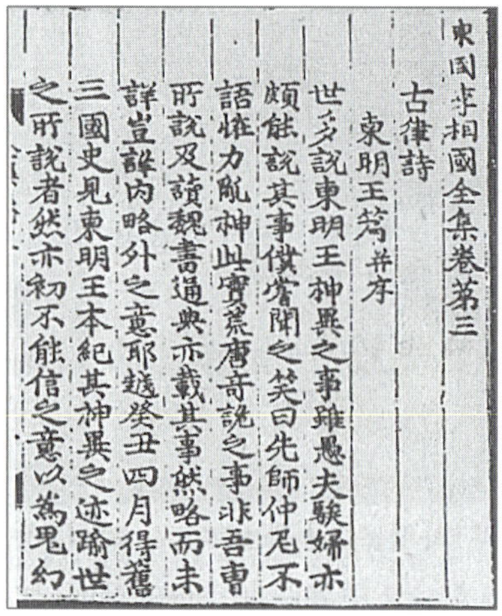
東國李相國全集卷第三
古律詩
東明王篇 并序
世多說東明王神異之事雖愚夫騃婦亦
頗能說其事僕嘗聞之笑曰先師仲尼不
語怪力亂神此實荒唐奇詭之事非吾曹
所說及讀魏書通典亦載其事然略而未
詳豈詳內略外之意耶越癸丑四月得舊
三國史見東明王本紀其神異之迹踰世
之所說者然亦初不能信之意以爲鬼幻

『동국이상국집』에 실린 〈동명왕편〉

(이규보 저, 민족문화추진회역, 『동국이상국집』, 1967)

제 4 강

1 기본학습 : ㉢ ~ ㉣음 계열 한자어의 훈과 음 익히기

한자	훈음 · 획수 · 부수 · 급수	설명
臺	돈대 대 14획 | 至 | 3Ⅱ	돈대 · 누각 · 망루의 의미를 지닌 한자어. 토대 위에 올린 망루를 형상화했다고 한다. 용례 토대(土臺), 돈대(墩臺), 전망대(展望臺)
貸	빌릴 대 12획 | 貝 | 3Ⅱ	빌리다 · 차용하다의 의미를 지닌 한자어. 대신할 대(代)와 조개 패(貝)의 결합. 돈이나 물건을 빌려준다는 뜻을 나타낸다. 용례 대부(貸付), 임대(賃貸), 대여(貸與)
渡	건널 도 12획 | 氵(水) | 3Ⅱ	건너다 · 통하다 · 건네다의 의미를 지닌 한자어. 물 수(氵)와 법도 도(度)의 결합. 자로 재다, 물을 건너다의 뜻을 나타낸다. 용례 도강(渡江), 인도(引渡), 양도세(讓渡稅)
刀	칼 도 2획 | 刀 | 3Ⅱ	칼의 의미를 지닌 한자어. 칼을 모습을 형상화했다고 한다. 용례 과도(果刀), 대도(大刀), 단도직입(單刀直入)
途	길 도 11획 | 辶(辵) | 3Ⅱ	길 · 도로의 의미를 지닌 한자어. 뻗을 여(余)와 쉬엄쉬엄 갈 착(辶)의 결합. 쭉 뻗어있는 길의 뜻을 나타낸다. 용례 도상(途上), 도중(途中), 전도유망(前途有望)
倒	넘어질 도 10획 | 亻(人) | 3Ⅱ	넘어지다 · 무너지다의 의미를 지닌 한자어. 사람 인(亻)과 이를 도(到)의 결합. 사람이 넘어진 모습을 형상화했다고 한다. 용례 도산(倒産), 타도(打倒), 압도(壓倒)
陶	질그릇 도/사람 이름 요 11획 | 阝(阜) | 3Ⅱ	질그릇 · 즐기다 · 도취의 의미를 지닌 한자어. 언덕 부(阝)와 질그릇 도(匋)의 결합. 가마에서 질그릇 굽는 사람을 형상화했다고 한다. 용례 도자기(陶瓷器), 도예(陶藝), 도야(陶冶)
塗	칠할 도 13획 | 土 | 3	칠하다 · 진흙 · 더럽다의 의미를 지닌 한자어. 길 도(涂)와 흙 토(土)의 결합. 진흙을 손에 바른 모습을 형상화했다고 한다. 용례 도배(塗褙), 도장(塗裝), 도탄(塗炭)

한자	훈음 / 획수·부수·급수	설명
挑	돋울 도 9획 | 扌(手) | 3	도전하다 · 돋우다의 의미를 지닌 한자어. 손 수(扌)와 조 조(兆)의 결합. 싸움을 걸어오다, 뛰다의 뜻을 나타낸다. **용례** 도발(挑發), 무한도전(無限挑戰)
跳	뛸 도 13획 | 足 | 3	뛰다 · 도약하다의 의미를 지닌 한자어. 발 족(足)과 조 조(兆)의 결합. 거북이 등에 갈라진 모습을 형상화했다고 한다. **용례** 도약(跳躍), 도효(跳哮)
桃	복숭아 도 10획 | 木 | 3Ⅱ	복숭아 · 앵두의 의미를 지닌 한자어. 나무 목(木)과 조 조(兆)의 결합. 두 개로 쪼개지는 복숭아를 형상화했다고 한다. **용례** 무릉도원(武陵桃源), 천도(天桃), 황도(黃桃)
稻	벼 도 15획 | 禾 | 3	벼 · 쌀의 의미를 지닌 한자어. 벼 화(禾)와 퍼낼 요(舀)의 결합. 절구에서 꺼낸 벼의 모습을 형상화했다고 한다. **용례** 도열병(稻熱病), 도작(稻作)
篤	도타울 독 16획 | 竹 | 3	도탑다 · 독실하다의 의미를 지닌 한자어. 대나무 죽(竹)과 말 마(馬)의 결합. 죽마를 타며 놀던 친구의 두터운 정의 뜻을 나타낸다. **용례** 돈독(敦篤), 독실(篤實), 독지가(篤志家)
豚	돼지 돈 11획 | 豕 | 3	돼지 · 돼지고기의 의미를 지닌 한자어. 육달 월(月)과 돼지 시(豕)의 결합. 살찐 돼지의 뜻을 나타낸다. **용례** 양돈(養豚), 돈사(豚舍), 돈육(豚肉)
敦	도타울 돈 12획 | 攵 | 3	도탑다 · 정성의 의미를 지닌 한자어. 누릴 향(享)과 칠 복(攵)의 결합. 양고기를 삶기 위한 두툼한 질그릇을 형상화했다고 한다. **용례** 돈독(敦篤), 돈후(敦厚)
突	갑자기 돌 9획 | 穴 | 3Ⅱ	부딪치다 · 갑자기의 의미를 지닌 한자어. 굴 혈(穴)과 개 견(犬)의 결합. 구멍에서 개가 갑자기 뛰어나오는 모습을 형상화했다고 한다. **용례** 돌발(突發), 돌연(突然), 돌출(突出)
凍	얼 동 10획 | 冫 | 3Ⅱ	얼음 · 춥다의 의미를 지닌 한자어. 얼음 빙(冫)과 동녘 동(東)의 결합. 봄이 오기 전 언 상태의 뜻을 나타낸다. **용례** 동결(凍結), 동상(凍傷), 동파(凍破)
屯	모일 둔 4획 | 屮 | 3	진치다 · 모이다의 의미를 지닌 한자어. 한 일(一)과 풀 철(屮)의 결합. 어린 아이의 숱 많은 머리 모습을 형상화했다고 한다. **용례** 주둔(駐屯), 둔전(屯田)
鈍	둔할 둔 12획 | 金 | 3	둔하다 · 무디다의 의미를 지닌 한자어. 쇠 금(金)과 모일 둔(屯)의 결합. 쇠가 무뎌 쓸 수 없다는 뜻을 나타낸다. **용례** 둔화(鈍化), 둔기(鈍器), 둔탁(鈍濁)

騰	오를 등 20획 | 馬 | 3	뛰어오르다 · 달리다 · 오르다의 의미를 지닌 한자어. 말이 힘차게 뛰어오르는 모습을 형상화했다고 한다. 용례 등락(騰落), 급등(急騰), 폭등(暴騰), 비등(沸騰)
絡	이을 락 12획 | 糸 | 3Ⅱ	잇다 · 연락하다의 의미를 지닌 한자어. 실 사(糸)와 각각 각(各)의 결합. 실을 이어 맺다는 뜻을 지닌다. 용례 맥락(脈絡), 연락(連絡), 경락(經絡)
欄	난간 란 21획 | 木 | 3Ⅱ	난간 · 테두리 · 칸의 의미를 지닌 한자어. 나무 목(木)과 가로막을 란(闌)의 결합. 문을 건너질러 출입을 막는 나무의 모습을 형상화했다고 한다. 용례 난간(欄杆), 공란(空欄), 투고란(投稿欄)
蘭	난초 란 21획 | ++(艸) | 3Ⅱ	난초의 의미를 지닌 한자어. 풀 초(++)와 가로막을 란(闌)의 결합. 향기가 강한 난초의 속성을 형상화했다고 한다. 용례 난초(蘭草), 난향(蘭香), 금란지교(金蘭之交)
濫	넘칠 람 17획 | 氵(水) | 3	넘치다 · 번지다의 의미를 지닌 한자어. 물 수(氵)와 볼 감(監)의 결합. 물이 넘치는 모습을 지켜보는 모습을 형상화했다고 한다. 용례 남발(濫發), 남용(濫用), 범람(氾濫)
浪	물결 랑 10획 | 氵(水) | 3Ⅱ	파도 · 낭비의 의미를 지닌 한자어. 물 수(氵)와 어질 량(良)의 결합. 일렁이는 물의 모습을 형상화했다고 한다. 용례 풍랑(風浪), 낭비(浪費), 낭만(浪漫)
郎	사내 랑 10획 | 阝(邑) | 3Ⅱ	사내 · 남편의 의미를 지닌 한자어. 어질 량(良)과 마을 읍(阝)의 결합. 땅이름을 나타내는 글자였으나 남자를 의미하는 글자로 바뀌었다고 한다. 용례 낭군(郎君), 신랑(新郎), 화랑(花郎)
廊	행랑 랑 13획 | 广 | 3Ⅱ	행랑 · 곁채의 의미를 지닌 한자어. 남자들이 기거하는 행랑의 뜻을 지닌다. 용례 행랑(行廊), 사랑방(舍廊房)
掠	노략질할 략 11획 | 扌(手) | 3	노략질하다 · 빼앗다의 의미를 지닌 한자어. 손 수(扌)와 서울 경(京)의 결합. 노략질한다의 뜻을 지닌다. 용례 약탈(掠奪), 노략(擄掠), 침략(侵掠)
諒	살필 량 15획 | 言 | 3	살피다 · 알다 · 믿다의 의미를 지닌 한자어. 말씀 언(言)과 서울 경(京)의 결합. 상대방의 마음을 헤아린다는 뜻을 지닌다. 용례 양해(諒解), 양지(諒知), 양찰(諒察)
涼	서늘할 량 10획 | 氵(水) | 3Ⅱ	서늘하다 · 쓸쓸하다의 의미를 지닌 한자어. 물 수(氵)와 서울 경(京)의 결합. 좋은 물에서 서늘하다는 의미가 파생되었다고 한다. 용례 청량음료(清涼飲料), 납량특집(納涼特輯), 처량(凄涼)

梁	들보 량 11획 | 木 | 3Ⅱ	대들보 · 다리의 의미를 지닌 한자어. 물 위에 놓인 다리 모습을 형상화했다고 한다. **용례** 교량(橋梁), 동량(棟梁), 상량식(上梁式)
勵	힘쓸 려 17획 | 力 | 3Ⅱ	힘쓰다 · 권장하다의 의미를 지닌 한자어. 갈 려(厲)와 힘 력(力)의 결합. 힘써 일하다의 뜻을 지닌다. **용례** 장려금(奬勵金), 격려(激勵), 독려(督勵)
曆	책력 력 16획 | 日 | 3Ⅱ	책력 · 세월의 의미를 지닌 한자어. 늘어놓을 력(厤)과 날 일(日)의 결합. 집 안에 있는 벼를 가지런히 늘어놓은 모습을 형상화했다고 한다. **용례** 양력(陽曆), 음력(陰曆), 태양력(太陽曆), 역법(曆法)
戀	사모할 련 23획 | 心 | 3Ⅱ	사모하다 · 사랑하다의 의미를 지닌 한자어. 당길 련(䜌)과 마음 심(心)의 결합. 마음이 끌리다, 그리워하다의 뜻을 지닌다. **용례** 연애(戀愛), 연가(戀歌), 실연(失戀)
憐	불쌍히여길 련 15획 | 忄(心) | 3	가련하다 · 불쌍하다의 의미를 지닌 한자어. 마음 심(忄)과 이웃 린(粦)의 결합. 동정심의 뜻을 지닌다. **용례** 가련(可憐), 연민(憐憫), 애련(哀憐), 동병상련(同病相憐)
鍊	단련할 련 17획 | 金 | 3Ⅱ	쇠를 단련하다의 의미를 지닌 한자어. 쇠 금(金)과 칠 간(柬)의 결합. 쇠를 녹여 불리고 단단하게 만드는 일련의 과정을 보여준다. **용례** 연마(鍊磨), 단련(鍛鍊), 연금술(鍊金術)
蓮	연꽃 련 15획 | ⺾(艸) | 3Ⅱ	연꽃의 의미를 지닌 한자어. 풀 초(⺾)와 닿을 연(連)의 결합. 나란히 열매가 달린 연을 형상화했다고 한다. **용례** 연근(蓮根), 연지(蓮池)
聯	잇닿을 련 17획 | 耳 | 3Ⅱ	잇닿다 · 관계하다의 의미를 지닌 한자어. 전쟁에서 이긴 자가 적의 귀를 길게 늘어놓는 모습을 형상화했다고 한다. **용례** 연합(聯合), 연립(聯立), 연맹(聯盟)
劣	못할 렬 6획 | 力 | 3	용렬하다 · 서툴다의 의미를 지닌 한자어. 적을 소(少)와 힘 력(力)의 결합. 힘이 적다, 남보다 못하다의 뜻을 지닌다. **용례** 열등(劣等), 열세(劣勢), 졸렬(拙劣)
裂	찢어질 렬 12획 | 衣 | 3Ⅱ	찢어지다 · 터지다의 의미를 지닌 한자어. 목 벨 렬[列]과 옷 의(衣)의 결합. 목을 베다에서 옷이 찢어지다로 의미가 변했다고 한다. **용례** 분열(分裂), 결렬(決裂), 파열(破裂)
廉	청렴할 렴 13획 | 广 | 3	청렴하다 · 검소하다 · (가격이) 저렴하다의 의미를 지닌 한자어. 엄호 밑(广)과 겸할 겸(兼)의 결합. 청렴하고 곧고 바른 모습의 뜻을 나타낸다. **용례** 저렴(低廉), 염가(廉價), 청렴(淸廉)

한자	훈음 / 획수 / 부수 / 급수	설명
獵	사냥 렵 18획 | 犭(犬) | 3	사냥하다의 의미를 지닌 한자어. 개 견(犭)과 짐승의 갈기 렵(巤)의 결합. 개를 써서 긴 갈기의 짐승을 사냥했던 모습을 형상화했다고 한다. **용례** 수렵(狩獵), 밀렵(密獵), 섭렵(涉獵)
嶺	고개 령 17획 | 山 | 3Ⅱ	고개·산봉우리의 의미를 지닌 한자어. 메 산(山)과 옷깃 령(領)의 결합. 잇닿아있는 산의 능선의 뜻을 지닌다. **용례** 준령(峻嶺), 영동(嶺東), 대관령(大關嶺)
零	떨어질 령 13획 | 雨 | 3	떨어지다·시들다의 의미를 지닌 한자어. 비 우(雨)와 영 령(令)의 결합. 비가 서서히 내리다, 떨어지다의 뜻을 지닌다. **용례** 영하(零下), 영락(零落), 영세민(零細民)
靈	신령 령 24획 | 雨 | 3Ⅱ	신령·영혼의 의미를 지닌 한자어. 기우제를 올리는 무당의 모습을 형상화했다고 한다. **용례** 영혼(靈魂), 영험(靈驗), 영묘(靈妙)

2 심화학습 : 기본한자 다시 익히기

1) 다음 훈과 음을 지닌 한자를 쓰시오.

돈대	대		빌릴	대		건널	도		칼	도	
길	도		넘어질	도		질그릇 도/사람이름 요			칠할	도	
돋울	도		뛸	도		벼	도		복숭아	도	
도타울	독		돼지	돈		도타울	돈		갑자기	돌	
얼	동		모일	둔		둔할	둔		오를	등	

이을 락	난간 란	난초 란	넘칠 람
물결 랑	사내 랑	행랑 랑	노략질할 략
들보 량	살필 량	서늘할 량	힘쓸 려
책력 력	사모할 련	불쌍히여길 련	단련할 련
연꽃 련	잇닿을 련	못할 렬	찢어질 렬
청렴할 렴	사냥 렵	고개 령	떨어질 령
신령 령			

2) 다음 한자의 훈과 음을 쓰시오.

❶ 屯( ) ❷ 憐( ) ❸ 臺( ) ❹ 聯( )
❺ 廉( ) ❻ 蘭( ) ❼ 篤( ) ❽ 突( )
❾ 蓮( ) ❿ 梁( ) ⓫ 鈍( ) ⓬ 挑( )
⓭ 倒( ) ⓮ 掠( ) ⓯ 貸( ) ⓰ 裂( )
⓱ 嶺( ) ⓲ 豚( ) ⓳ 諒( ) ⓴ 劣( )
㉑ 涼( ) ㉒ 鍊( ) ㉓ 陶( ) ㉔ 靈( )
㉕ 刀( ) ㉖ 曆( ) ㉗ 絡( ) ㉘ 桃( )
㉙ 郞( ) ㉚ 塗( ) ㉛ 騰( ) ㉜ 零( )
㉝ 濫( ) ㉞ 勵( ) ㉟ 廊( ) ㊱ 獵( )
㊲ 敦( ) ㊳ 欄( ) ㊴ 途( ) ㊵ 渡( )
㊶ 浪( ) ㊷ 跳( ) ㊸ 稻( ) ㊹ 戀( )
㊺ 凍( )

3) 다음 밑줄 친 한자의 독음을 쓰시오.

(1) 남산 展望臺에서 서울 시내를 한눈에 내려다볼 수 있다.

(2) 賃貸의 경우, 세입자가 계약기간 전에 이사 갈 때 부동산 중개수수료를 부담하는 것이 일반적이다.

(3) 讓渡稅 감면으로 인해 부동산 거래가 활발할 것으로 보인다.

(4) 單刀直入으로 말 하겠다는 사람들이 오히려 더 빙빙 둘러서 말 하는 경우가 많다.

(5) 그는 前途有望한 청년이다.

(6) 경기침체가 지속되면 기업이 倒産하고 부실채권을 안은 금융기관에도 영향을 미친다.

(7) 공자는 개인의 수신과 인격의 陶冶를 최고의 덕목으로 여겼다.

(8) 탐관오리의 축재로 백성은 塗炭에 빠졌다.

(9) 無限挑戰의 기획 의도는 시청자들에게 웃음과 감동을 주는 것에 있다.

(10) 이번 개발을 통하여 세계 랭킹 1위 跳躍을 위한 초석을 확실히 다져놓았다.

(11) 稻熱病은 벼를 심고 있는 동아시아에서 대부분 나타나는 병이다.

(12) 武陵桃源을 꿈꾸는 자들을 위하여, 이 시를 옮겨본다.

(13) 수많은 篤志家들이 그의 학비를 후원하겠다고 나섰다.

(14) 주민들에게 우량 돼지를 분양했고 120개의 농가가 축사를 신축, 養豚사업을 해왔다.

(15) 두 사람은 敦篤한 우정을 과시했다.

(16) 정부는 이 프로젝트가 중앙정부 차원의 역사왜곡 작업이 아니고, 일부 국수주의적 학자들의

突出행위였다고 애써 평가절하하고 있다.

(17) 지난해에 이어 올해도 등록금을 凍結하기로 결정했다.

(18) 두 정상은 남북 정상회담에서 주한미군의 駐屯을 용인하기로 했다.

(19) 경제성장률이 3년간 鈍化하고 있다.

(20) 물가 暴騰으로 인하여 생필품 수급에 차질을 빚고 있다.

(21) 한약은 經絡과 기혈의 소통을 원활하게 하여 저하된 대사 기능을 활성화시키며 지방분해를 촉진하고 식욕 조절에 도움을 줄 수 있다.

(22) 올해부터 신문에 독자 投稿欄을 만들어 독자들의 자발적 참여를 시도하기로 했다.

(23) 蘭草는 변치 않는 마음과 우정, 자손 번성의 의미를 갖고 있다.

(24) 변학도의 죄목은 뇌물수수 및 직권 濫用에 부녀자 희롱죄에 해당한다.

(25) 겨울의 상징이자 浪漫의 상징인 눈이 있어야만 겨울의 제 멋을 느낄 수 있다.

(26) 花郎은 1500년 전 소수 귀족 출신의 특수무예집단이자 당대 서라벌 최고의 슈퍼스타로, 당대 사람들에게는 선망의 대상이었다.

(27) 舍廊房은 대청, 작은 사랑, 누마루 등 별개의 공간과도 유기적인 관계로 연결되어 있어 공간적인 활용도가 높다.

(28) 판결의 핵심은 掠奪문화재라도 국가의 소유라면 반환하지 않아도 된다는 것이다.

(29) 上梁式은 건물의 중심이자 가장 중요한 부분인 마룻대를 올리는 의식이다.

(30) 정상회담에서 전략무기 감축협정을 위한 諒解각서 초안이 마련되었다.

(31) 納涼特輯은 여름에 더위를 피하여 서늘함을 맛볼 수 있도록 특별히 프로그램을 만드는 것으

로, 올바른 발음은 [남냥특찝]이다.

(32) 출산 奬勵金은 둘째를 낳으면 100만원을, 셋째 이상은 300만원을 지급한다고 한다.

(33) 마야문명의 曆法은 대단히 정확하며 정교했다.

(34) 황조가는 우리나라의 현전 최고 서정시로 추정되며, 失戀의 아픔을 꾀꼬리라는 자연물에 의탁하여 우의적으로 표현한 것이다.

(35) 자기 憐憫에서 벗어나고 싶다면 망설이지 말고 그 자리에서 물러나도록 하자.

(36) 鍊金術을 이용하다가 수은의 부작용으로 많은 사람들이 희생되었다.

(37) 저수지 전역이 연밭이기 때문에 사람들은 그곳을 연꽃못 또는 蓮池라 부른다.

(38) 聯盟은 선수들의 매니지먼트 역할을 잘 하고, 좋은 결과를 얻을 수 있는 환경을 조성하기로 했다.

(39) 김홍도 그림의 위작은 拙劣하기 그지없다.

(40) 노사양측의 협상이 決裂되었다.

(41) 주식투자는 廉價에 거래될 때, 구매하면 매우 안전합니다.

(42) 환경부는 관계기관과 합동으로 겨울철 야생동물 密獵 단속을 벌여 764명을 적발했다.

(43) 大關嶺 목장의 가장 큰 매력은 청정함에 있다.

(44) 零細民을 위하여 정부가 일자리를 새로 조성할 필요가 있다.

(45) 靈安室은 슬픔을 애도하는 사람들로 가득 차 있었다.

3 배운 한자를 활용한 고사성어(故事成語)

1 단도직입(單刀直入)

❖ **字句 풀이** 單: 홑 단, 刀: 칼 도, 直: 곧을 직, 入: 들 입

❖ **해설** 혼자서 칼을 들고 적진으로 쳐들어간다는 말로, 일처리에 있어서 다른 것 필요 없이 핵심만 처리함을 뜻한다. 《전등록(傳燈錄)》에서 유래했다.

2 도탄지고(塗炭之苦)

❖ **字句 풀이** 塗: 칠할 도, 炭: 숯 탄, 之: 갈 지, 苦: 쓸 고

❖ **해설** 진흙이나 숯불에 떨어진 것과 같은 고통이라는 말로, 가혹한 정치로 인해 고통을 겪음을 뜻한다. 《서경(書經)》에서 유래했다.

3 금란지교(金蘭之交)

❖ **字句 풀이** 金: 쇠 금, 蘭: 난초 란, 之: 갈 지, 交: 사귈 교

❖ **해설** 쇠처럼 단단하고 난초와 같이 향기로운 사귐이라는 말로, 두 사람 간 깊은 우정을 뜻한다. 《주역(周易)》에서 유래했다.

4 양상군자(梁上君子)

❖ **字句 풀이** 梁: 들보 양, 上: 윗 상, 君: 임금 군, 子: 아들 자

❖ **해설** 대들보 위에 있는 군자라는 말로, 도둑을 뜻한다. 《후한서(後漢書)》에서 유래했다.

5 염량세태(炎凉世態)

❖ **字句 풀이** 炎: 더울 염, 凉: 서늘할 량, 世: 세상 세, 態: 모습 태

❖ **해설** 뜨거웠다가 차가워지는 세상 모습이라는 말로, 세력이 있을 때는 좇다가 몰락하면

멀어지는 세상의 모습을 뜻한다.

6 동병상련(同病相憐)

字句 풀이 同: 같을 동, 病: 병 병, 相: 서로 상, 憐: 불쌍히 여길 련

해설 같은 병자끼리 서로 불쌍히 여긴다는 말로, 똑같이 어려운 상황에 처한 사람끼리 서로 불쌍히 여겨 서로 이해하고 도움을 뜻한다. 《오월춘추(吳越春秋)》에서 유래했다.

4 한자의 활용

1) 한자상식: 친족의 호칭과 촌수

친족(親族)이란 혈연관계로 맺어진 혈족(血族)과 혼인에 의해 생긴 인척(姻戚)을 합친 것인데, 친인척이라고도 한다. 가족법이 제정한 친족의 범위는 부모계 구분 없이 8촌 이내의 혈족과 4촌 이내의 인척이다.

촌수(寸數)는 나와 혈족 간의 관계를 수로 나타낸 것이다. 따라서 어떤 친척이 나와 어떤 관계에 있는지를 명확히 알려준다. 촌수는 다른 나라에서 볼 수 없는 우리나라 고유의 제도로, 가족 간의 호칭을 정확히 아는 것은 중요한 예절이다.

촌수는 기본적으로 부모와 자식 관계를 1촌으로 계산한다. 형제와 자매는 같은 부모의 자식이기 때문에 2촌이다. 그러나 일반적으로 직계 혈족 사이에서는 촌수를 쓰지 않는다.

같은 방법으로 아버지의 형제들은 나와 아버지 1촌, 아버지와 할아버지 1촌, 할아버지와 아버지를 합해서 나와는 3촌간이다. 그리고 3촌의 자녀들은 나와는 4촌간이다. 촌수 중에서 짝수(4촌 · 6촌 · 8촌 등)는 나와 같은 형제 항렬이고, 홀수는 모두 숙질(叔姪: 아저씨와 조카) 관계이다.

〈표〉에는 없지만 외가의 경우도 마찬가지 방법을 적용한다. 외삼촌이나 이모의 경우 나와 3촌간이며, 그의 자식들은 나와는 4촌간이다.

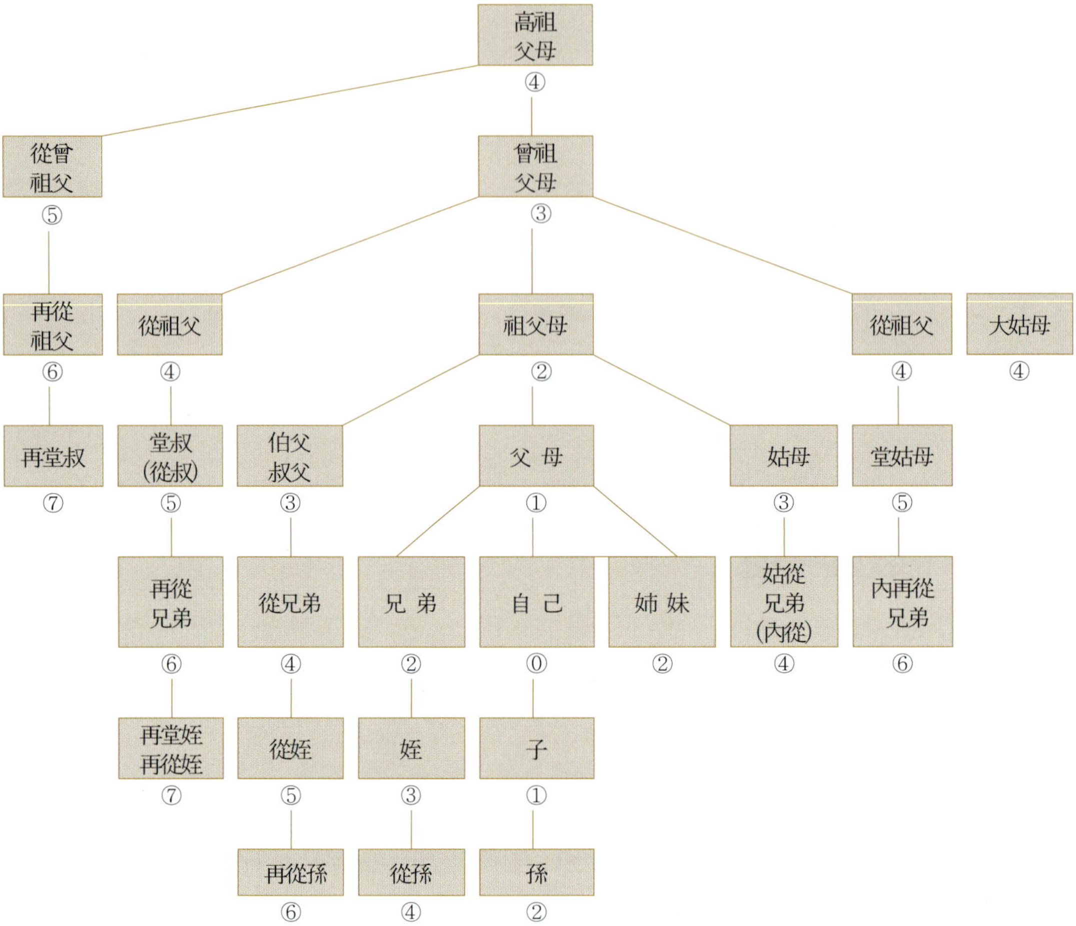

2) 한자로 읽어보기

朴生이 또 물었다.

"鬼神이란 어떤 것입니까?"

王이 말했다.

"鬼는 陰의 靈이고, 神은 陽의 靈입니다. 鬼神은 大槪 造化의 자취요, 陰陽의 타고난 能力입니다. 살아 있을 때는 '人物'이라 하고 죽은 뒤에는 '鬼神'이라 하지만, 그 理致는 다르지 않습니다."

朴生이 말하였다.

"俗世에서는 鬼神에게 祭祀 지내는 禮法이 있는데, 祭祀를 받는 鬼神과 造化의 鬼神은 다릅니까?"

"다르지 않습니다. 선비는 어찌 그것도 알지 못하시오? 옛 선비가 이르기를, '鬼神은 形體도 없고 소리도 없다.'고 하였습니다. 그러나 物質이 끝나고 始作되는 것은 陰陽이 어울리고 흩어지는 데 따르는 것이고, 하늘과 땅에 祭祀 지내는 것은 陰陽의 造化를 尊敬하는 것이며, 山川에 祭祀 지내는 것은 陰陽의 變化가 오르내리는 것을 報答하려는 것입니다. 祖上께 祭祀 지내는 것은 根本에 報答하기 위한 것이고, 여섯 神[1]에게 祭祀 지내는 것은 災殃을 免하기 위해서입니다.

이러한 祭祀는 모두 사람들로 하여금 恭敬하는 마음을 가지게 하기 위해서 지냅니다. 이 鬼神들이 形體가 있어서 人間에게 禍와 福을 함부로 주는 것은 아닙니다. 그렇지만 사람들은 香불을 사르고 슬퍼하면서 마치 鬼神이 옆에 있는 것처럼 지냅니다. 孔子가 '鬼神은 恭敬하면서도 멀리하라.'고 하신 말씀은 바로 이러한 態度를 일러주신 것입니다."

朴生이 말하였다.

"人間世界에 凶惡한 氣運과 妖邪스런 도깨비가 나타나서 사람을 害치고 마음을 홀리는 일이 있는데, 이것도 또한 鬼神이라고 말할 수 있습니까?"

王이 말하였다.

"鬼는 굽힌다는 뜻이고, 神은 편다는 뜻입니다. 굽히되 펼 줄 아는 것은 造化의 神이며, 굽히되 펼 줄 모르는 것은 나쁜 氣運이 뭉쳐 있는 妖物들입니다. 造化의 神은 天地萬物의 變化와 造化를 이루므로 처음부터 끝까지 陰陽과 더불어 하며 자취가 없습니다. 이에 비해 妖邪스러운 妖物들은 나쁜 氣運이 뭉쳐 있으므로 사람과 動物에 뒤섞여 怨望을 품고 形體를 가지고 있습니다."

山에 있는 妖物을 魈라 하고, 물에 있는 妖物을 魊이라 하며, 水石에 있는 妖怪는 龍罔象이라 하고, 木石에 있는 妖怪는 夔魍魎이라 합니다. 萬物을 害치는 妖物을 厲라 하고, 萬物을 괴롭히는 妖物을 魔라 하며, 萬物에 붙어 있는 妖物은 妖라 하고 萬物을 迷惑시키는 妖物은 魅라 합니다. 이들은 모두 鬼입니다.

《周易》[2]에 '陰陽의 變化를 헤아릴 수 없는 것을 神이라고 한다.'고 한 것이 바로 神입니다. 神이란 妙한 쓰임을 말하는 것이고, 鬼란 근본으로 돌아가는 것을 말합니다.

---

1) 여섯 신(神): 동서남북과 중앙의 다섯 방위를 지키는 신. 청룡은 동쪽, 백호는 서쪽, 주작은 남쪽, 현무는 북쪽, 구진과 등사는 중앙을 지킨다고 한다.

2) 주역(周易): 유교 경전 중의 하나로, 천지만물의 자연현상을 설명한 책이다.

하늘과 사람은 한 理致고 드러난 것과 숨겨진 것에 間隔이 없으니, 根本으로 돌아가는 것을 靜이라 하고, 天命을 回復하는 것을 常이라 합니다. 처음부터 끝까지 造化와 함께 하면서도 그 造化의 자취를 알 수 없는 것이 있으니, 이것을 바로 道라고 합니다. 그러므로 《中庸》에서도 '鬼神의 德이 크다.'고 한 것이지요."

(김시습 저, 이가원・허경진 옮김, 「남쪽 저승을 구경한 이야기」, 『금오신화』, 서해문집, 2007)

〈매월당 김시습〉

제 5 강

1 기본학습 : ㉣ ~ ㉤음 계열 한자어의 훈과 음 익히기

한자	훈음 / 획수 / 부수 / 급수	풀이
隷	종 례 16획 | 隶 | 3	노예·종·부리다의 의미를 지닌 한자어. 죄인이나 이민족을 붙잡아서 종으로 삼다, 복종시키다의 뜻을 나타낸다. **용례** 노예(奴隷), 예속(隷屬)
露	이슬 로 20획 | 雨 | 3Ⅱ	이슬·드러내다의 의미를 지닌 한자어. 비 우(雨)와 길 로(路)의 결합. 길가에 떨어진 이슬의 모습을 형상화한 것이다. **용례** 노숙(露宿), 노천(露天), 노출(露出)
爐	화로 로 20획 | 火 | 3Ⅱ	화로의 의미를 지닌 한자어. 불 화(火)와 그릇 로(盧)의 결합. 불을 모아둔 그릇의 뜻을 나타낸다. **용례** 화로(火爐), 향로(香爐)
祿	복 록 13획 | 示 | 3Ⅱ	복·급료·지위의 의미를 지닌 한자어. 보일 시(示)와 새길 록(彔)의 결합. 행복, 벼슬아치의 봉급의 뜻을 나타낸다. **용례** 녹봉(祿俸), 복록(福祿)
鹿	사슴 록 11획 | 鹿 | 3	사슴의 모습을 형상화한 것이다. **용례** 녹용(鹿茸), 순록(馴鹿)
弄	희롱할 롱 7획 | 廾 | 3Ⅱ	희롱하다·즐기다·업신여기다의 의미를 지닌 한자어. 구슬 옥(玉)과 두 손으로 받들 공(廾)의 결합. 두 손으로 구슬을 갖고 노는 모습을 형상화한 것이다. **용례** 희롱(戲弄), 우롱(愚弄), 농간(弄奸)
雷	우레 뢰 13획 | 雨 | 3Ⅱ	우레의 의미를 지닌 한자어. 비 우(雨)와 밭 전(田)의 결합. 번득이는 번개의 모습을 형상화한 것이다. **용례** 낙뢰(落雷), 뇌성벽력(雷聲霹靂), 부화뇌동(附和雷同)
賴	의지할 뢰 16획 | 貝 | 3Ⅱ	힘입다·의지하나의 의미를 지닌 한자어. 조개 패(貝)와 자루 라(剌)의 결합. 자루 속에 담긴 물건을 형상화한 것으로, 얻다·의지하다는 의미가 파생되었다. **용례** 신뢰(信賴), 의뢰(依賴)

了	마칠 료 2획 | 亅 | 3	마치다・밝다의 의미를 지닌 한자어. 양손이 없는 아이의 모습을 형상화한 것이다. **용례** 수료(修了), 수료증(修了證), 완료(完了)
僚	동료 료 14획 | 亻(人) | 3	동료・관리의 의미를 지닌 한자어. 사람 인(亻)과 횃불 료(尞)의 결합. 동료의 뜻을 나타낸다. **용례** 동료(同僚), 관료(官僚), 각료회의(閣僚會議)
淚	눈물 루 11획 | 氵(水) | 3	눈물・울다의 의미를 지닌 한자어. 물 수(氵)와 어그러질 려(戾)의 결합. 눈물의 뜻을 나타낸다. **용례** 낙루(落淚), 최루탄(催淚彈)
漏	샐 루 14획 | 水 | 3 Ⅱ	새다의 의미를 지닌 한자어. 물 수(氵)와 샐 루(屚)의 결합. 집에 작은 구멍이 생겨 빗물이 새는 모습을 형상화한 것이다. **용례** 누락(漏落), 누수(漏水), 누출사고(漏出事故)
樓	다락 루 15획 | 木 | 3 Ⅱ	다락의 의미를 지닌 한자어. 나무 목(木)과 별 이름 루(婁)의 결합. 나무를 짜서 높이 세운 망루의 뜻을 나타낸다. **용례** 누각(樓閣), 망루(望樓), 성루(城樓)
屢	자주 루 14획 | 尸 | 3	자주・여럿・번거롭다의 의미를 지닌 한자어. 주검 시(尸)와 여러 루(婁)의 결합. 여러 층으로 된 집의 뜻을 나타낸다. **용례** 누누(屢屢), 누차(屢次)
累	여러 루 11획 | 糸 | 3 Ⅱ	여러・포개다・얽히다의 의미를 지닌 한자어. 포갤 뢰(畾)와 실 사(糸)의 결합. 실을 겹쳐서 포갠 모습을 형상화한 것이다. **용례** 누적(累積), 누대(累代), 누란지세(累卵之勢)
倫	인륜 륜 10획 | 亻(人) | 3 Ⅱ	인륜・법・떳떳하다의 의미를 지닌 한자어. 사람 인(亻)과 둥글 윤(侖)의 결합. 사람 사이에서 지켜야할 도리의 뜻을 나타낸다. **용례** 윤리(倫理), 오륜(五倫), 인륜(人倫)
栗	밤 률 10획 | 木 | 3 Ⅱ	밤・떨다의 의미를 지닌 한자어. 밤송이가 달린 밤나무의 모습을 형상화한 것이다. **용례** 생률(生栗), 율률(栗栗)
率	비율 률/거느릴 솔 11획 | 玄 | 3 Ⅱ	거느리다・비율의 의미를 지닌 한자어. 새 그물의 모양을 형상화한 것이다. **용례** 인솔(引率), 능률(能率), 비율(比率)
隆	높을 륭 12획 | 阝(阜) | 3 Ⅱ	높다・크다・받들다의 의미를 지닌 한자어. 좌부 변(阝)과 하늘에 예 지낼 륭(夅)의 결합. 평지에 솟은 언덕의 뜻을 나타낸다. **용례** 융기(隆起), 융성(隆盛), 융숭(隆崇)

한자	훈음 / 획수·부수·급수	설명
陵	언덕 릉 11획 | 阝(阜) | 3Ⅱ	언덕 · 무덤 · 높다의 의미를 지닌 한자어. 좌부 변(阝)과 언덕 릉(夌)의 결합. 사람이 언덕을 오르는 모습을 형상화한 것이다. 용례 구릉(丘陵), 왕릉(王陵)
吏	관리/벼슬아치 리 6획 | 口 | 3Ⅱ	관리 · 벼슬아치의 의미를 지닌 한자어. 관리의 상징인 깃대를 손에 든 모양을 본떠 만든 글자로, 벼슬아치의 뜻을 나타낸다. 용례 관리(官吏), 이두문자(吏讀文字)
履	밟을 리 15획 | 尸 | 3Ⅱ	밟다 · 신다 · 신의 의미를 지닌 한자어. 사람이 길을 갈 때 신는 신발의 뜻을 나타낸다. 용례 이행(履行), 이수(履修), 이력서(履歷書)
梨	배 리 11획 | 木 | 3	배 · 배나무의 의미를 지닌 한자어. 이로울 리(利)와 나무 목(木)의 결합. 이(利)의 옛글자로, 약재로 쓰이는 배를 나타낸다. 용례 이화(梨花), 이태원(梨泰院)
裏	속 리 13획 | 衣 | 3Ⅱ	속 · 안 · 내부의 의미를 지닌 한자어. 마을 리(里)와 옷 의(衣)의 결합. 옷의 뒷면, 안쪽의 뜻을 지닌다. 용례 이면(裏面), 뇌리(腦裏), 표리부동(表裏不同)
隣	이웃 린 15획 | 阝(阜) | 3	이웃 · 보필하다의 의미를 지닌 한자어. 좌부 변(阝)과 반딧불 린(粦)의 결합. 마을에 모여사는 서민의 뜻을 지닌다. 용례 인근(隣近), 인접(隣接), 인가(隣家)
臨	임할 림 17획 | 臣 | 3Ⅱ	임하다 · 미치다의 의미를 지닌 한자어. 누울 와(臥)와 물건 품(品)의 결합. 여러 물건을 바라보다, 지켜보다의 뜻을 나타낸다. 용례 임상(臨床), 임종(臨終), 임시(臨時)
磨	갈 마 16획 | 石 | 3Ⅱ	갈다 · 맷돌의 의미를 지닌 한자어. 삼 마(麻)와 돌 석(石)의 결합. 갈아서 부수다, 맷돌의 뜻을 나타낸다. 용례 마멸(磨滅), 마모(磨耗), 연마(硏磨)
麻	삼 마 11획 | 麻 | 3Ⅱ	삼의 의미를 지닌 한자어. 삼의 외형 · 성격 등을 고려하여 만든 회의(會意)자로 마를 나타낸다. 용례 마의(麻衣), 대마초(大麻草)
漠	넓을 막 14획 | 氵(水) | 3Ⅱ	사막 · 아득하다 · 넓다의 의미를 지닌 한자어. 물 수(氵)와 없을 막(莫)의 결합. 물이 없는 벌판 · 사막의 뜻을 나타낸다. 용례 사막(沙漠), 막막(漠漠), 막연(漠然), 광막(廣漠)
莫	없을 막 11획 | 艹(艸) | 3Ⅱ	없다 · 저물다의 의미를 지닌 한자어. 태양이 초원에서 지는 모습을 형상화한 글자로 없다의 뜻을 지닌다. 용례 막대(莫大), 막강(莫强), 막역지우(莫逆之友)

幕	장막 막 14획 | 巾 | 3Ⅱ	장막·가리다의 의미를 지닌 한자어. 덮을 막(莫)과 수건 건(巾)의 결합. 사물을 가리는 막의 뜻을 나타낸다. 용례 막사(幕舍), 장막(帳幕), 천막(天幕)
晩	늦을 만 11획 | 日 | 3Ⅱ	늦다·저물다·저녁의 의미를 지닌 한자어. 날 일(日)과 면할 면(免)의 결합. 아이가 태어나는 모습을 본떠 만든 글자로, 저녁·늦은의 뜻을 나타낸다. 용례 만년(晩年), 만추(晩秋), 만학도(晩學徒)
慢	게으를 만 14획 | 忄(心) | 3	게으르다·거만하다·느리다의 의미를 지닌 한자어. 마음 심(忄)과 끌 만(曼)의 결합. 마음이 자라 늘어져서 게을리하다의 뜻을 나타낸다. 용례 태만(怠慢), 오만(傲慢), 만성질환(慢性疾患)
漫	흩어질 만 14획 | 氵(水) | 3	흩어지다·넘치다의 의미를 지닌 한자어. 물 수(氵)와 끌 만(曼)의 결합. 물이 넘쳐 흐른다는 뜻을 나타낸다. 용례 만연(漫然), 만담(漫談), 방만(放漫)
妄	망녕될 망 6획 | 女 | 3Ⅱ	망령되다·허망하다·속이다의 의미를 지닌 한자어. 어두울 망(亡)과 계집 녀(女)의 결합. 장님·도리에 어둡다는 뜻을 나타낸다. 용례 망상(妄想), 허망(虛妄), 망언(妄言)
茫	아득할 망 10획 | 艹(艸) | 3	망망하다·아득하다의 의미를 지닌 한자어. 풀 초(艹)와 아득할 망(汒)의 결합. 초원의 넓고 아득함의 뜻을 나타낸다. 용례 망막(茫漠), 망망대해(茫茫大海), 망연자실(茫然自失)
忙	바쁠 망 6획 | 忄(心) | 3	바쁘다·조급하다의 의미를 지닌 한자어. 마음 심(忄)과 없을 망(亡)의 결합. 마음이 안정되지 않다는 뜻을 나타낸다. 용례 공사다망(公私多忙), 황망(慌忙), 망중한(忙中閑)
罔	없을 망 8획 | 罒 | 3	그물·맺다·끝이 없다의 의미를 지닌 한자어. 그물 망(罒)과 없을 망(亡)의 결합. 그물·가리다의 뜻을 나타낸다. 용례 망극지은(罔極之恩), 망연(罔然)
忘	잊을 망 7획 | 心 | 3	잊다의 의미를 지닌 한자어. 마음 심(心)과 없을 망(亡)의 결합. 마음의 간직한 것을 잊는다는 뜻을 지닌다. 용례 망각(忘却), 건망증(健忘症), 물망초(勿忘草)
梅	매화 매 11획 | 木 | 3Ⅱ	매화의 의미를 지닌 한자어. 나무 목(木)과 매양 매(每)의 결합. 매화의 모습을 본뜬 글자라고 한다. 용례 매실(梅實), 매화(梅花)
埋	묻을 매 10획 | 土 | 3	묻다·숨기다의 의미를 지닌 한자어. 흙 토(土)와 묻을 리(里)의 결합. 흙 속에 묻다의 뜻을 지닌다. 용례 매립(埋立), 매몰(埋沒), 매장(埋葬)

媒	중매 매 12획 | 女 | 3Ⅱ	중매·매개의 의미를 지닌 한자어. 계집 녀(女)와 신목 모(某)의 결합. 남녀의 혼인·중개자의 뜻을 나타낸다. **용례** 매개(媒介), 중매(仲媒), 매파(媒婆)
麥	보리 맥 11획 | 麥 | 3Ⅱ	보리·밀의 의미를 지닌 한자어. 까끄라기 래(來)와 뿌리내릴 치(夊)의 결합. 보리의 뜻을 나타낸다. **용례** 맥주(麥酒), 숙맥(菽麥), 맥반석(麥飯石)
孟	맏 맹 8획 | 子 | 3Ⅱ	맏·처음의 의미를 지닌 한자어. 아들 자(子)와 싹틀 명(皿)의 결합. 싹틈·시작·맏아들의 뜻을 나타낸다. **용례** 맹하(孟夏), 맹자(孟子)
盟	맹세 맹 13획 | 皿 | 3Ⅱ	맹세·약속의 의미를 지닌 한자어. 밝을 명(明)과 그릇 명(皿)의 결합. 제후들이 짐승의 피를 마시며 신에게 맹세하는 데서 유래된 글자이다. **용례** 혈맹(血盟), 맹약(盟約), 연맹(聯盟)

2 심화학습 : 기본한자 다시 익히기

1) 다음 훈과 음을 지닌 한자를 쓰시오.

종 례	이슬 로	화로 로	녹 록
사슴 록	희롱할 롱	우레 뢰	의지할 뢰
마칠 료	동료 료	눈물 루	다락 루
여러 루	자주 루	샐 루	인륜 륜
밤 률	비율 률/거느릴 솔	높을 륭	언덕 릉

벼슬아치	리	밟을	리	배	리	속	리
이웃	린	임할	림	갈	마	삼	마
넓을	막	없을	막	장막	막	늦을	만
게으를	만	흩어질	만	망녕될	망	아득할	망
바쁠	망	없을	망	잊을	망	매화	매
묻을	매	중매	매	보리	맥	맏	맹
맹세	맹						

2) 다음 한자의 훈과 음을 쓰시오.

❶ 吏(　　　　) ❷ 僚(　　　　) ❸ 露(　　　　) ❹ 慢(　　　　)
❺ 晩(　　　　) ❻ 淚(　　　　) ❼ 漏(　　　　) ❽ 率(　　　　)
❾ 屢(　　　　) ❿ 陵(　　　　) ⓫ 了(　　　　) ⓬ 罔(　　　　)
⓭ 祿(　　　　) ⓮ 倫(　　　　) ⓯ 累(　　　　) ⓰ 幕(　　　　)
⓱ 忙(　　　　) ⓲ 隆(　　　　) ⓳ 漫(　　　　) ⓴ 鹿(　　　　)
㉑ 忘(　　　　) ㉒ 賴(　　　　) ㉓ 磨(　　　　) ㉔ 妄(　　　　)
㉕ 栗(　　　　) ㉖ 臨(　　　　) ㉗ 爐(　　　　) ㉘ 梅(　　　　)
㉙ 樓(　　　　) ㉚ 弄(　　　　) ㉛ 隣(　　　　) ㉜ 麥(　　　　)
㉝ 茫(　　　　) ㉞ 履(　　　　) ㉟ 裏(　　　　) ㊱ 孟(　　　　)
㊲ 梨(　　　　) ㊳ 麻(　　　　) ㊴ 雷(　　　　) ㊵ 盟(　　　　)
㊶ 媒(　　　　) ㊷ 隸(　　　　) ㊸ 漠(　　　　) ㊹ 埋(　　　　)
㊺ 莫(　　　　)

3) 다음 밑줄 친 한자의 독음을 쓰시오.

(1) 이 정책은 경제적으로 자본주의에 隷屬되는 결과를 초래했다.

(2) 여름철 피부 露出은 그만큼 외부로부터의 자극이 많아진다는 것을 의미한다.

(3) 火爐는 불을 담아두는 것으로 온돌 생활의 보조난방 기능으로 사용되었다.

(4) 이곳은 한눈에 보아도 福祿과 자손 복이 넘치는 전형적인 명당 터임을 느끼게 한다.

(5) 鹿茸은 질병이 생긴 후보다는 증상이 나타나기 이전에 복용하면 더 효과가 있다.

(6) 대형마트의 담합은 소비자를 愚弄하는 대표적인 일이다.

(7) 어제 밤에는 雷聲霹靂이 치고 비가 내렸다.

(8) 사법부가 信賴를 얻기 위해서는 지금보다 더 많은 노력이 필요하다.

(9) 참가자에게는 修了證과 함께 기념품도 증정한다.

(10) 지방 행정조직이 붕괴되자 官僚제도에 혼란을 가져왔다.

(11) 우리 국민이 그저 슬픔에 젖어 落淚하는 것만을 원치 않을 것이다.

(12) 望樓는 지금의 초소 구실을 하던 곳인데, 화성에서 그 모습을 쉽게 볼 수 있다.

(13) 올 해 累積 적자가 사상 최고를 기록하였다.

(14) 그에게 屢次 이야기를 해보았지만 설득을 할 수 없었다.

(15) 모든 근로자들은 소득공제가 漏落되지 않도록 꼼꼼히 공제항목을 확인해야 한다.

(16) 가부장적 질서에 의한 명분과 人倫이 강조되는 사회로 변화되었다.

(17) 생밤은 生栗이라고도 하는데, 성장이 느린 어린 아이에게 먹이면 좋다고 한다.

(18) 새로운 기계의 도입으로 적은 인력으로도 높은 작업 能率을 기대할 수 있다.

(19) 국운의 隆盛을 위하여 올 한 해 모두 최선을 다해야 한다.

(20) 王陵은 단순한 왕의 무덤이 아니라, 국가권력의 상징이자 왕권의 표현이었다.

(21) 설총은 吏讀文字를 집대성하였다고 전한다.

(22) 履歷書는 짧으면서도 채용담당자의 시선을 잡아끌 수 있는 문구들을 담아야 한다.

(23) 원래 梨泰院은 산에서 맑은 샘물이 솟아나 도성 안의 부녀자들이 빨래터로 이용하였고 소나무 숲이 우거져 있었다고 한다. 임진왜란 이후 아군에 항복하고 우리나라에 귀화한 일본인들이 거주하였다 하여 '異他人'으로 부르기도 하였고, 왜군들과의 혼혈들이 거주한 곳이라 하여 '異胎院'으로도 불렀다고 한다.

(24) 그녀가 내 곁을 떠나면서 했던 말은, 오랜 세월이 흐른 지금까지도 내 腦裏에 남아있다.

(25) 이곳은 수도권이나 隣近 대도시로의 진입이 매우 편리하다.

(26) 臨終을 예감하신 아버님께서는 자꾸만 눈물을 보이셨다.

(27) 프로에 오기 위해서는 직구를 커버해줄 체인지업 같은 변화구 研磨가 필요하다.

(28) 검찰은 야생 大麻草를 채취하여 상습적으로 복용해온 A씨를 구속하였다.

(29) 沙漠은 세상에서 가장 뜨겁고 척박한 곳이지만, 엄청난 과학적 가치를 지닌 땅이다.

(30) 방송시장에서의 지상파 영향력은 莫强하다. 특히 광고시장에서 큰 영향을 미친다.

(31) 성경은 인간의 육체를 帳幕이라고 부른다. 하지만 미래의 몸은 '집'이라 부른다.

(32) 이 책은 晩學徒가 대학에 입학해서 자신의 꿈을 이루는 과정을 그대로 재현했다.

(33) 도에서는 지방세 횡령이나 업무 怠慢 행위자를 엄중 문책하기로 했다.

(34) 放漫한 재정지출로 인하여 사회보장제도 예산집행이 심각한 위기에 처했다.

(35) 일본 정부는 독도를 일본 땅이라는 妄言을 늘 해왔다.

(36) 해마루에서 茫茫大海 위로 떠오르는 일출을 볼 수 있다.

(37) 바쁜 가운데 잠깐 얻어 낸 틈이나 여유를 忙中閑이라고 한다.

(38) 임금과 부모의 끝이 없는 큰 은혜를 일컬어 罔極之恩이라고 한다.

(39) 매일 오미자 차를 마시면 낮의 권태로움이나 뻐근한 증상, 健忘症에 좋다고 한다.

(40) 梅實에는 혈액순환을 원활히 하는 유기산과 비타민이 풍부하다.

(41) 학계에서는 이번에 발굴된 특이한 埋葬 형식을 두고, 그 문화재적 가치를 높게 평가하고 있다.

(42) 배우자 선택은 1970년대까지는 주로 仲媒로 이루어졌으나, 1980년대 이후부터는 연애결혼이 증가하는 추세를 보이고 있다.

(43) 麥酒에는 요산을 생성하는 퓨린 성분이 다량 함유되어 있어 관절염 증상을 더욱 악화시킨다.

(44) 孟夏는 음력 4월의 다른 말로, 초여름을 말한다.

(45) 고구려와 돌궐의 강건한 聯盟은 당나라의 극심한 반발을 불러왔다.

3 배운 한자를 활용한 고사성어(故事成語)

1 지록위마(指鹿爲馬)

❖ **字句 풀이** 指: 가리킬 지, 鹿: 사슴 록, 爲: 할 위, 馬: 말 마

❖ **해설** 사슴을 가리켜 말이라고 한다는 말이다. 사실이 아닌 것을 사실로 만들어 강압적으로 인정하게 만들거나, 권세를 이용하여 여러 사람을 농락하는 것을 뜻한다. 《사기(史記)》에서 유래했다.

2 부화뇌동(附和雷同)

❖ **字句 풀이** 附: 붙을 부, 和: 화할 화, 雷: 우레 뇌, 同: 같을 동

❖ **해설** 우레 소리에 맞춰 함께한다는 말이다. 자신의 분명한 소신 없이 남이 하는 대로 따라가는 것을 뜻한다. 《예기(禮記)》에서 유래했다.

3 누란지세(累卵之勢)

❖ **字句 풀이** 累: 여러 누, 卵: 알 란, 之: 갈 지, 勢: 형세 세

❖ **해설** 쌓아놓은 알(계란)의 형세라는 말이다. 알(계란)을 쌓아둔 것처럼 몹시 위험한 일이나 형세를 뜻한다.

4 여리박빙(如履薄氷)

❖ **字句 풀이** 如: 같을 여, 履: 밟을 리, 薄: 엷을 박, 氷: 얼음 빙

❖ **해설** 살얼음을 밟는 것과 같다는 말이다. 몹시 위험한 일이나 형세를 뜻한다. 《시경(詩經)》에서 유래했다.

5 표리부동(表裏不同)

❖ **字句 풀이** 表: 겉 표, 裏: 속 리, 不: 아닐 부, 同: 같을 동

❖ **해설** 겉과 속이 다르다는 말로, 사람을 대할 때, 겉으로 보이는 것과 속마음이 서로 다름을 뜻한다.

6 막역지우(莫逆之友)

❖ **字句 풀이** 莫: 없을 막, 逆: 거스릴 역, 之: 갈 지, 友: 벗 우

❖ **해설** 서로 거슬림이 없는 친구란 말로, 생사를 함께할 정도로 친밀한 벗을 뜻한다. 《장자(莊子)》에서 유래했다.

7 숙맥불변(菽麥不辨)

❖ **字句 풀이** 菽: 콩 숙, 麥: 보리 맥, 不: 아닐 불, 辨: 분별할 변

❖ **해설** 콩과 보리를 분별하지 못한다는 말로, 어리석고 못난 사람을 뜻한다.

4 한자의 활용

1) **한자상식:** 가족의 호칭과 한자어

구분	자기(自己)		타인(他人)	
	살아계신분	돌아가신분	살아계신분	돌아가신분
부	가친(家親) 엄친(嚴親) 부주(父主)	선친(先親) 선고(先考) 선부군(先父君)	춘부장(春府丈) 춘장(春丈) 춘당(春堂) 대인(大人)	선대인(先大人) 선고장(先考丈) 선장(先丈)

모	자친(慈親) 모주(母主) 가자(家慈)	선비(先妣) 선자(先慈)	자당(慈堂) 대부인(大夫人) 모당(母堂) 모부인(母夫人)	선부인(先夫人) 선대부인(先大夫人)
조부	조부(祖父) 왕부(王父)	조고(祖考) 왕고(王考)	왕존장(王尊丈) 왕대인(王大人)	선조부장(先祖父丈) 선왕고장(先王考丈)
조모	조모(祖母) 왕모(王母)	조비(祖妣)	왕대부인(王大夫人) 존조모(尊祖母)	선왕대부인(先王大夫人) 선조비(先祖妣)
자	가아(家兒) 가돈(家豚) 돈아(豚兒) 미돈(迷豚)	망아(亡兒)	영랑(令郎) 영식(令息)	
녀	여식(女息) 식비(息鄙)		영애(令愛) 영교(令嬌) 영양(令孃)	
손자	손자(孫子) 손아(孫兒)		영포(令抱) 영손(令孫)	
아내	妻(처) 內子(내자) 內室(내실) 家人(가인)		令夫人(영부인) 令室(영실) 閤夫人(합부인)	

2) 한자로 읽어보기

天下에 두려워할 만한 者는 오직 百姓뿐이다. 百姓은 물·불·범·표범보다도 더 두렵다. 그런데도 윗자리에 있는 者들은 百姓들을 제멋대로 업신여기며 모질게 부려먹는다. 도대체 어째서 그러한가?

무릇 이루어진 일이나 함께 기뻐하면서 늘 보이는 것에 얽매인 者, 시키는 대로 法을 받들고 윗사람에게 부림받는 자는 恒民이다. 이들 恒民은 두려워할 만한 存在가 아니다.

모질게 搾取당하여서 살이 발겨지고 뼈가 뒤틀리며, 집에 들어온 것과 논밭에서 난 것을 다 가져다 끝없는 要求에 바치면서도, 걱정하고 歎息하되 중얼중얼 윗사람을 怨望이나 하는 자는 怨民이다. 이들 怨民도 반드시 두려운 存在는 아니다.

自己 모습을 푸줏간에 감추고 남모르게 딴 마음을 품고서 世上 돌아가는 것을 엿보다가,

때를 만나면 自己의 所願을 풀어보려는 자가 豪民이다. 이들 豪民이야말로 두려운 存在이다. 豪民은 나라의 틈을 엿보다가 일이 이루어질 만한 때를 노려서, 팔뚝을 걷어붙이고 밭이랑 위에서 한 차례 크게 소리를 외친다. 그러면 저 怨民들이 소리만 듣고도 모여드는데, 함께 議論하지 않았어도 그들과 같은 소리를 외친다. 恒民들도 또한 살 길을 찾아, 어쩔 수 없이 호미자루와 창자루를 들고 따라와서 無道한 놈들을 죽인다.

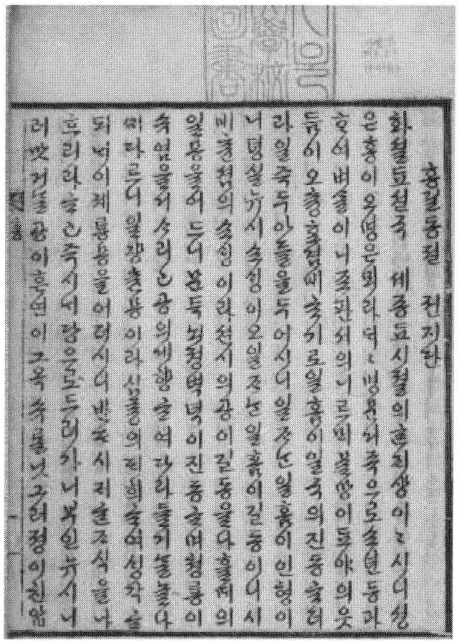

허균의 〈홍길동전〉

秦나라가 亡한 것은 陳勝과 吳廣 때문이고, 漢나라가 어지러워진 것도 黃巾賊 때문이다. 唐나라 때에도 王仙芝와 黃巢가 期會를 탔었는데, 끝내는 이 때문에 나라가 亡했다. 이 모두 百姓을 모질게 搾取해서 제 배만 불렸기 때문이니, 豪民들이 그 틈을 탄 것이다.

하늘이 司牧을 세운 까닭은 百姓을 기르려고 했기 때문이지, 한 사람으로 하여금 위에 앉아서 放恣하게 흘겨보며 골짜기 같은 慾心이나 채우려고 한 것은 아니었다. 그런즉 그러한 짓을 저지른 秦·漢 以來의 나라들이 禍를 입은 것은 마땅한 일이었지 不幸한 일은 아니었다.

이제 우리나라는 그렇지 않다. 땅은 좁고 百姓도 적다. 게다가 사람들이 못나고 좀스러워서, 奇異한 節操나 義俠스런 氣魄도 없다. 平常時에는 큰 人物이나 뛰어난 人材가 나와서 世上에 쓰인 적이 없지만, 亂離를 당해도 豪民이나 사나운 졸개들이 亂離를 불러일으켜서 나라의 근심거리가 된 적이 없었다. 그것도 多幸이라면 또한 多幸이겠다.

그러나 오늘날은 高麗時代와 또한 그 事情이 다르다. 高麗 때에는 百姓들로부터 받아들이는 것에 限度가 있었고, 自然의 利益을 百姓들과 함께 누렸다. 장사꾼에게는 그 길을 열어주고 쟁이들에게도 惠澤을 주었다. 또 收入을 헤아려 支出을 하였기에, 나라에 쌓아 놓은 것이 있었다. 갑자기 큰 戰爭이나 國喪이 있더라도 따로 百姓들로부터 거두는 적은 없었다. 다만 末期에 와서는 三空을 念慮하였다.

우리 朝鮮은 그렇지를 못하다. 얼마 안 되는 百姓을 거느리고도 神을 섬기는 일이나 윗사람을 받드는 禮節은 中國과 같다. 百姓들이 稅金을 다섯 몫쯤 내면 官廳에 돌아가는 것은 겨우 한 몫이고, 그 나머지는 奸邪한 者들에게 어지럽게 흩어진다. 또한 나라에 쌓아 놓은 것이 없어서, 무슨 일이 일어나면 한 해에도 두 번이라도 稅金을 거둬들인다. 고을의 사또들은 이를 憑藉하여 키로 物件을 가려내면서 苛酷하게 거둬들이기에 또한 끝이 없다. 그러므로 百姓들의 시름과 怨望이 高麗 때보다도 더 甚하다.

그런데도 윗사람들은 太平스럽게 두려워할 줄 모르고, "우리나라에는 豪民이 없다."라고 말한다. 不幸히도 甄萱이나 弓裔 같은 사람이 나와서 몽둥이를 휘두르면, 근심과 怨望에 가득 찬 民衆들이 따라 가지 않는다고 어찌 보장하겠는가? 기주·양주의 六合의 변쯤은 발을 꼬고 앉아서 기다리게 될 것이다.

百姓을 다스리는 者가 이런 두려운 形象을 환히 알아서 느슨한 활시위를 바로잡고 어지러운 수레바퀴를 고친다면, 그래도 나라는 維持할 수는 있을 것이다.

(허균 저, 허경진 옮김, 『홍길동전·허균 산문집』, 한양출판, 1995)

제 6 강

1 기본학습 : ㉤~㉥음 계열 한자어의 훈과 음 익히기

猛	사나울 맹 11획 | 犭(犬) | 3Ⅱ	사납다 · 날래다 · 용맹하다의 의미를 지닌 한자어. 개 견(犭)과 맏 맹(孟)의 결합. 사나운 개의 뜻을 나타낸다. 용례 맹수(猛獸), 맹위(猛威), 용맹(勇猛)
盲	소경 맹 8획 | 目 | 3Ⅱ	장님 · 어둡다 · 몽매하다의 의미를 지닌 한자어. 없을 망(亡)과 눈 목(目)의 결합. 눈이 없는 장님의 뜻을 나타낸다. 용례 맹인(盲人), 맹목(盲目), 맹신(盲信)
免	면할 면 7획 | 儿 | 3Ⅱ	면하다 · 벗어나다 · 용서하다의 의미를 지닌 한자어. 여자가 어렵게 아이를 낳는 모습을 형상화한 것이다. 용례 면세(免稅), 면죄(免罪), 면책(免責)
綿	솜 면 14획 | 糸 | 3Ⅱ	솜 · 끊이지 않다 · 자세하다의 의미를 지닌 한자어. 실 사(糸)와 비단 백(帛)의 결합. 실로 명주를 짠다는 뜻에서, 끊어짐이 없다는 뜻이 만들어졌다. 용례 면면(綿綿), 면밀(綿密), 면사(綿絲)
眠	잘 면 10획 | 目 | 3Ⅱ	잠자다 · 쉬다의 의미를 지닌 한자어. 잠잘 명(瞑)의 속자이다. 눈을 감고 잔다는 뜻을 나타낸다. 용례 동면(冬眠), 휴면(休眠), 불면증(不眠症)
滅	멸할/꺼질 멸 13획 | 氵(水) | 3Ⅱ	다하다 · 죽다의 의미를 지닌 한자어. 물 수(氵)와 꺼질 멸(烕)의 결합. 물이 다하거나 불이 꺼진다는 뜻을 나타낸다. 용례 멸족(滅族), 멸종(滅種), 멸망(滅亡)
銘	새길 명 14획 | 金 | 3Ⅱ	새기다 · 기록하다의 의미를 지닌 한자어. 쇠 금(金)과 이름 명(名)의 결합. 금속에 이름을 새긴다는 뜻을 나타낸다. 용례 명심(銘心), 비명(碑銘), 감명(感銘)
冥	어두울 명 10획 | 冖 | 3	어둡다 · 밤의 의미를 지닌 한자어. 양 손으로 덮개를 덮다는 뜻에서 어둡다의 의미가 만들어졌다. 용례 명복(冥福), 명상(冥想), 명혼(冥昏)

慕	그리워할 모 15획 | 㣺(心) | 3Ⅱ	그리워하다 · 생각하다의 의미를 지닌 한자어. 구할 막(莫)과 마음 심(㣺)의 결합. 마음 속으로 구하다, 그리워하다는 뜻을 나타낸다. 용례 사모(思慕), 연모(戀慕), 추모(追慕)
某	아무 모 9획 | 木 | 3	아무 · 누구 · 어떤의 의미를 지닌 한자어. 매화나무 매(梅)의 옛글자라는 설도 있다. 불특정한 대상이나 사물을 지칭할 때 주로 쓰인다. 용례 모모(某某), 모일(某日), 모종(某種)
謀	꾀 모 16획 | 言 | 3Ⅱ	꾀하다 · 도모하다의 의미를 지닌 한자어. 신목(神木)에 빌다는 뜻에서, 뜻이 파생되었다고 한다. 사람이 없는 곳에서 논의한다는 뜻도 있다. 용례 모략(謀略), 모반(謀叛), 모해(謀害)
貌	모양 모 14획 | 豸 | 3Ⅱ	모양 · 외모의 의미를 지닌 한자어. 표범 치(豸)와 모양 모(皃)의 결합. 또렷한 무늬를 지닌 표범을 형상화한 것이라고 한다. 용례 모양(貌樣), 면모(面貌), 용모(容貌)
侮	업신여길 모 9획 | 亻(人) | 3	업신여기다 · 넘보다의 의미를 지닌 한자어. 사람 인(亻)과 어두울 매(每)의 결합. 시야가 좁은 사람이란 뜻에서 업신여기거나 넘보다는 뜻이 파생되었다고 한다. 용례 모멸(侮蔑), 모욕(侮辱)
冒	가릴 모 9획 | 冂 | 3	가리다 · 무릅쓰다 · 범하다의 의미를 지닌 한자어. 쓰개 모(冃)와 눈 목(目)의 결합. 머리쓰개의 모습을 형상화한 것이라고 한다. 용례 모두(冒頭), 모험(冒險), 모독(冒瀆)
募	모을 모 13획 | 力 | 3	모으다 · 구하다의 의미를 지닌 한자어. 구할 모(莫)와 힘 력(力)의 결합. 힘써 널리 사람을 구한다는 뜻을 나타낸다. 용례 모금(募金), 모집(募集), 공모(公募)
暮	저물 모 15획 | 日 | 3	저물다 · 늦다 · 늙다의 의미를 지닌 한자어. 없을 막(莫)과 날 일(日)의 결합. 해가 풀숲에 숨은 모양을 형상화한 것이라고 한다. 용례 모색(暮色), 세모(歲暮), 일모(日暮)
睦	화목할 목 13획 | 目 | 3Ⅱ	화목하다 · 친하다 · 공경하다의 의미를 지닌 한자어. 눈 목(目)과 온화할 육(坴)의 결합. 눈매가 온화한 모습을 형상화한 것이라고 한다. 용례 화목(和睦), 친목(親睦)
沒	빠질 몰 7획 | 氵(水) | 3Ⅱ	빠지다 · 잠기다의 의미를 지닌 한자어. 물속에 손을 넣어 무언가를 꺼내는 모습을 형상화한 것이라고 한다. 용례 몰입(沒入), 몰두(沒頭), 몰락(沒落)
夢	꿈 몽 14획 | 夕 | 3Ⅱ	꿈 · 어둡다의 의미를 지닌 한자어. 저녁이 되어 사물이 보이지 않는 모습을 형상화한 것이라고 한다. 용례 몽유병(夢遊病), 악몽(惡夢), 몽상(夢想)

한자	훈음 · 획수 · 부수 · 급수	설명
蒙	어두울 몽 14획 | ++(艸) | 3Ⅱ	어리다 · 어리석다의 의미를 지닌 한자어. 풀 초(++)와 덮어쓸 몽(冡)의 결합. 풀로 덮여 분간할 수 없다는 뜻을 나타낸다. 용례 동몽선습(童蒙先習), 몽매(蒙昧), 계몽(啓蒙)
苗	모 묘 9획 | ++(艸) | 3	싹 · 곡식 · 자손의 의미를 지닌 한자어. 풀 초(++)와 밭 전(田)의 결합. 논밭에 심은 풀의 모습을 형상화한 것이라고 한다. 용례 묘목(苗木), 종묘(種苗)
廟	사당 묘 15획 | 广 | 3	사당 · 종묘 · 조정의 의미를 지닌 한자어. 집 엄(广)과 아침 조(朝)의 결합. 조상을 제사지내는 사당의 모습을 형상화한 것이라고 한다. 용례 가묘(家廟), 종묘(宗廟)
卯	토끼 묘 5획 | 卩 | 3	토끼 · 넷째 지지의 의미를 지닌 한자어. 같은 모양의 것을 좌우로 놓고, 물건을 바꾸는 모습을 형상화한 것이라고 한다. 용례 정묘년(丁卯年), 묘시(卯時)
茂	무성할 무 9획 | ++(艸) | 3Ⅱ	무성하다 · 우거지다의 의미를 지닌 한자어. 풀 초(++)와 덮을 무(戊)의 결합. 풀이 무성한 모습을 형상화한 것이라고 한다. 용례 무성(茂盛), 무림(茂林)
戊	천간 무 5획 | 戈 | 3	다섯 번째 천간의 의미를 지닌 한자어. 창의 모습을 형상화한 것이라고 한다. 용례 무야(戊夜), 무오사화(戊午士禍)
霧	안개 무 19획 | 雨 | 3	안개 · 어둡다의 의미를 지닌 한자어. 비 우(雨)와 덮을 무(務)의 결합. 천지간에 낀 안개의 뜻을 나타낸다. 용례 농무(濃霧), 운무(雲霧), 무산(霧散)
貿	무역할 무 12획 | 貝 | 3Ⅱ	바꾸다 · 장사하다의 의미를 지닌 한자어. 토끼 묘(卯)와 같은 뜻으로, 물건을 사고판다는 뜻을 지닌다. 용례 무역(貿易), 무역상(貿易商)
墨	먹 묵 15획 | 土 | 3Ⅱ	먹 · 검다의 의미를 지닌 한자어. 검댕 흑(黑)과 흙 토(土)의 결합. 검댕과 흙으로 만든 흑을 나타낸다. 용례 수묵화(水墨畵), 근묵자흑(近墨者黑)
默	잠잠할 묵 16획 | 黑 | 3Ⅱ	침묵하다 · 조용하다의 의미를 지닌 한자어. 개가 입을 닫고 사람을 따르는 모습을 형상화했다고 한다. 용례 침묵(沈默), 암묵(暗默), 묵묵부답(默默不答)
紋	무늬 문 10획 | 糸 | 3Ⅱ	무늬 · 문채의 의미를 지닌 한자어. 실 사(糸)와 문채 문(文)의 결합. 직물의 무늬를 형상화했다고 한다. 용례 문양(紋樣), 지문(指紋)

한자	훈음 / 획수 / 부수 / 급수	설명 및 용례
勿	말 물 4획 | 勹 | 3Ⅱ	없다와 같은 금지의 의미를 지닌 한자어. 활시위를 당겨서 나쁜 것을 제거하는 모습을 형상화했다고 한다. 용례 물론(勿論)
尾	꼬리 미 7획 | 尸 | 3Ⅱ	꼬리·끝의 의미를 지닌 한자어. 주검 시(尸)와 털 모(毛)의 결합. 짐승의 엉덩이에 붙은 꼬리를 형상화했다고 한다. 용례 어미(語尾), 말미(末尾), 미행(尾行)
眉	눈썹 미 9획 | 目 | 3	눈썹·가장자리의 의미를 지닌 한자어. 눈썹의 모습을 형상화했다고 한다. 용례 미간(眉間), 백미(白眉)
迷	미혹할 미 10획 | 辶 | 3	미혹하다·흐리다의 의미를 지닌 한자어. 쉬엄쉬엄 갈 착(辶)과 쌀 미(米)의 결합. 길이 많아서 갈피를 못 잡는다는 뜻을 나타낸다. 용례 미궁(迷宮), 미로(迷路)
微	작을 미 13획 | 彳 | 3Ⅱ	작다·가늘다의 의미를 지닌 한자어. 두인 변(彳)과 작을 미(散)의 결합. 작다, 희미하다는 뜻을 지닌다. 용례 미력(微力), 미세(微細), 미온적(微溫的)
憫	근심할 민 15획 | 忄(心) | 3	근심하다·불쌍히 여기다의 의미를 지닌 한자어. 마음 심(忄)과 불쌍히 여길 민(閔)의 결합. 애처로운 마음의 뜻을 나타낸다. 용례 민휼(憫恤), 연민(憐憫)
敏	민첩할 민 11획 | 攵 | 3	민첩하다·총명하다·통달하다의 의미를 지닌 한자어. 매양 매(每)와 등글월 문(攵)의 결합. 재빠르다의 뜻을 나타낸다. 용례 민감(敏感), 예민(銳敏), 과민(過敏)
蜜	꿀 밀 14획 | 虫 | 3	꿀·벌꿀의 의미를 지닌 한자어. 찰 밀(宓)과 벌레 충(虫)의 결합. 벌집에 가득한 꿀의 모습을 형상화했다고 한다. 용례 밀봉(蜜蜂), 밀감(蜜柑), 밀월여행(蜜月旅行)
泊	머무를 박 8획 | 氵(水) | 3	머무르다·묵다의 의미를 지닌 한자어. 물 수(氵)와 그림자 백(白)의 결합. 물 위에 배가 머문 모습을 형상화했다고 한다. 용례 정박(碇泊), 민박(民泊), 숙박(宿泊)
迫	핍박할 박 9획 | 辶 | 3Ⅱ	핍박하다·다가오다의 의미를 지닌 한자어. 쉬엄쉬엄 갈 착(辶)과 그림자 백(白)의 결합. 찰싹 붙은 모습을 형상화했다고 한다. 용례 핍박(逼迫), 박해(迫害), 임박(臨迫)
薄	엷을 박 17획 | ++(艸) | 3Ⅱ	엷다·천하다·적다의 의미를 지닌 한자어. 풀 초(++)와 넓을 부(溥)의 결합. 풀이 무더기로 자라 흔하다는 뜻을 나타낸다. 용례 박정(薄情), 천박(淺薄), 박대(薄待)

한자	훈음 · 획수 · 부수 · 급수	설명
般	옮길 반 10획 | 舟 | 3Ⅱ	옮기다 · 즐기다 · 일반의 의미를 지닌 한자어. 배 주(舟)와 칠 복(殳)의 결합. 큰 배를 움직이는 모습을 형상화했다고 한다. **용례** 일반(一般), 전반(全般), 제반(諸般)
返	돌이킬 반 8획 | 辶 | 3	돌이키다 · 돌아오다의 의미를 지닌 한자어. 쉬엄쉬엄 갈 착(辶)과 되돌릴 반(反)의 결합. 길을 가던 중 되돌아온다는 뜻을 나타낸다. **용례** 반납(返納), 반품(返品), 반환(返還)
飯	밥 반 13획 | 食 | 3Ⅱ	밥 · 먹다의 의미를 지닌 한자어. 먹을 식(食)과 되돌릴 반(反)의 결합. 곡식을 끓여서 만든 밥의 뜻을 나타낸다. **용례** 소반(素飯), 반점(飯店), 반주(飯酒)
伴	짝 반 7획 | 亻(人) | 3	짝 · 동반의 의미를 지닌 한자어. 사람 인(亻)과 절반 반(半)의 결합. 반쪽, 짝의 뜻을 나타낸다. **용례** 반려자(伴侶者), 반주(伴奏)

2 심화학습 : 기본한자 다시 익히기

1) 다음 훈과 음을 지닌 한자를 쓰시오.

사나울 맹	소경 맹	면할 면	솜 면
잘 면	멸할/꺼질 멸	새길 명	어두울 명
그리워할 모	꾀 모	모양 모	모을 모
아무 모	업신여길 모	가릴 모	저물 모
화목할 목	빠질 몰	꿈 몽	어두울 몽

모	묘		사당	묘		토끼	묘		무성할	무	
무역할	무		안개	무		천간	무		먹	묵	
잠잠할	묵		무늬	문		말	물		꼬리	미	
눈썹	미		미혹할	미		작을	미		근심할	민	
민첩할	민		꿀	밀		머무를	박		엷을	박	
핍박할	박		옮길	반		돌이킬	반		밥	반	
짝	반										

2) 다음 한자의 훈과 음을 쓰시오.

❶ 睦(　　)	❷ 貌(　　)	❸ 慕(　　)	❹ 勿(　　)
❺ 貿(　　)	❻ 滅(　　)	❼ 銘(　　)	❽ 飯(　　)
❾ 某(　　)	❿ 茂(　　)	⓫ 微(　　)	⓬ 眉(　　)
⓭ 謀(　　)	⓮ 廟(　　)	⓯ 募(　　)	⓰ 沒(　　)
⓱ 憫(　　)	⓲ 黙(　　)	⓳ 眠(　　)	⓴ 霧(　　)
21 冥(　　)	22 盲(　　)	23 戊(　　)	24 伴(　　)
25 泊(　　)	26 苗(　　)	27 侮(　　)	28 返(　　)
29 蒙(　　)	30 暮(　　)	31 綿(　　)	32 蜜(　　)
33 免(　　)	34 墨(　　)	35 卯(　　)	36 尾(　　)
37 迫(　　)	38 夢(　　)	39 迷(　　)	40 般(　　)
41 薄(　　)	42 紋(　　)	43 猛(　　)	44 敏(　　)
45 冒(　　)			

3) 다음 밑줄 친 한자의 독음을 쓰시오.

(1) 강추위가 연일 猛威를 떨치고 있다.

(2) 건강식품은 의약품이 아니기 때문에 치료 효과에 대해 盲信하지 말아야 한다.

(3) 해외여행 전에, 반드시 免稅 수속을 밟아두어야 한다.

(4) 제주의 다양한 신화들은 민간에서 綿綿한 전통을 이어가고 있다.

(5) 저축예금의 경우, 10년 동안 거래가 없을 경우에는 休眠계좌로 분류된다.

(6) 이 법은 야생 동식물의 滅種을 예방하고 생태계의 균형을 유지하기 위하여 제정되었다.

(7) 그는 스승의 행적에 感銘을 받아서, 그를 위한 논문을 쓰기로 했다.

(8) 국제천문연맹(IAU)은 冥王星을 '왜행성(dwarf planet)'으로 강등했다.

(9) 그를 위한 追慕 물결이 세계적으로 일고 있는 가운데, 각 방송사에서는 그에 대한 특집 프로를 편성하였다.

(10) 최상의 전법은 적의 謀略을 분쇄하는 일이고, 그 다음은 외교관계를 파괴하는 일이며, 그 다음은 군사를 정벌하는 일이요, 최하는 적의 요새를 공격하는 일이다.

(11) 감독은 이번 경기를 통해 전술가로서의 面貌를 유감없이 선보였다.

(12) 인터넷 포털 업체들은 별도의 募金 홈페이지를 만드는 등, 누리꾼들의 참여를 유도하기 위해 다양한 방법을 내놓고 있다.

(13) 정부는 골프장 조성 계획에 동조한다는 비난 여론에 직면하고 있는 상황에서 환경보전을 위한 어떤 某種의 해결책을 제시할지 귀추가 주목된다.

(14) 대법원은 보도의 목적이 공공의 이익을 위한 것이라면 侮辱적인 표현이 일부 들어있더라도, 처벌할 수 없다고 판결하였다.

(15) 그러한 발언은 우리 모두를 冒瀆하는 일이다.

(16) 이 그림은 무엇보다도 쓸쓸한 겨울의 暮色이 뛰어나다.

(17) 친환경 세제를 사용함으로써 아토피와 피부트러블이 없는 和睦한 가정이 되었다.

(18) 카스트로의 사회주의 혁명 이후 미국의 금수조치가 지속되었고, 사회주의의 沒落으로 대외원조까지 끊기면서 쿠바경제는 위기에 빠졌다.

(19) 한 사람의 꿈은 夢想일 수 있지만 우리 모두 꿈을 꾸면 현실이 된다.

(20) 발신자가 수용자에 비해 훨씬 더 넓고 깊은 지식정보를 지녔다는 것을 전제로 했다. 책이라는 매체의 지식 啓蒙적 성격도 그러한 전제에서 비롯된다.

(21) 시행사는 전원주택지에 공급되는 블루베리 苗木의 재배와 판매를 담당한다.

(22) 宗廟는 조선 왕조의 역대 제왕들과 왕후들의 신주를 모시고 제례를 봉행하는 유교 사당이다. 현재 서울시 종로구에 있다.

(23) '앙부일구'는 해가 뜨는 卯時부터 해가 지는 유시까지 7개 선이 세로로 새겨져 있으며, 시각선 사이에는 1각(약 15분)을 뜻하는 8등분된 선이 그려져 있다.

(24) 눈 덮인 강원도 산골마을에는 인적은 드물고 동물 발자국만 茂盛하다.

(25) 대일 貿易적자 해결을 위해서는 현재의 경제구조에 많은 수정이 필요하다.

(26) 우리들의 계획은 그의 배반으로 인하여 하루아침에 霧散되었다.

(27) 戊夜는 새벽 3시부터 5시까지의 시간을 말한다.

(28) 水墨畵는 물의 삼투압 현상을 이용한 것이다.

(29) 일부 업체는 暗黙적으로 정해진 수수료율을 어기는 경우가 많다

(30) 조선시대에는 여러 가지 색의 세련된 紋樣을 실생활에서 사용했다.

(31) 그를 위하는 것은 勿論이고 나를 위해서라도 이 일은 반드시 해결해야 한다.

(32) 그는 출근길을 尾行당할 만큼 신변이 위험하다.

(33) 쳐진 코끝을 올려주어서 眉間부터 코끝까지 매끈하게 이어지는 라인을 만드는 것이 코 성형 수술의 목표이다.

(34) 5층 건물의 쪽방은 복층 구조로 迷路처럼 다닥다닥 붙어 있어 화재에 위험하다.

(35) 내가 그에게 바라는 것은 이 일을 微溫的으로 대할 것이 아니라 좀더 적극적으로 해결하라는 점이다.

(36) 비극의 공통 요소는 고통 받는 인간에 대한 憐憫이다.

(37) 모기는 몸의 표면에 나 있는 털의 음파에만 敏感하게 반응한다.

(38) 두 사람은 사람들의 방해를 받지 않는 곳으로 蜜月旅行을 떠났다.

(39) 관광객들은 民泊을 하면서 그들이 겪었던 불친절함과 위생문제에 대하여 글을 올렸다.

(40) 세상에는 淺薄한 사람이 너무나도 많다.

(41) 아내의 출산이 臨迫해왔다. 그로 인해 나는 어떤 일도 할 수 없었다.

(42) 남북협력기금 의결 절차를 마무리하고, 앞으로 그에 따른 諸般 절차를 함께 진행할 것이다.

(43) 프랑스 의회는 '외규장각 도서를 返還하면 다른 나라의 문화재도 동일하게 처리해야 한다'며 이 법률을 기각했다.

(44) 중국에서의 飯店은 우리나라와는 달리 식당이 있는 호텔을 지칭한다.

(45) 이 책은 한문초학자에게 좋은 伴侶者가 될 것이다.

3 배운 한자를 활용한 고사성어(故事成語)

1 가정맹어호(苛政猛於虎)

字句 풀이 苛: 가혹할 가, 政: 정치 정, 猛: 사나울 맹, 於: 어조사 어, 虎: 범 호

해설 가혹한 정치는 호랑이보다 무섭다는 말로, 가혹한 정치의 폐해를 뜻한다. 《예기(禮記)》에서 유래했다.

2 조불모석(朝不謀夕)

字句 풀이 朝: 아침 조, 不: 아닐 불, 謀: 도모할 모, 夕: 저녁 석

해설 아침에 저녁의 일을 도모하지 못한다는 말로, 일이 절박한 상황이어서 앞일을 돌아볼 겨를이 없음을 뜻한다. 《전국책(戰國策)》에서 유래했다.

3 조삼모사(朝三暮四)

字句 풀이 朝: 아침 조, 三: 석 삼, 暮: 저물 모, 四: 넉 사

해설 아침에 세 개, 저녁에 네 개라는 말로, 간사한 꾀로 남을 속임을 뜻한다. 《열자(列子)》에서 유래했다.

4 남가일몽(南柯一夢)

字句 풀이 南: 남쪽 남, 柯: 가지 가, 一: 한 일, 夢: 꿈 몽

해설 남쪽 가지에서의 꿈이란 말로, 덧없는 꿈이나 헛된 부귀영화를 뜻한다. 중국 당나라 덕종황제 때 순우분이란 사람이 술에 취해 홰나무 밑에서 잠이 들었다. 꿈속에서 그는 온갖 영화를 누렸지만, 잠에서 깨어난 뒤 모두 꿈이었다는 《이문집(異聞集)》의 이야기에서 유래했다.

5 미생지신(尾生之信)

✣ **字句 풀이** 尾: 꼬리 미, 生: 날 생, 之: 갈 지, 信: 믿을 신

✣ **해설** 미생의 믿음이란 말로, 융통성이 없고, 우직하게 약속만을 굳게 지킴을 비유적으로 뜻한다. 《사기(史記) 소진전(蘇秦傳)》의 이야기에서 유래했다.

6 백미(白眉)

✣ **字句 풀이** 白: 흰 백, 眉: 눈썹 미

✣ **해설** 중국 촉(蜀)나라 때 흰 눈썹을 지녔던 마량(馬良)을 뜻한다. 마속을 포함하여 마씨 형제는 다섯 명이 있었는데, 그중 흰 눈썹을 지녔던 마량이 가장 뛰어났다. 이로부터 백미는 많은 사람 중에서 가장 뛰어난 사람이나 사물을 가리키는 말을 뜻한다. 《삼국지(三國志)》에서 유래했다.

7 십시일반(十匙一飯)

✣ **字句 풀이** 十: 열 십, 匙: 숟가락 시, 一: 한 일, 飯: 밥 반

✣ **해설** 열 명이 한 술씩 더하면 밥 한 그릇이 된다는 말로, 여러 사람이 조금씩 힘을 보태면 한 사람을 돕기는 쉽다는 뜻이다.

4 한자의 활용

1) 한자상식: 나이와 관련된 한자어

명칭	설명	명칭	설명
충년(沖年)	10세 안팎	종심(從心)	70세

지학(志學)	15세	고희(古稀)	70세
약관(弱冠)	20세 전후의 남자	망팔(望八)	71세
방년(芳年)	20세 안팎의 여자	희수(喜壽)	77세
이립(而立)	30세	미수(米壽)	88세
불혹(不惑)	40세	망백(望百)	91세
지천명(知天命)	50세	백수(白壽)	99세
이순(耳順)	60세	상수(上壽)	100세 이상
환갑(還甲)	61세(回甲)	중수(中壽)	80~100세
진갑(進甲)	62세	하수(下壽)	60~80세

2) 한자로 읽어보기

松江[1]의 「關東別曲」, 「前後思美人歌」는 우리나라의 離騷이나, 그것은 文字로써는 쓸 수가 없기 때문에 오직 樂人들이 口傳하여 서로 이어받아 傳해지고 或은 한글로 써서 傳해질 뿐이다. 어떤 사람이 七言詩로써 「關東別曲」을 飜譯하였지만, 아름답게 될 수가 없었다. 或은 澤堂이 少時에 지은 作品이라고 하지만, 옳지 않다.

〈서포 김만중 선생의 초상〉

鳩摩羅什이 말하기를,

"天竺人의 風俗은 가장 文彩를 崇尙하여 그들의 讚佛詞는 極히 아름답다. 이제 이를 中國語로 飜譯하면 但只 그 뜻만 알 수 있지, 그 말씨는 알 수 없다."

하였다. 理致가 丁寧 그럴 것이다.

사람의 마음이 입으로 表現된 것이 말이요, 말의 가락이 있는 것이 詩歌文賦이다. 四方의 말이 비록 같지는 않더라도 眞實로 말할 수 있는 사람이 각각 그 말에 따라서 가락을 맞춘다면, 다 같이 天地를 感動시키고 鬼神을 通할 수가 있는 것은 惟獨 中國만이 그런 것은 아니다.

지금 우리나라의 詩文은 자기 말을 버려두고 다른 나라 말을 배워서 表現한 것이니, 설사 아주 비슷하다 하더라도 이는 단지 鸚鵡새가 사람의 말을 하는 것이다. 閭閻집

골목길에서 나무꾼이나 물 긷는 아낙네들이 에야디야 하며 서로 주고받는 노래가 비록 低俗하다 하여도 그 眞假를 따진다면, 丁寧 學士大夫들의 이른바 詩賦라고 하는 것과 같은 立場에서 論할 수는 없다.

하물며 이 三別曲은 天機의 自發함이 있고, 夷俗의 鄙俚함도 없으니, 自古로 左海의 眞文章은 이 세 篇뿐이다. 그러나 세 篇을 가지고 論한다면, 後美人曲이 가장 높고 「關東別曲」과 「前美人曲」은 그래도 漢字語를 빌려서 修飾을 했다.

(김만중 저, 홍인표 역, 『서포만필(西浦漫筆)』, 일지사, 1997)

1) 송강(松江): 정철(鄭澈, 1536~1593)의 호(號). 관동별곡, 사미인곡, 속미인곡의 저자이다. 문집으로 『송강집(松江集)』이 전한다.

제 7 강

1 기본학습 : ㉥음 계열 한자어의 훈과 음 익히기

叛	배반할 반 8획 | 又 | 3	배반·반역의 의미를 지닌 한자어. 반 반(半)과 돌이킬 반(反)의 결합. 중도에서 저버리고 돌아선다는 뜻을 나타낸다. 용례 배반(背叛), 반역(叛逆), 반란(叛亂)
盤	소반 반 15획 | 皿 | 3Ⅱ	소반·받침·기반의 의미를 지닌 한자어. 일반 반(般)과 그릇 명(皿)의 결합. 큰 배 모양의 대야를 형상화한 것이다. 용례 소반(小盤), 반석(盤石), 기반(基盤)
拔	뽑을 발 8획 | 扌(手) | 3Ⅱ	뽑다·빼다의 의미를 지닌 한자어. 손 수(扌)와 뽑을 발(犮)의 결합. 손으로 사물을 빼다의 뜻을 나타낸다. 용례 발탁(拔擢), 발검(拔劍), 선발(選拔)
傍	곁 방 12획 | 亻(人) | 3	곁의 의미를 지닌 한자어. 사람 인(亻)과 곁 방(旁)의 결합. 사람의 양편, 가까이하다, 따르다의 뜻을 나타낸다. 용례 방계(傍系), 방관(傍觀), 방조(傍助)
芳	꽃다울 방 8획 | ++(艸) | 3Ⅱ	꽃·아름답다의 의미를 지닌 한자어. 풀 초(++)와 사방 방(方)의 결합. 풀꽃 향기가 가득한 모습을 형상화한 것이다. 용례 방년(芳年), 방명록(芳名錄), 방향제(芳香劑)
邦	나라 방 7획 | 阝(邑) | 3	나라·봉하다의 의미를 지닌 한자어. 나무를 심어 경계를 정한 영토의 뜻을 지닌다. 용례 연방(聯邦), 우방(友邦), 만방(萬邦)
倣	본뜰 방 10획 | 亻(人) | 3	본뜨다의 의미를 지닌 한자어. 사람 인(亻)과 놓을 방(放)의 결합. 남의 행동을 본받는다는 뜻을 지닌다. 용례 모방(模倣), 방효(倣效)
輩	무리 배 15획 | 車 | 3Ⅱ	무리·동류·짝의 의미를 지닌 한자어. 짝 배[非]와 수레 거(車)의 결합. 전쟁 때 벌여 놓은 수레를 형상화한 것이다. 용례 연배(年輩), 선배(先輩), 배출(輩出)

排	밀칠 배 11획 | 扌(手) | 3Ⅱ	밀어내다・물리치다의 의미를 지닌 한자어. 손 수(扌)와 나눌 비(非)의 결합. 손으로 좌우를 밀친다는 뜻을 나타낸다. 용례 배격(排擊), 배구(排球), 배설(排泄)
培	북돋울 배 11획 | 土 | 3Ⅱ	북돋우다・가꾸다의 의미를 지닌 한자어. 흙 토(土)와 침 부(咅)의 결합. 흙을 봉긋하게 만든다는 뜻을 나타낸다. 용례 재배(栽培), 배양(培養)
杯	잔 배 8획 | 木 | 3	잔・술잔의 의미를 지닌 한자어. 나무 목(木)과 돈울 불(不)의 결합. 나무로 만든 넉넉한 그릇을 형상화한 것이다. 용례 건배(乾杯), 축배(祝杯), 고배(苦杯)
伯	맏 백 7획 | 亻(人) | 3Ⅱ	맏이・큰 아버지・으뜸의 의미를 지닌 한자어. 사람 인(亻)과 으뜸 백(白)의 결합. 우두머리 되는 사람을 뜻한다. 용례 백형(伯兄), 백부(伯父), 백중지세(伯仲之勢)
煩	번거로울 번 13획 | 火 | 3	번거롭다・귀찮게 하다의 의미를 지닌 한자어. 불 화(火)와 머리 혈(頁)의 결합. 머리에 열이 있어 통증이 있다는 뜻을 나타낸다. 용례 번뇌(煩惱), 번민(煩悶), 번잡(煩雜)
飜	뒤집을 번 21획 | 飛 | 3	뒤집다・번역하다・날다의 의미를 지닌 한자어. 차례 번(番)과 날 비(飛)의 결합. 새가 여러 번 날개 짓 하는 모습을 형상화한 것이다. 용례 번복(飜覆), 번역(飜譯)
繁	번성할 번 17획 | 糸 | 3Ⅱ	번성하다・많다・자주의 의미를 지닌 한자어. 재빠를 민(敏)과 실 사(糸)의 결합. 번성하다, 무성하다의 뜻을 나타낸다. 용례 번성(繁盛), 번영(繁榮), 번화(繁華)
凡	무릇 범 3획 | 几 | 3Ⅱ	무릇・대강・보통의 의미를 지닌 한자어. 바람을 받는 돛을 형상화한 것이다. 용례 범부(凡夫), 범사(凡事), 범상(凡常)
碧	푸를 벽 14획 | 石 | 3Ⅱ	푸르다・푸른 옥의 의미를 지닌 한자어. 구슬 옥(玉)・흰 백(白)・돌 석(石)의 결합. 맑고 푸른 기가 감도는 돌을 형상화한 것이다. 용례 벽해(碧海), 벽옥(碧玉), 벽계수(碧溪水)
辨	분별할 변 16획 | 辛 | 3	분별하다・가리다의 의미를 지닌 한자어. 두 칼로 물건을 나누는 모습을 형상화한 것이다. 용례 변별력(辨別力), 변증법(辨證法), 변명(辨明)
竝	아우를 병 10획 | 立 | 3	아우르다・나란히 하다의 의미를 지닌 한자어. 나란히 늘어선 모습을 형상화한 것이다. 용례 병행(竝行), 병렬(竝列), 병기(竝起)

한자	훈음 · 획수 · 부수 · 급수	설명
丙	셋째 천간 병 5획 | 一 | 3Ⅱ	세 번째 · 셋째 천간의 의미를 지닌 한자어. 다리가 있는 상의 모양을 형상화한 것이라고 한다. 용례 병과(丙科), 병자년(丙子年)
屛	병풍 병 11획 | 尸 | 3	병풍 · 울타리 · 막다의 의미를 지닌 한자어. 주검 시(尸)와 아우를 병(并)의 결합. 사람이나 물건 따위를 가린다는 뜻을 지닌다. 용례 병풍(屛風), 병거(屛居)
補	도울 보 12획 | 衤(衣) | 3Ⅱ	돕다 · 옷을 깁다의 의미를 지닌 한자어. 옷 의(衤)와 클 보(甫)의 결합. 옷이 해진 곳을 기운다는 뜻을 지닌다. 용례 보수(補修), 보급(補給), 보상(補償)
譜	족보 보 19획 | 言 | 3Ⅱ	족보 · 문서의 의미를 지닌 한자어. 말씀 언(言)과 펼칠 보(普)의 결합. 차례에 따라 가지런히 쓴 문서나 도면의 뜻을 지닌다. 용례 족보(族譜), 연보(年譜), 악보(樂譜)
腹	배 복 13획 | 月(肉) | 3Ⅱ	배 · 마음 · 안다의 의미를 지닌 한자어. 육달 월(月)과 쌓을 복(复)의 결합. 배의 모양을 형상화한 것이라고 한다. 용례 복부(腹部), 복막염(腹膜炎), 심복(心腹)
卜	점 복 2획 | 卜 | 3	점 · 점치다의 의미를 지닌 한자어. 거북의 등딱지나 쇠뼈의 나타난 길흉을 형상화한 것이라고 한다. 용례 점복(占卜), 길복(吉卜)
蜂	벌 봉 13획 | 虫 | 3	벌 · 칼끝의 의미를 지닌 한자어. 벌레 충(虫)과 끝 봉(夆)의 결합. 날카로운 침을 지닌 벌의 모습을 형상화한 것이다. 용례 밀봉(蜜蜂), 봉접(蜂蝶), 봉기(蜂起)
峯	봉우리 봉 10획 | 山 | 3Ⅱ	봉우리의 의미를 지닌 한자어. 메 산(山)과 끝 봉(夆)의 결합. 산 정상의 모습을 형상화한 것이다. 용례 고봉(高峯), 봉정(峰頂)
逢	만날 봉 11획 | 辶 | 3Ⅱ	만나다의 의미를 지닌 한자어. 쉬엄쉬엄 갈 착(辶)과 만날 봉(夆)의 결합. 길에서 우연히 만난다는 뜻을 지닌다. 용례 상봉(相逢), 봉변(逢變), 봉착(逢着)
封	봉할 봉 9획 | 寸 | 3Ⅱ	봉하다 · 제후의 의미를 지닌 한자어. 흙 토(土)와 마디 촌(寸)의 결합. 우거진 식물을 형상화했지만 영토 등의 의미로 변했다. 용례 봉토(封土), 봉건제도(封建制度)

鳳	새 봉 14획 | 鳥 | 3Ⅱ	봉황새의 의미를 지닌 한자어. 무릇 범(凡)과 새 조(鳥)의 결합. 바람에 날개를 펄럭이는 봉황의 모습을 형상화한 것이라고 한다. **용례** 봉황(鳳凰), 봉추(鳳雛)
赴	다다를 부 9획 | 走 | 3	다다르다·알리다의 의미를 지닌 한자어. 달아날 주(走)와 점 복(卜)의 결합. 서둘러 간다는 뜻을 지닌다. **용례** 부임(赴任), 부역(赴役)
扶	도울 부 7획 | 扌(手) | 3Ⅱ	돕다·부축하다의 의미를 지닌 한자어. 손 수(扌)와 지아비 부(夫)의 결합. 일손을 돕는 모습을 형상화한 것이라고 한다. **용례** 부양(扶養), 부조(扶助), 상부(相扶)
浮	뜰 부 10획 | 氵(水) | 3Ⅱ	뜨다·떠다니다·넘치다의 의미를 지닌 한자어. 물 수(氵)와 껍질 부(孚)의 결합. 사물이 물에 떠있는 모습을 형상화한 것이라고 한다. **용례** 부동(浮動), 부력(浮力), 부랑자(浮浪者)
簿	문서 부 19획 | 竹 | 3Ⅱ	장부·문서의 의미를 지닌 한자어. 대나무 죽(竹)과 펼 부(溥)의 결합. 대나무로 만든 장부의 뜻을 지닌다. **용례** 장부(帳簿), 부기(簿記), 명부(名簿)
付	줄 부 5획 | 亻(人) | 3Ⅱ	주다·청하다·부탁하다의 의미를 지닌 한자어. 사람 인(亻)과 마디 촌(寸)의 결합. 손으로 물건을 넘겨 준다는 뜻을 지닌다. **용례** 송부(送付), 부탁(付託)
附	붙을 부 8획 | 阝(阜) | 3Ⅱ	붙이다·의지하다·가깝다의 의미를 지닌 한자어. 좌부 변(阝)과 부칠 부(付)의 결합. 흙을 쌓아 돋운 작은 산을 형상화한 것이라고 한다. **용례** 부속(附屬), 부설(附設), 부록(附錄)
符	부신 부 11획 | 竹 | 3Ⅱ	부신·증거·부호·부적의 의미를 지닌 한자어. 대나무 죽(竹)과 부칠 부(付)의 결합. 양쪽을 맞붙여 증거를 삼는 부절의 뜻을 지닌다. **용례** 부신(符信), 부합(符合), 부적(符籍)
賦	조세 부 14획 | 貝 | 3Ⅱ	세금·거두다의 의미를 지닌 한자어. 조개 패(貝)와 호반 무(武)의 결합. 힘을 가하여 재물을 거두어들인다는 뜻을 지닌다. **용례** 부과(賦課), 부역(賦役), 할부(割賦)
腐	썩을 부 14획 | 月(肉) | 3Ⅱ	썩다·고심하다·묵다의 의미를 지닌 한자어. 마을 부(府)와 육달 월(肉)의 결합. 곳간에 고기를 저장한 창고의 모습을 형상화한 것이라고 한다. **용례** 부패(腐敗), 부식(腐蝕), 진부(陳腐)
覆	덮을 부/엎어질 복 18획 | 襾 | 3Ⅱ	뒤집다·엎다·되풀이하다·덮다의 의미를 지닌 한자어. 덮을 아(襾)와 회복할 복(復)의 결합. 항아리의 뚜껑을 덮는다는 뜻을 지닌다. **용례** 전복(顚覆), 복면(覆面), 복개공사(覆蓋工事)

奔	달아날 분 9획 | 大 | 3Ⅱ	달아나다·분주하다의 의미를 지닌 한자어. 사람이 달리는 모양을 형상화한 것이다. 용례 분주(奔走), 광분(狂奔)
奮	떨칠 분 16획 | 大 | 3Ⅱ	떨치다·힘쓰다의 의미를 지닌 한자어. 새가 들판에서 날개치는 모습을 형상화한 것이다. 용례 분기(奮起), 분발(奮發), 고군분투(孤軍奮鬪)
墳	무덤 분 15획 | 土 | 3	무덤·언덕의 의미를 지닌 한자어. 흙 토(土)와 클 분(賁)의 결합. 흙을 쌓은 무덤의 뜻을 지닌다. 용례 분묘(墳墓), 고분(古墳)
紛	어지러울 분 10획 | 糸 | 3Ⅱ	어지럽다·헝클어지다의 의미를 지닌 한자어. 실 사(糸)와 나눌 분(分)의 결합. 실이 엉클어져 어지러운 모양을 형상화한 것이다. 용례 분란(紛亂), 분규(紛糾), 분쟁(紛爭)
拂	떨칠 불 8획 | 扌(手) | 3Ⅱ	떨치다·털다의 의미를 지닌 한자어. 손 수(扌)와 떨 불(弗)의 결합. 손으로 먼지 등을 털다의 뜻을 지닌다. 용례 불식(拂拭), 완불(完拂), 지불(支拂)

2 심화학습 : 기본한자 다시 익히기

1) 다음 훈과 음을 지닌 한자를 쓰시오.

배반할 반	소반 반	뽑을 발	곁 방
꽃다울 방	나라 방	본뜰 방	무리 배
밀칠 배	북돋울 배	잔 배	맏 백
번거로울 번	뒤집을 번	번성할 번	무릇 범

푸를	벽		분별할	변		아우를	병		셋째 천간	병	
병풍	병		도울	보		족보	보		배	복	
점	복		벌	봉		봉우리	봉		봉할	봉	
만날	봉		새	봉		달릴	부		도울	부	
뜰	부		문서	부		줄	부		부신	부	
붙을	부		조세	부		썩을	부		덮을 부/엎어질 복		
달아날	분		떨칠	분		무덤	분		어지러울	분	
떨칠	불										

2) 다음 한자의 훈과 음을 쓰시오.

❶ 奔(　　　) ❷ 培(　　　) ❸ 叛(　　　) ❹ 付(　　　)
❺ 墳(　　　) ❻ 芳(　　　) ❼ 邦(　　　) ❽ 譜(　　　)
❾ 排(　　　) ❿ 杯(　　　) ⓫ 簿(　　　) ⓬ 符(　　　)
⓭ 奮(　　　) ⓮ 腹(　　　) ⓯ 竝(　　　) ⓰ 繁(　　　)
⓱ 飜(　　　) ⓲ 排(　　　) ⓳ 屛(　　　) ⓴ 附(　　　)
㉑ 傍(　　　) ㉒ 浮(　　　) ㉓ 補(　　　) ㉔ 逢(　　　)
㉕ 紛(　　　) ㉖ 丙(　　　) ㉗ 凡(　　　) ㉘ 覆(　　　)
㉙ 拂(　　　) ㉚ 倣(　　　) ㉛ 辨(　　　) ㉜ 赴(　　　)
㉝ 伯(　　　) ㉞ 扶(　　　) ㉟ 煩(　　　) ㊱ 賦(　　　)
㊲ 墳(　　　) ㊳ 腐(　　　) ㊴ 拔(　　　) ㊵ 蜂(　　　)

㊶ 碧(　　　　) ㊷ 盤(　　　　) ㊸ 封(　　　　) ㊹ 峯(　　　　)
㊺ 卜(　　　　)

3) 다음 밑줄 친 한자의 독음을 쓰시오.

(1) 대규모 무기를 사용하는 교전 대신, 상대적으로 작고 가벼운 무기를 사용하는 <u>叛亂軍</u>의 공격이 늘고 있다.

(2) 인터넷은 군사적인 목적으로 만들어졌지만 TCP/IP 프로토콜이 도입되고, HTML에 <u>基盤</u>을 둔 웹(web)이 개발되면서 오늘날과 같은 모습이 되었다.

(3) 비리에 취약한 분야를 집중적으로 감찰할 때, 고질적이고 구조적인 비리를 <u>拔本塞源</u>할 수 있다.

(4) 히틀러는 1936년 5월에 라인란트로 군대를 진주시켰다. 유럽의 여러 나라들은 이를 <u>傍觀</u>만 하였다.

(5) 포푸리는 실내의 공기를 정화시키기 위한 <u>芳香劑</u>의 일종으로, 프랑스어로 '발효시킨 항아리'라는 뜻이다.

(6) 미국은 건국할 때부터 중앙 정부와 지방 정부 간의 권력이 나뉜 <u>聯邦</u>으로 정부를 구성하여 왔다.

(7) 빙켈만은 그리스 시대의 완벽한 신체를 <u>模倣</u>하여 더욱더 아름다운 예술작품을 만들어 낼 수 있다고 생각했다.

(8) 어떤 <u>先輩</u>를 만나느냐에 따라 청년기 이후의 인생이 좌우된다.

(9) 라마르크의 학설은 처음에는 허무한 사변(思辯)이라고 묵살되거나 <u>排擊</u>되었다.

(10) 농장에서는 초보자도 쉽게 버섯을 재배할 수 있도록 45일간 <u>培養</u>한 후, 각 세대에 공급해 준다.

(11) 그들은 새해를 소망하는 乾杯를 통하여 힘찬 출발을 다짐했다

(12) 나는 伯父를 만나면 묘하게도 나의 아버지와도 같은 동질감을 떨쳐 버릴 수 없다. 그래서 형제애에 대하여 다시 생각해 보게 되었다.

(13) 따뜻한 녹차 한 잔에 모든 煩惱가 씻어지고 희망찬 힘이 샘솟는다.

(14) 작품의 배경이 되는 15세기 프랑스의 모습을 보여주는 사진들이 많이 실린 점이, 이 飜譯본의 특색이다.

(15) 아스텍 제국은 1325년부터 1521년까지 약 200년간 繁榮을 누렸다.

(16) 대동여지도는 凡例에 해당하는 '지도표'를 고안하여 기재 내용을 기호화하였다

(17) 좌측 길을 따라 골짜기로 들어서면 기암괴석과 碧溪水가 흐르는 계곡이 나온다.

(18) 이 같은 문제는 辨別력이 크게 부족하다.

(19) 공무원들은 현지 확인 조사와 주민자치전문가들의 평가를 竝行하여, 공정하고 객관적인 심사가 될 수 있도록 노력하였다.

(20) 丙子년은 혹독한 추위가 계속되어, 군사들의 경우 얼어 죽는 자가 많았다.

(21) 섬의 모양을 보면 쉽게 屛風의 모습을 떠올릴 수 있다.

(22) 군인들에게 군수품이 補給되었다.

(23) 작곡가와 연주자들이 처음으로 한 자리에 모여 樂譜를 고치고 서로의 음을 조율하는 시간을 가졌다.

(24) 신생아의 호흡은 불규칙적이고 약하며, 횡격막의 운동을 주로 한 腹式呼吸을 한다.

(25) 이들은 卜債를 일반인보다 많게는 100만원 이상을 내놓는 때도 있다고 한다.

(26) 3·1 蜂起 이후 일본은 '문화통치'로 방향을 선회하였다.

(27) 정상에 오르면 高峯들이 한눈에 들어온다.

(28) 다양한 물건을 담은 타임캡슐 封印식이 진행되었다.

(29) 그들은 로켓 공격으로 逢變을 당한 후부터 로켓을 본격적으로 연구하기 시작하였다.

(30) 몸체 네 면은 상감기법으로 새겼고, 뒷면은 鳳凰과 연꽃무늬가 음각되어 있다.

(31) 이순신은 전라좌도수군절도사로 赴任하여 군비 확충에 힘썼다.

(32) 고려시대의 기록을 보면 여자는 자기 집을 떠나지 않고, 부모를 扶養했음을 알 수 있다.

(33) 대왕오징어는 몸에 浮力을 갖기 위해 염화암모늄을 대량으로 섭취한다.

(34) 식약청에서는 소를 도축할 때, 거래 帳簿에 개체별 식별번호 등을 제대로 표시했는지를 중점적으로 살펴본다고 한다.

(35) 그는 죽음에 임박하여 나에게 특별히 자식을 付託하였다.

(36) 우리가 이상을 실현하려고 애를 써도, 그 이상이 역사의 흐름에 符合되어 있지 않는 한 그 노력은 결코 이루어질 수 없다.

(37) 새로운 기계설비는 갑판 위에 레일을 설치하고 기뢰를 얹어, 순차적으로 附設하도록 되어 있다.

(38) 주요 가맹점에서 무이자 割賦 서비스를 실시하고 있다.

(39) 발아의 적당한 기온은 15℃이고, 흙은 腐葉土를 쓰는 것이 좋다.

(40) 얼굴을 똑같이 覆面을 한 것은 정체성이 없음을 단적으로 보여주는 것이다.

(41) 모든 분야에서 새로운 대안을 찾는 작업으로 奔走하다.

(42) 득점은 모두 수비수의 발끝에서 나온 만큼, 공격수들의 奮發이 요구된다.

(43) 신라 대릉원에는 미추왕릉, 황남대총을 비롯한 신라 古墳이 밀집해 있다.

(44) 군사적 紛爭을 해결하기 위한 새로운 국제기구가 필요하다.

(45) 개인연금을 30년간 拂入한다면 충분한 노후 자금을 마련할 수 있다.

3 배운 한자를 활용한 고사성어(故事成語)

1 발본색원(拔本塞源)

字句 풀이 拔: 뽑을 발, 本: 근본 본, 塞: 막힐 색, 源: 근원 원

해설 근본을 빼내고 원천을 막아 버린다는 말로, 문제를 해결하기 위해 근원을 뿌리채 뽑아버림을 뜻한다. 《춘추좌씨전(春秋左氏傳)》에서 유래했다.

2 방약무인(傍若無人)

字句 풀이 傍: 곁 방, 若: 같을 약, 無: 없을 무, 人: 사람 인

해설 곁에 아무도 없는 것처럼 한다는 말로, 주위에 있는 다른 사람을 의식하지 않고 제멋대로 행동하는 사람을 말한다. 《사기(史記)》에서 유래했다.

3 백아절현(伯牙絕絃)

字句 풀이 伯: 맏 백, 牙: 어금니 아, 絕: 끊을 절, 絃: 줄 현

해설 백아가 거문고 줄을 끊어 버렸다는 말이다. 거문고의 명인인 백아(伯牙)는 절친한 친구이자 자신의 소리를 알아주었던 종자기(鍾子期)가 죽자 거문고의 줄을 끊으며 슬퍼했다. 이후 친한 친구의 죽음을 슬퍼함을 이르는 말이 되었다. 《여씨춘추(呂氏春秋)》에서 유래했다.

4 망양보뢰(亡羊補牢)

字句 풀이 亡: 망할 망, 羊: 양 양, 補: 고칠 보, 牢: 우리 뢰

해설 양을 잃고 외양간을 고친다는 말로, 실패한 뒤에 뉘우쳐도 소용이 없음을 뜻한다. 《전국책(戰國策)》에서 유래했다.

5 여세부침(與世浮沈)

字句 풀이 與: 더불 여, 世: 세상 세, 浮: 뜰 부, 沈: 잠길 침

해설 세상과 더불어 함께 변한다는 말로, 지조 없이 시세에 따라 변하는 사람이나 세태를 뜻한다. 《한비자(韓非子)》에서 유래했다.

4 한자의 활용

1) 한자상식: 경조사와 관련된 한자어

결혼(結婚)	회갑(回甲)
賀 儀(하의) 祝 聖婚(축 성혼) 祝 結婚(축 결혼) 祝 華婚(축 화혼) 祝 盛典(축 성전)	壽 儀(수의) 祝 壽宴(수연) 祝 禧筵(희연) 祝 回甲(회갑)

축하(祝賀)	사례(謝禮)
祝 入選(축 입선) 祝 榮轉(축 영전) 祝 發展(축 발전) 祝 合格(축 합격) 祝 當選(축 당선)	菲品(비품) 薄謝(박사) 略禮(약례) 薄禮(박례)
대소상(大小祥)	**상가(喪家)**
奠儀(전의) 香奠(향전) 菲儀(비의) 菲品(비품) 薄儀(박의)	弔儀(조의) 賻儀(부의) 謹弔(근조) 奠儀(전의)
돌/백일	**지방(紙榜)**
농장지경(弄璋之慶) 농와지경(弄瓦之慶)	顯祖考學生府君　神位 顯祖妣孺人○○○氏神位(祖父母) 顯考學生府君　　神位 顯妣孺人○○○氏神位(父母)

2) 한자로 읽어보기

學問하는 方法에는 별다른 길이 없다. 모르는 것이 있으면, 길 가는 사람을 붙들고 물어보아야 한다. 종이라도 나보다 한 글자를 더 많이 알고 있다면, 그에게 배워야 한다. 내가 남보다 못한 것은 부끄럽게 여기면서도 나보다 나은 사람에게 묻지 않는다면, 죽을 때까지 固陋하고 對策없는 地境에 스스로 갇혀 버리게 된다. (中略)

우리나라 사람들은 외진 곳에서 偏狹한 氣質을 타고난데다, 中國 땅을 밟아 보지 못하고, 中國 사람들을 만나 보지도 못하였다. 태어나서 늙고 病들어 죽을 때까지, 國境 안을 떠나 본 적이 없다. 그래서 鶴의 긴 다리나 까마귀의 검은 빛깔처럼, 自己의 天分을 지키며 살아왔다. 우물 안의 개구리나 밭두둑의 두더쥐처럼 自己의 땅이 全部라고 믿어 왔다.

그랬기에 '禮는 차라리 素朴한 것'이라고 하며 陋醜한 것을 儉素한 것이라고 잘못 알아 왔다. 이른바 '士農工商'이라는 네 部類도 그 名目만 겨우 있을 뿐이지, 利用厚生의 道具에 이르러서는 날로 困窮해지고 있다. 그 까닭은 다른 데 있지 않다. 學問을 모르는 탓이다.

〈연암 박지원의 초상〉

만약 배우고 묻으려면, 中國을 버리고 어떻게 하랴. 그러나 그들은 이렇게 말한다.

"只今 中國을 다스리는 者들은 오랑캐다."

그래서 저들에게 배우기를 부끄럽게 여기고, 中國에 傳해 오는 文化까지 野蠻스럽게 생각한다. 저들은 참으로 머리를 깎고 옷깃을 왼쪽으로 하는 오랑캐들이다. 그러나 저들이 차지하고 있는 땅은 夏 · 殷 · 周 三代 以來 漢 · 唐 · 宋 · 明의 中國이 어찌 아니랴. 그 땅에서 태어난 사람들이 夏 · 殷 · 周 三代 以來 漢 · 唐 · 宋 · 明의 後孫이 아니랴. 참으로 法이 좋고 制度가 훌륭하다면, 오랑캐에게 나아가서라도 스승으로 모셔야 한다. 하물며 그 廣大한 規模, 精微한 心法, 宏遠한 製作, 赫赫한 文章에 아직도 夏 · 殷 · 周 以來 漢 · 唐 · 宋 · 明의 固有한 傳來文化가 保存되어 있음에랴.

우리를 저들에다 比較해 본다면 한 치도 나은 것이 없다. 그런데도 오직 한줌의 상투만 가지고 스스로 天下에 뽐내면서 이렇게 말한다.

"只今의 中國은 中國이 아니다."

그 山川은 비린내와 누린내가 난다고 헐뜯고, 그 人民은 개나 羊 같은 무리라고 辱하며, 그 言語는 野蠻族의 말이라고 謀陷한다. 中國 固有의 좋은 法이나 훌륭한 制度까지도 같이 몰아서 排斥한다. 그렇다면 어느 나라를 본떠서 行할 것인가?

(박지원 저, 리가원 · 허경진 옮김, 「북학의서(北學議序)」, 『연암 박지원 산문집』, 한양출판, 1994)

제 8 강

1 기본학습 : ㅂ ~ ㅅ음 계열 한자어의 훈과 음 익히기

한자	훈음 / 획수 / 부수 / 급수	풀이
朋	벗 붕 8획 | 月 | 3	벗·동료의 의미를 지닌 한자어. 같은 무리가 나란히 있는 모습을 형상화한 것으로 벗, 동료, 패거리의 뜻을 지닌다. 용례 붕우(朋友), 붕당(朋黨)
崩	무너질 붕 11획 | 山 | 3	무너지다·죽다의 의미를 지닌 한자어. 메 산(山)과 벗 붕(朋)의 결합. 산이 무너진다는 뜻을 지닌다. 용례 붕괴(崩壞), 붕어(崩御)
卑	낮을 비 8획 | 十 | 3Ⅱ	낮다·천하다의 의미를 지닌 한자어. 일상생활에서 쓰이는 술통을 형상화한 것으로, 제기에 비하여 천하다는 인식에서 의미가 파생되었다고 한다. 용례 비천(卑賤), 비열(卑劣), 비굴(卑屈)
婢	계집종 비 11획 | 女 | 3Ⅱ	계집종·하녀의 의미를 지닌 한자어. 계집 녀(女)와 낮을 비(卑)의 결합. 신분이 천한 여자, 계집종의 뜻을 지닌다. 용례 시비(侍婢), 비복(婢僕), 노비(奴婢),
肥	살찔 비 8획 | 月(肉) | 3Ⅱ	살찌다·기름지다의 의미를 지닌 한자어. 육달 월(月)과 살찔 파(巴)의 결합. 몸이 살쪘다는 뜻을 지닌다. 용례 비대(肥大), 비료(肥料), 비옥(肥沃)
妃	왕비 비 6획 | 女 | 3Ⅱ	왕비·짝(배필)의 의미를 지닌 한자어. 계집 녀(女)와 뱀 사(巳)의 결합. 뱀 신(神)을 모시고 섬기는 여성의 모습을 형상화했다고 한다. 용례 왕비(王妃), 비빈(妃嬪)
賓	손 빈 14획 | 貝 | 3	손님·공경하다·대접하다의 의미를 지닌 한자어. 재물을 쓰며 손님을 맞이한다는 뜻을 지닌다. 용례 귀빈(貴賓), 빈객(賓客), 국빈(國賓)
頻	자주 빈 16획 | 頁 | 3	자주·여러 번의 의미를 지닌 한자어. 건널 섭(涉)과 머리 혈(頁)의 결합. 강물결을 형상화했다고 하며, 밀려드는 물결에 착안하여 현재 의미가 파생되었다고 한다. 용례 빈도(頻度), 빈번(頻繁), 빈출(頻出)

聘	부를 빙 13획 | 耳 | 3	부르다·방문하다의 의미를 지닌 한자어. 귀 이(耳)와 성급하게 말할 병(甹)의 결합. 예물을 보내고 상대방의 의향을 듣기 위해 방문한다는 뜻을 지닌다. **용례** 초빙(招聘), 빙장(聘丈)
邪	간사할 사/어조사 야 7획 | 阝(邑) | 3Ⅱ	간사하다·속이다의 의미를 지닌 한자어. 어금니 아(牙)와 고을 읍(阝)의 결합. 땅이름을 나타내는 글자였으나 간사하다 등의 의미로 변했다고 한다. **용례** 간사(奸邪), 사악(邪惡), 사심(邪心)
蛇	뱀 사 11획 | 虫 | 3Ⅱ	뱀의 의미를 지닌 한자어. 벌레 충(虫)과 뱀 사(它)의 결합. 뱀의 모습을 형상화했다고 한다. **용례** 사족(蛇足), 독사(毒蛇), 장사진(長蛇陣)
似	닮을 사 7획 | 亻(人) | 3	같다·비슷하다의 의미를 지닌 한자어. 사람 인(亻)과 써 이(以)의 결합. 조상의 뒤를 잇는 사람, 흉내내는 사람을 뜻을 지닌다. **용례** 근사(近似), 유사(類似), 사이비(似而非)
司	맡을 사 5획 | 口 | 3Ⅱ	맡다·벼슬·관리의 의미를 지닌 한자어. 제사를 담당하는 관리를 형상화했다고 한다. **용례** 사서(司書), 사간원(司諫院), 사법부(司法府)
詞	말 사 12획 | 言 | 3Ⅱ	말·글·문장의 의미를 지닌 한자어. 말씀 언(言)과 맡을 사(司)의 결합. 관리가 신에게 올리는 말의 의미를 지닌다. **용례** 품사(品詞), 명사(名詞), 사부(詞賦)
沙	모래 사 7획 | 氵 | 3Ⅱ	모래·사막의 의미를 지닌 한자어. 물 수(氵)와 적을 소(少)의 결합. 물 위에 떠다니는 적은 모래를 형상화했다고 한다. **용례** 사막(沙漠), 사구(沙丘), 사상누각(沙上樓閣)
巳	뱀 사 3획 | 巳 | 3	뱀·여섯번째 지지·동쪽의 의미를 지닌 한자어. 뱀의 모습을 형상화한 것이다. **용례** 사시(巳時), 기사년(己巳年)
捨	버릴 사 11획 | 扌(手) | 3	버리다·베풀다의 의미를 지닌 한자어. 손 수(扌)와 놓을 사(舍)의 결합. 손에서 놓아버리다의 뜻을 지닌다. **용례** 취사선택(取捨選擇)
斜	비낄 사 11획 | 斗 | 3Ⅱ	기울다·경사의 의미를 지닌 한자어. 남을 여(余)와 국자 두(斗)의 결합. 손으로 국자를 써서 무엇인가를 뜬다는 뜻을 지닌다. **용례** 사선(斜線), 사양(斜陽), 경사(傾斜)
詐	속일 사 12획 | 言 | 3	속이다·거짓의 의미를 지닌 한자어. 말씀 언(言)과 거짓 사(乍)의 결합. 말로 남을 속인다는 뜻을 지닌다. **용례** 사기(詐欺), 사취(詐取), 사칭(詐稱)

한자	훈음 · 획수 · 부수 · 급수	뜻풀이
斯	이 사 12획 | 斤 | 3	이 · 이것의 의미를 지닌 한자어. 그 기(其)와 도끼 근(斤)의 결합. 도끼로 특정 물건을 가른다는 뜻이었는데 다른 의미가 파생되었다고 한다. 용례 사도(斯道), 사학(斯學)
賜	줄 사 15획 | 貝 | 3	주다 · 하사하다의 의미를 지닌 한자어. 조개 패(貝)와 내릴 이(昜)의 결합. 아랫사람에게 재물을 내려준다는 뜻을 지닌다. 용례 사약(賜藥), 하사(下賜)
祀	제사 사 8획 | 示 | 3Ⅱ	제사 · 제사 지내다의 의미를 지닌 한자어. 보일 시(示)와 뱀 사(巳)의 결합. 신에게 제사지낸다는 뜻을 지닌다. 용례 제사(祭祀), 고사(告祀)
削	깎을 삭 9획 | 刂(刀) | 3Ⅱ	깎다 · 범하다 · 해치다의 의미를 지닌 한자어. 작을 초(肖)와 칼 도(刂)의 결합. 칼로 사물을 깎아 작게 만든다는 뜻을 지닌다. 용례 삭감(削減), 삭제(削除), 첨삭(添削)
朔	초하루 삭 10획 | 月 | 3	초하루 · 시작 · 북쪽의 의미를 지닌 한자어. 거스를 역(屰)과 육달 월(月)의 결합. 이지러진 달이 원래 모습을 찾아가는 초하루의 뜻을 지닌다. 용례 삭망(朔望), 삭방(朔方), 삭풍(朔風)
森	수풀 삼 12획 | 木 | 3Ⅱ	수풀 · 빽빽함의 의미를 지닌 한자어. 나무 목(木) 셋의 결합. 나무가 무성한 모습을 형상화한 것이다. 용례 삼림(森林), 삼엄(森嚴), 삼라만상(森羅萬象)
償	갚을 상 17획 | 亻(人) | 3Ⅱ	갚다 · 보상 · 속죄의 의미를 지닌 한자어. 사람 인(亻)과 상줄 상(賞)의 결합. 공을 세운 사람에게 상을 내린다는 뜻을 지닌다. 용례 상환(償還), 배상(賠償), 상금(償金)
嘗	맛볼 상 14획 | 口 | 3	맛보다 · 먹다 · 시험하다의 의미를 지닌 한자어. 맛 볼 상(尙)과 맛 볼 지(旨)의 결합. 음식을 맛보다는 뜻을 지닌다. 용례 상미(嘗味), 와신상담(臥薪嘗膽)
像	모양 상 14획 | 亻(人) | 3Ⅱ	형상 · 모습 · 본뜨다의 의미를 지닌 한자어. 사람 인(亻)과 코끼리 상(象)의 결합. 물건의 모습 · 모양의 뜻을 지닌다. 용례 초상화(肖像畵), 동상(銅像)
桑	뽕나무 상 10획 | 木 | 3Ⅱ	뽕나무의 의미를 지닌 한자어. 뽕나무를 형상화한 것이다. 용례 상전(桑田), 부상(扶桑), 상전벽해(桑田碧海)
祥	상서로울 상 11획 | 示 | 3	상서롭다 · 복의 의미를 지닌 한자어. 보일 시(示)와 클 양(羊)의 결합. 신이 내린 복의 뜻을 지닌다. 용례 길상(吉祥), 상서(祥瑞)

尙	오히려 상 8획 | 小 | 3Ⅱ	오히려 · 바라다 · 숭상하다 · 높이다의 의미를 지닌 한자어. 집안에서 신에게 기원하는 모습을 형상화했다고 한다. 용례 숭상(崇尙), 상지(尙志)
霜	서리 상 17획 | 雨 | 3Ⅱ	서리 · 세월의 의미를 지닌 한자어. 비 우(雨)와 잃을 상(相)의 결합. 작물을 상하게 하는 서리를 나타낸다. 용례 상강(霜降), 상로(霜露), 상엽(霜葉)
喪	잃을 상 12획 | 口 | 3Ⅱ	죽다 · 복입다 · 잃다의 의미를 지닌 한자어. 망할 망(亡)과 울 곡(哭)의 결합. 사람이 죽어 슬피 운다는 뜻을 지닌다. 용례 상례(喪禮), 상처(喪妻), 조상(弔喪)
詳	자세할 상 13획 | 言 | 3Ⅱ	자세하다 · 상세하다의 의미를 지닌 한자어. 말씀 언(言)과 양 양(羊)의 결합. 자세히 설명해준다는 뜻을 지닌다. 용례 상고(詳考), 상론(詳論), 상술(詳述)
裳	치마 상 14획 | 衣 | 3Ⅱ	치마의 의미를 지닌 한자어. 긴 상(尙)과 옷 의(衣)의 결합. 단이 긴 치마를 뜻한다. 용례 의상(衣裳), 홍상(紅裳)
塞	변방 새/막을 색 13획 | 土 | 3Ⅱ	변방 · 막다의 의미를 지닌 한자어. 흙으로 틈을 막는다는 뜻을 지니며, 적을 막다의 뜻이 파생되었다. 용례 요새(要塞), 발본색원(拔本塞源), 새옹지마(塞翁之馬)
索	새끼줄 삭/찾을 색 10획 | 糸 | 3Ⅱ	동아줄 · 꼬다 · 찾다의 의미를 지닌 한자어. 집안에서 새끼를 꼬는 모습을 형상화했다고 한다. 용례 색인(索引), 모색(摸索), 사색(思索)
暑	더울 서 13획 | 日 | 3	더위 · 여름의 의미를 지닌 한자어. 날 일(日)과 놈 자(者)의 결합. 햇볕이 타오르는 모습을 형상화한 것이다. 용례 피서(避暑), 처서(處暑)
署	관청 서 14획 | 罒 | 3Ⅱ	관청 · 부서 · 관직의 의미를 지닌 한자어. 그물 망(罒)과 놈 자(者)의 결합. 관청이나 부서의 뜻을 지닌다. 용례 경찰서(警察署), 서리(署理)
緖	실마리 서 15획 | 糸 | 3Ⅱ	실마리 · 시작의 의미를 지닌 한자어. 실 사(糸)와 삶을 자(者)의 결합. 고치를 삶아 실을 뽑아내다에서, 첫머리의 뜻을 의미하게 되었다. 용례 서론(緖論), 단서(端緖), 두서(頭緖)
庶	여러 서 11획 | 广 | 3	여럿 · 뭇의 의미를 지닌 한자어. 집 엄(广)과 삶을 자(煮)의 결합. 많다, 여럿의 뜻을 지닌다. 용례 서녀(庶女), 서민(庶民)

恕	용서할 서 10획 | 心 | 3Ⅱ	용서하다 · 동정하다의 의미를 지닌 한자어. 마음 심(心)과 같을 여(如)의 결합. 어진 마음, 용서하다의 뜻을 지닌다. **용례** 용서(容恕), 관서(寬恕)
徐	천천할 서 10획 | 彳 | 3Ⅱ	천천히 하다 · 한가하다의 의미를 지닌 한자어. 조금 걸을 척(彳)과 나 여(余)의 결합. 천천히 간다는 뜻을 지닌다. **용례** 서행(徐行), 서서(徐徐)
敍	차례 서 11획 | 攵 | 3	차례 · 펴다 · 진술의 의미를 지닌 한자어. 나 여(余)와 칠 복(攴)의 결합. 순서를 매기다, 차례를 세운다는 뜻을 지닌다. **용례** 서사(敍事), 서술(敍述), 자서전(自敍傳)
逝	갈 서 11획 | 辶 | 3	가다 · 죽다의 의미를 지닌 한자어. 쉬엄쉬엄 갈 착(辶)과 꺾을 절(折)의 결합. 사람의 죽음을 뜻한다. **용례** 서거(逝去), 급서(急逝)

2 심화학습 : 기본한자 다시 익히기

1) 다음 훈과 음을 지닌 한자를 쓰시오.

무너질 붕 [ ]	벗 붕 [ ]	계집종 비 [ ]	낮을 비 [ ]
살찔 비 [ ]	왕비 비 [ ]	손 빈 [ ]	자주 빈 [ ]
부를 빙 [ ]	간사할 사/어조사 야 [ ]	뱀 사 [ ]	닮을 사 [ ]
말 사 [ ]	맡을 사 [ ]	모래 사 [ ]	뱀 사 [ ]
버릴 사 [ ]	비낄 사 [ ]	속일 사 [ ]	이 사 [ ]

줄 사	제사 사	깎을 삭	초하루 삭
수풀 삼	갚을 상	맛볼 상	모양 상
뽕나무 상	상서로울 상	오히려 상	서리 상
잃을 상	자세할 상	치마 상	변방 새/막을 색
새끼줄 삭/찾을 색	더울 서	관청 서	실마리 서
여러 서	용서할 서	천천할 서	차례 서
갈 서			

2) 다음 한자의 훈과 음을 쓰시오.

❶ 庶(　　　) ❷ 尙(　　　) ❸ 暑(　　　) ❹ 償(　　　)
❺ 賜(　　　) ❻ 徐(　　　) ❼ 桑(　　　) ❽ 祀(　　　)
❾ 詐(　　　) ❿ 裳(　　　) ⓫ 恕(　　　) ⓬ 巳(　　　)
⓭ 朔(　　　) ⓮ 沙(　　　) ⓯ 削(　　　) ⓰ 捨(　　　)
⓱ 霜(　　　) ⓲ 喪(　　　) ⓳ 敍(　　　) ⓴ 卑(　　　)
㉑ 似(　　　) ㉒ 索(　　　) ㉓ 嘗(　　　) ㉔ 蛇(　　　)
㉕ 詳(　　　) ㉖ 司(　　　) ㉗ 祥(　　　) ㉘ 邪(　　　)
㉙ 署(　　　) ㉚ 聘(　　　) ㉛ 緖(　　　) ㉜ 朋(　　　)
㉝ 頻(　　　) ㉞ 森(　　　) ㉟ 斯(　　　) ㊱ 崩(　　　)
㊲ 肥(　　　) ㊳ 塞(　　　) ㊴ 斜(　　　) ㊵ 賓(　　　)
㊶ 妃(　　　) ㊷ 詞(　　　) ㊸ 逝(　　　) ㊹ 婢(　　　)
㊺ 像(　　　)

3) 다음 밑줄 친 한자의 독음을 쓰시오.

(1) 천문학에서의 중력崩壞란 중력의 영향으로 천체가 중심으로 떨어지는 것을 말한다.

(2) 그는 논문을 통하여 朋黨정치의 폐해를 신랄하게 비판했다.

(3) 우리나라에서 奴婢의 존재는 적어도 2,000년 전부터 있었을 것으로 추정한다.

(4) 그는 아랫사람들에게는 엄격했지만 윗사람에게는 卑屈할 정도로 아부하는 인물이었다.

(5) 비염은 약물로 치료가 가능하지만, 편도의 肥大는 반드시 수술로 해결해야 한다.

(6) 상소는 신하들과 大妃 문정왕후에 대한 직선적인 비판으로 큰 파문을 일으켰다.

(7) 정년퇴임식에 많은 來賓들이 참여하여 자리를 빛내주었다.

(8) 날씨가 추운 겨울철에는 근육과 관절이 굳어 있기 때문에 부상 발생의 頻度가 높다.

(9) 장인 · 장모를 부를 때는 聘丈어른, 聘母님으로, 지칭할 때에는 장인, 장모라고 해야 한다.

(10) 정치적인 邪心이 들어있는 경제정책에서는 분배의 정의가 강자의 이익이 된다. 이런 분위기에서 시장경제는 위축될 수밖에 없다.

(11) 측방침식이 우세하게 작용하여 골짜기의 너비가 넓어지고 범람원을 이루게 되면 하천은 蛇行하게 된다.

(12) 似而非 종교는 종교와 비슷해 보이나 실제로는 종교의 교리를 위반하고 자신의 입맛에 맞추어 재해석한 것에 불과하다.

(13) 명사는 사물의 명칭을 나타내는 品詞이다.

(14) 司法府는 고등법원과 지방법원으로 구성되는데, 지방법원에서는 경범죄, 민사소송, 사소한 배상청구사건, 교통위반 등을 다룬다.

(15) 이스라엘의 沙漠은 고온건조를 특징으로 하는 일반적 沙漠과는 차이가 있다.

(16) 8월 9일 巳時에 마침내 열하에 도착했다. 쌍탑산과 봉추산을 먼 곳에서 보았다.

(17) 다성적 음악이 발달해감에 따라 화성적으로 편리한 장음계와 단음계의 형만이 取捨되어 오늘날까지 존속하고 있다.

(18) 오늘의 등산 코스는 북쪽 斜面을 타고 정상 바로 아래까지 가는 것이다.

(19) 치안부재로 인하여 詐欺행각을 벌이는 사례도 여러 차례 발견할 수 있었다.

(20) 박세당은 주자의 이론만을 고집하는 노론의 영수 송시열을 비판했다는 이유로 斯文亂賊으로 몰려 75살의 나이에 귀양을 떠났다.

(21) 우리나라 최초의 賜額서원은 소수서원이다.

(22) 한자문화권에서는 설과 추석에 드리는 祭祀를 차례라고 부른다.

(23) 임금 피크제는 일정 연령에 이른 근로자의 임금을 削減하는 대신, 정년까지 고용을 보장하는 제도를 말한다.

(24) 우리가 한 달, 두 달이라고 하는 것은 朔望 주기가 하나, 둘 지났다는 뜻이다.

(25) 환경 단체는 아마존 森林파괴 억제 및 복구 활동 지원을 목적으로 하고 있다.

(26) 업체는 자신들이 제작한 영상을 무단으로 사용했다며 5억원의 손해 賠償을 청구했다.

(27) 최익현은 병자수호조약과 을사조약의 부당성을 통렬하게 비판했고, 臥薪嘗膽의 심정으로 격문도 썼다.

(28) 원활한 작업을 위해서 假像 메모리를 다시 설정할 필요가 있다.

(29) 옛날 사람들은 해가 뜬다는 표현을 해가 扶桑 나무를 타고 올라갔다고 하였다.

(30) 까치와 호랑이 그림에 그려져 있는 원숭이는 모두 吉祥을 상징한다.

(31) 국군체육부대 尙武는 체육발전에 기여하고, 엘리트 체육선수들을 선발, 육성하여 국가 체육 발전 도모 및 국방 스포츠외교 추진을 목적으로 창설되었다.

(32) 산과 바다의 기운이 하늘로 올라가면 구름이 만들어지거나 눈과 비가 내리며, 霜露, 바람, 풍뢰도 생길 수 있다.

(33) 쉰여섯에 喪妻한 그의 사연은 듣는 이로 하여금 눈시울을 붉게 했다.

(34) 스펙은 詳述의 뜻을 지닌 specification의 약자다.

(35) 紅裳은 조복에 딸린 아래옷의 하나로 임금에게 하례할 때에 입는 것이다.

(36) 검찰은 악성루머가 생성된 진원지를 拔本塞源하기로 했다.

(37) 회의를 통해 불법 파업 관련 참가자들에 대한 해결방안을 지속적으로 摸索해 왔다.

(38) 유럽의 酷暑와 같은 대형 재해는 기후문제의 중요성을 일깨워준다.

(39) 그들은 서로의 역할조정을 위하여 새로 署理를 임명했다.

(40) 남들은 그의 발언을 頭緖없는 장황한 말이라고 혹평을 했다.

(41) 경제 불황으로 庶民들의 소비심리가 얼어붙어 있다.

(42) 기업에서는 보상금 지급을 통해 소비자들의 容恕를 희망하고 있다.

(43) 현행 신호 체계는 교차로 건너편에 있기 때문에, 신호가 바뀌어도 황색등에서 진입한 차량들이 徐行하고, 이로 인하여 교차로 내 차량 엉킴이 빈번하게 일어난다.

(44) 이 소설은 敍事는 속도감 있게 진행되고, 문체에는 박진감이 넘친다.

(45) 대통령은 저격수의 총탄에 맞아 逝去하였다.

3 배운 한자를 활용한 고사성어(故事成語)

1 붕우유신(朋友有信)

字句 풀이 朋: 벗 붕, 友: 벗 우, 有: 있을 유, 信: 믿을 신

해설 친구 사이의 믿음이란 말로, 《오륜(五倫)》에서 유래했다.

2 등고자비(登高自卑)

字句 풀이 登: 오를 등, 高: 높을 고, 自: ~로부터 자, 卑: 낮을 비

해설 높은 곳에 오르기 위해 낮은 곳부터 시작해야 한다는 말로, 일을 행함에 있어서 차례를 밟거나, 지위가 높아질수록 스스로를 낮춘다는 뜻이다. 《중용(中庸)》에서 유래했다.

3 천고마비(天高馬肥)

字句 풀이 天: 하늘 천, 高: 높을 고, 馬: 말 마, 肥: 살찔 비

해설 하늘이 높고 말이 살찐다는 말로, 가을을 뜻한다. 《한서(漢書)》에서 유래했다.

4 간장막야(干將莫耶)

字句 풀이 干: 방패 간, 將: 장수 장, 莫: 없을 막, 耶: 간사할 사

해설 중국 춘추시대에 명검을 만들었던 대장장이 간장(干將)과 그의 아내 막야(莫耶)라는 말로, 좋은 칼을 뜻한다. 《순자(荀子)》에서 유래했다.

5 용두사미(龍頭蛇尾)

字句 풀이 龍: 용 용, 頭: 머리 두, 蛇: 긴 뱀 사, 尾: 꼬리 미

해설 머리는 용, 꼬리가 뱀이란 말로, 시작은 거창했지만 결말이 흐지부지되는 것을 뜻한다. 《전등록(傳燈錄)》에서 유래했다.

6 사생취의(捨生取義)

字句 풀이 捨: 버릴 사, 生: 날 생, 取: 가질 취, 義: 옳을 의

해설 생을 버리고 의를 좇는다는 말로, 목숨을 버리고 의로움을 행함을 뜻한다. 《맹자(孟子)》에서 유래했다.

7 구상유취(口尙乳臭)

字句 풀이 口: 입 구, 尙: 아직·여전히 상, 乳: 젖 유, 臭: 냄새 취

해설 입에서 아직 젖내가 난다는 말로, 나이에 걸맞지 않은 유치한 말이나 행동을 할 때 쓰인다. 《사기(史記)》에서 유래했다.

8 설상가상(雪上加霜)

字句 풀이 雪: 눈 설, 上: 윗 상, 加: 더할 가, 霜: 서리 상

해설 눈 위에 서리를 더한다는 말로, 어려운 일이 계속 겹침을 뜻한다. 《전등록(傳燈錄)》에서 유래했다.

9 상가지구(喪家之狗)

字句 풀이 喪: 잃을 상, 家: 집 가, 之: 갈 지, 狗: 개 구

해설 상갓집의 개라는 말로, 제대로 대접을 받지 못하는 사람을 뜻한다. 《사기(史記)》에서 유래했다.

10 와신상담(臥薪嘗膽)

字句 풀이 臥: 누울 와, 薪: 섶 신, 嘗: 맛볼 상, 膽: 쓸개 담

해설 섶에 누워, 쓸개를 씹는다는 말로, 원수를 갚기 위해 온갖 괴로움을 참고 견딤을 뜻한다. 오왕 합려의 아들 부차가 아버지의 원수인 구천에게 복수하기 위한 일화에서 나온 것이다. 《사기(史記)》에서 유래했다.

11 상전벽해(桑田碧海)

- **字句 풀이** 桑: 뽕나무 상, 田: 밭 전, 碧: 푸를 벽, 海: 바다 해
- **해설** 뽕나무밭이 푸른 바다가 되었다는 말로, 세상이 몰라 볼 정도로 풍경이 변화한 것을 뜻한다. 갈홍(葛洪)의 《신선전(神仙傳)》에서 유래했다.

12 새옹지마(塞翁之馬)

- **字句 풀이** 塞: 변방 새, 翁: 늙은이 옹, 之: 갈 지, 馬: 말 마
- **해설** 변방에 사는 노인의 말이라는 말로, 인생의 길흉화복은 늘 바뀜을 뜻한다. 《회남자(淮南子)》에서 유래했다.

4 한자의 활용

1) 한자상식: 우리나라 시도의 명칭

조선(朝鮮)	대한민국(大韓民國)	서울특별시(首尓特別市)
부산광역시(釜山廣域市)	대구광역시(大邱廣域市)	인천광역시(仁川廣域市)
광주광역시(光州廣域市)	대전광역시(大田廣域市)	울산광역시(蔚山廣域市)
경기도(京畿道)	충청도(忠淸道)	강원도(江原道)
경상도(慶尙道)	전라도(全羅道)	제주도(濟州道)
평안도(平安道)	함경도(咸鏡道)	황해도(黃海道)

◈ 기호(畿湖): 경기도와 충청도

◈ 관동(關東): 강원도

· 영동(嶺東): 강원도 동쪽

· 영서(嶺西): 강원도 서쪽

◈ 호서(湖西): 충청도

◈ 영남(嶺南): 경상남북도

◆ 호남(湖南): 전라남북도
◆ 해서(海西): 황해도
◆ 관서(關西): 평안도
◆ 관북(關北): 함경도
◆ 도(道) ◆ 시(市) ◆ 군(郡) ◆ 구(區)
◆ 읍(邑) ◆ 면(面) ◆ 리(里) ◆ 동(洞)
◆ 가(街) ◆ 번지(番地)
◆ 통(統) ◆ 호(號) ◆ 반(班)
◆ 동(棟)

[서울 자치구의 명칭]
◆ 종로구(鐘路區) ◆ 중 구(中 區) ◆ 용산구(龍山區) ◆ 성동구(城東區) ◆ 광진구(廣津區)
◆ 중랑구(中浪區) ◆ 성북구(城北區) ◆ 강북구(江北區) ◆ 도봉구(道峰區) ◆ 노원구(蘆原區)
◆ 마포구(麻浦區) ◆ 양천구(陽川區) ◆ 강서구(江西區) ◆ 구로구(九老區) ◆ 금천구(衿川區)
◆ 동작구(銅雀區) ◆ 관악구(冠岳區) ◆ 서초구(瑞草區) ◆ 강남구(江南區) ◆ 송파구(松坡區)
◆ 강동구(江東區)
◆ 동대문구(東大門區)
◆ 서대문구(西大門區)
◆ 영등포구(永登浦區) ◆ 은평구(恩平區)

2) 한자로 읽어보기

서울의 左靑龍 高麗大, 右白虎 延世大

高麗大學校와 延世大學校는 當事者들뿐만 아니라 國民 누구나가 至大한 關心을 갖는 우리나라의 代表的인 兩大 私學이다. 高麗大가 延世大 앞에 놓인 것은 단순히 한글 가나다順에 依한 것임을 먼저 밝힌다.

누구나 認定하다시피 高大와 延大는 우리나라 私學의 最高, 最大의 兩大 山脈이다. 두 大學의 定期的 體育 交流인 高延戰 或은 延高戰은 兩校 次元을 넘어 國民的 關心事가 된지 이미 오래다. 어떤 理由에서건 사람들은 두 大學 中의 한편에 加擔하여 그 行事를 盡心으로 즐겨왔다. 그러면서 누구나 느끼는 情緒가 있는데, 그것은 무어냐 하면 두 大學의 基本性格이 아주 다르다는 것이다. 정말로 다른지 아닌지는 모른다.

그러나 重要한 것은 사람들이 두 大學의 根本 性格에 關한 差異點을 隱然中 認定하고 있다는 點이다. 都大體 그 理由는 무엇일까. 그 理由 中에 或是 立地上의 風水的 作用力이

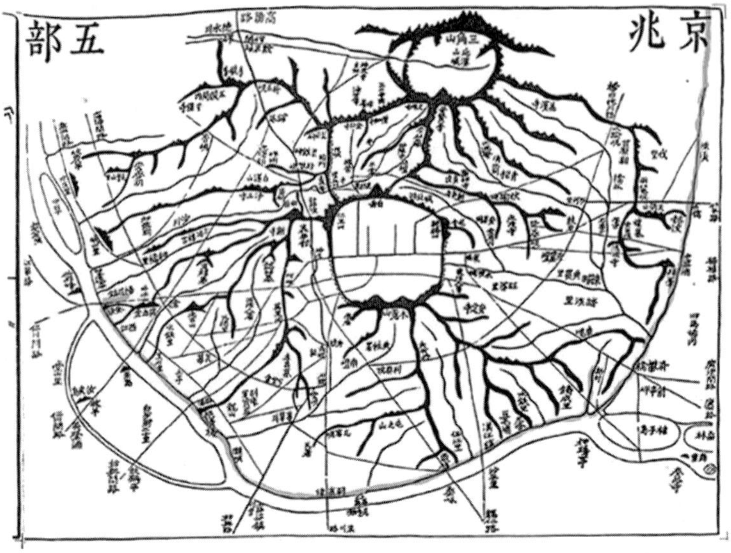

〈풍수지리설에 입각한 서울〉

影響을 미친 것은 아닐까? 하는 것이 줄거리가 될 것이다.

餘裕돈이 생기면 高大生은 막걸리를 사 마시고 延大生들은 구두를 닦는다. 요즈음이야 大學生들도 麥酒를 마시고 구두도 流行을 따라 갈아 신는 時代라, 막걸리에 구두 닦는 이야기가 실감이 되지 않겠지만, 그때야 워낙 形便이 어렵던 時節인지라 그런 이야기가 두 大學을 比較할 수 있는 잣대가 될 수 있었다. (中略)

延世의 歷史는 1885年 美國 北長老敎 宣敎師 알렌이 開院한 廣惠院으로부터 始作된다. 그 以後 美國 實業家 세브란스의 寄附로 近代的인 病院을 南大門 밖 복숭아골(現在의 中區 桃洞, 서울驛 맞은 편)에 新築한 것을 비롯하여 初代 校長 언더우드와 2代 校長 에비슨에 의하여 大學의 基礎가 잡힌다. 1916年 延世는 존 언더우드가 寄附하였던 基金으로 新村 延禧面에 자리를 잡음으로써 新村골 延大터의 基礎를 세우게 되는 것이다. 이리하여 서울의 東과 西에 民族資本에 의한 高大와 美國資本에 의한 延大가 確固한 자리를 차지하게 되었다. 東道西器니 東洋과 西洋이니 하는 對比 構造가 서울의 東쪽과 西쪽에서 象徵的으로 設立되었다는 것은 땅의 理致인 地理, 특히 風水地理를 떠올리게 하는 重要한 契機가 된다. (中略)

말하자면 高大 明堂이나 延大 明堂이나 서울 外廓의 龍虎勢라는 點에서는 共通點을 지닌 셈이다. 이때 高大는 靑龍 쪽에 자리를 잡았고, 延大는 白虎 쪽에 자리를 잡고 있다는 것이 재미있는 事實이다. 術法上 靑龍은 해가 뜨고 東쪽으로 帝王, 出世, 官運, 男子를, 그리고

白虎는 해가 지는 西쪽으로 財貨, 收穫, 出産, 女子를 類推하는 만큼, 그런 式으로만 따진다면 高大가 法大 쪽이, 延大가 商大 쪽이 優秀하리라는 땅의 運命的 屬性을 말할 수는 있으리라.

한 가지 이런 이야기는 合理性이 있다고 여겨지는데, 즉 우리나라는 겨울철에 주로 北西季節風이 卓越한 만큼 暖房으로 因한 것이건 自動車 排氣가스에 의한 것이건 各種 汚染物質이 西쪽으로부터 東쪽에 와서 쌓이기 때문에 都市 自體가 東쪽보다는 西쪽이 더 깨끗하고, 따라서 富裕한 동네들도 주로 서울 西쪽에 形成된다는 都市地理學的 論理는 成立되므로, 서울 西쪽에 있는 延大의 女性的 纖細함은 意味가 있을 수도 있다. 그렇다면 女性的인 延大의 땅 性格은 詭辯이라는 疑心도 들 것이다. 하지만 間或 나타나는 女性의 매서움을 想起해 볼 일이다.

延世大 明堂터(新村洞, 延禧洞 一帶)를 指目했던 河崙은 當代 風水 最高手였던 領三司事 權仲和, 左侍中 趙浚 等이(이곳 一帶가 都邑을 定할 만한 곳이나 다만 明堂이 좁은 것이 遺憾)이라는 反論에 對하여, 開城의 康安殿과 平壤의 長樂宮도 이보다 넓지는 않으며, 當時 流行하던 中國 地理法에도 符合한다고 계속 主張한다. 이에 對하여 鄭道傳은 이곳이 一國의 中央에 있어 交通도 便하고 利點도 있으나 不幸히 한 溪谷 內에 位置하여 宮闕과 都市 敷地를 넓게 잡을 수 없으니 王者가 居處할 곳이 아니라 하였고, 成石璘도 山水의 만남과 漕運의 便利함이 있어 좋다고 할 수 있지만 明堂이 좁고 답답하며 뒷산이 너무 낮아 王者의 都邑에는 맞지 않다고 하였으며, 定宗 亦是 明堂이 너무 狹小하고 主山이 가라앉은 것은 물론 물길의 닫힘이 不完全하다고 反對함으로써 結局 서울이 되지 못한다. (中略)

延大 터는 長老敎 信者인 美國人에 依하여 잡혀진 곳이므로 風水的 땅의 理致를 念頭에 두었을 것 같지는 않지만 民族資本家인 金性洙는 必是 위에 例示한 바와 같은 風水的 思考에 마음이 끌리어 이곳을 物色한 것이 아니었을까 하는 斟酌이 든다. 땅이란 어떤 곳이나 性格을 가지게 마련이다. (최창조, 『한국의 풍수지리』, 민음사, 1999)

제 9 강

1 기본학습 : ㉦음 계열 한자어의 훈과 음 익히기

한자	훈음 / 획수 / 부수 / 급수	설명
誓	맹세할 서 14획 | 言 | 3	맹세하다 · 약속하다의 의미를 지닌 한자어. 꺾을 절(折)과 말씀 언(言)의 결합. 분명히 정한다는 뜻을 지닌다. **용례** 맹서(盟誓), 서약(誓約)
昔	옛 석 8획 | 日 | 3	옛날 · 오래의 의미를 지닌 한자어. 햇볕에 말린 고깃점의 모습을 형상화했다고 한다. **용례** 석년(昔年), 석일(昔日), 금석(今昔)
惜	애석할 석 11획 | 忄(心) | 3Ⅱ	애석하다 · 아깝다의 의미를 지닌 한자어. 마음 심(忄)과 옛 석(昔)의 결합. 지난 일을 아파한다는 뜻을 지닌다. **용례** 애석(哀惜), 석별(惜別), 석패(惜敗)
析	쪼갤 석 8획 | 木 | 3	쪼개다 · 나누다의 의미를 지닌 한자어. 나무 목(木)과 도끼 근(斤)의 결합. 나무를 도끼로 쪼개듯이 나눈다는 뜻을 지닌다. **용례** 분석(分析), 해석(解析)
釋	풀 석 20획 | 釆 | 3Ⅱ	풀다 · 설명하다의 의미를 지닌 한자어. 분별할 변(釆)과 분해할 역(睪)의 결합. 뒤섞인 사물을 풀어낸다는 뜻을 지닌다. **용례** 석방(釋放), 보석(保釋), 주석(註釋)
旋	돌 선 11획 | 方 | 3Ⅱ	돌다 · 돌리다 · 구르다의 의미를 지닌 한자어. 두 발로 주변을 빙글빙글 도는 모습을 형상화했다고 한다. **용례** 선회(旋回), 회선(回旋), 알선(斡旋)
禪	고요할 선 17획 | 示 | 3Ⅱ	고요하다 · 참선하다의 의미를 지닌 한자어. 보일 시(示)와 제단 단(單)의 결합. 제단을 만들어 하늘에 제사지낸다는 뜻을 지닌다. **용례** 참선(參禪), 좌선(坐禪), 선종(禪宗)
涉	건널 섭 10획 | 氵(水) | 3	건너다 · 간섭하다의 의미를 지닌 한자어. 물 수(氵)와 걸음 보(步)의 결합. 물 속을 건너다의 뜻을 지닌다. **용례** 섭외(涉外), 간섭(干涉), 교섭(交涉)

한자	훈음 · 획수 · 부수 · 급수	풀이
攝	당길 섭 21획 | 扌(手) | 3	당기다 · 거느리다의 의미를 지닌 한자어. 손 수(扌)와 귀맞댈 섭(聶)의 결합. 손으로 옷자락을 가지런히 올린다는 뜻에서, 여러 의미가 파생되었다. 용례 포섭(包攝), 섭정(攝政), 섭리(攝理)
疏	성길 소 12획 | 疋 | 3Ⅱ	성기다 · 트이다의 의미를 지닌 한자어. 발 소(疋)과 흐를 류(㐬)의 결합. 발처럼 두 갈래로 갈려서 흐름이 통한다는 뜻을 지닌다. 용례 소원(疏遠), 소외(疏外), 소통(疏通)
蔬	나물 소 15획 | ++(艸) | 3	나물 · 채소의 의미를 지닌 한자어. 풀 초(++)와 성길 소(疏)의 결합. 풀, 식용 푸성귀를 뜻한다. 용례 채소(菜蔬), 소식(蔬食)
騷	떠들 소 20획 | 馬 | 3	떠들다 · 시끄럽다의 의미를 지닌 한자어. 말 마(馬)와 벼룩 조(蚤)의 결합. 뛰어오르는 말의 뜻에서, 떠들다의 뜻을 나타내게 되었다. 용례 소동(騷動), 소란(騷亂), 소음(騷音)
召	부를 소 5획 | 口 | 3	부르다 · 청하다의 의미를 지닌 한자어. 칼 도(刀)와 입 구(口)의 결합. 칼을 들고 신을 부르는 모습을 형상화한 것이다. 용례 소집(召集), 소환(召還)
昭	밝을 소 9획 | 日 | 3	밝다 · 밝히다의 의미를 지닌 한자어. 날 일(日)과 부를 소(召)의 결합. 해를 부르다의 뜻에서, 밝다는 뜻을 나타내게 되었다. 용례 소명(昭明), 소상(昭詳)
燒	불사를 소 16획 | 火 | 3Ⅱ	불사르다 · 태우다의 의미를 지닌 한자어. 불 화(火)와 요임금 요(堯)의 결합. 땔나무가 활활 타오르다의 뜻을 지닌다. 용례 소각(燒却), 소주(燒酒), 연소(燃燒)
蘇	깨어날 소 20획 | ++(艸) | 3Ⅱ	깨어나다 · 소생하다의 의미를 지닌 한자어. 풀 초(++)와 깨어날 소(穌)의 결합. 풀이 소생하다, 죽은 자가 소생하다의 뜻을 지닌다. 용례 소생(蘇生), 회소곡(會蘇曲)
訴	송사할 소 12획 | 言 | 3Ⅱ	송사하다 · 고하다의 의미를 지닌 한자어. 말씀 언(言)과 물리칠 척(斥)의 결합. 말로 부당한 것들을 물리친다는 뜻을 지닌다. 용례 소송(訴訟), 기소(起訴), 고소(告訴)
粟	조 속 12획 | 米 | 3	조 · 벼 · 곡식의 의미를 지닌 한자어. 늘어진 곡식의 모습을 형상화한 것이다. 용례 속미(粟米), 서속(黍粟), 창해일속(滄海一粟)
訟	송사할 송 11획 | 言 | 3Ⅱ	송사하다 · 다투다의 의미를 지닌 한자어. 말씀 언(言)과 공평할 공(公)의 결합. 말로 옳고 그름을 다툰다는 뜻을 지닌다. 용례 소송(訴訟), 송사(訟事), 쟁송(爭訟)

한자	훈음 / 획수·부수·급수	풀이
誦	외울 송 14획 | 言 | 3	외우다·읊다·노래하다의 의미를 지닌 한자어. 말씀 언(言)과 뛰어오를 용(甬)의 결합. 입으로 문장을 읽다, 읊다의 뜻을 지닌다. **용례** 낭송(朗誦), 송독(誦讀), 암송(暗誦)
鎖	쇠사슬 쇄 18획 | 金 | 3Ⅱ	쇠사슬·자물쇠·잠그다의 의미를 지닌 한자어. 쇠 금(金)과 잔 쇄(貨)의 결합. 금속, 쇠사슬의 뜻을 지닌다. **용례** 쇄국(鎖國), 연쇄(連鎖), 족쇄(足鎖)
刷	인쇄할 쇄 8획 | 刂(刀) | 3Ⅱ	인쇄하다·씻다의 의미를 지닌 한자어. 칼 따위로 더러운 것을 제거하다, 닦다의 의미를 지니며, 찍어낸다는 의미로도 쓰인다. **용례** 쇄신(刷新), 인쇄(印刷), 축쇄판(縮刷版)
衰	쇠할 쇠/상복 최 10획 | 衣 | 3Ⅱ	쇠하다·약하다의 의미를 지닌 한자어. 풀로 엮어 만든 도롱이를 형상화한 것이다. **용례** 쇠약(衰弱), 성쇠(盛衰), 최복(衰服)
搜	찾을 수 13획 | 扌(手) | 3	찾다·수색하다의 의미를 지닌 한자어. 손 수(扌)와 노인 수(叟)의 결합. 손으로 더듬어 물건을 찾는다는 뜻을 지닌다. **용례** 수색(搜索), 수사(搜査), 수소문(搜所聞)
垂	드리울 수 8획 | 土 | 3Ⅱ	드리우다·거의·변방의 의미를 지닌 한자어. 잎이 늘어진 모습을 형상화한 것이다. **용례** 수렴(垂簾), 수직(垂直), 현수막(懸垂幕)
囚	가둘 수 5획 | 口 | 3	가두다·갇히다·죄수의 의미를 지닌 한자어. 에울 위(口)와 사람 인(人)의 결합. 사람이 울타리 안에 갇혀 있는 모습을 형상화한 것이다. **용례** 죄수(罪囚), 무기수(無期囚), 사형수(死刑囚)
誰	누구 수 15획 | 言 | 3	누구·무엇의 의미를 지닌 한자어. 말씀 언(言)과 누구 추(隹)의 결합. 의문사로 사용한다. 누구냐고 묻다의 뜻을 지닌다. **용례** 수원수구(誰怨誰咎), 수하(誰何)
愁	근심 수 13획 | 心 | 3Ⅱ	근심하다·슬퍼하다의 의미를 지닌 한자어. 가을 추(秋)와 마음 심(心)의 결합. 마음이 슬퍼지다, 근심하다의 뜻을 지닌다. **용례** 수심(愁心), 애수(哀愁), 우수(憂愁)
殊	다를 수 10획 | 歹 | 3Ⅱ	다르다·뛰어나다·베다의 의미를 지닌 한자어. 앙상할 알(歹)과 붉을 주(朱)의 결합. 치다, 죽이다의 뜻을 지녔으나 특이하다란 새로운 의미가 만들어졌다. **용례** 수상(殊常), 수이전(殊異傳), 특수(特殊)
隨	따를 수 16획 | 阝(阜) | 3Ⅱ	따르다·거느리다의 의미를 지닌 한자어. 책받침(辶)과 무너질 타(隋)의 결합. 무너져 내리다, 긴장이 풀린채 따라가다는 뜻을 지닌다. **용례** 수반(隨伴), 수행(隨行), 수필(隨筆)

한자	훈음 / 획수 / 부수 / 급수	설명
遂	이룰 수 13획 | 辶 | 3	이루다·나아가다·따르다의 의미를 지닌 한자어. 쉬엄쉬엄 갈 착(辶)과 따를 수(㒸)의 결합. 일정한 길을 따라 목표를 성취하다의 뜻을 지닌다. 용례 수행(遂行), 완수(完遂)
須	모름지기 수 12획 | 頁 | 3	반드시·모름지기·수염의 의미를 지닌 한자어. 터럭 삼(彡)과 머리 혈(頁)의 결합. 얼굴에 수염이 난 사람의 모습을 형상화한 것이다. 용례 필수(必須), 수발(須髮)
壽	목숨 수 14획 | 士 | 3Ⅱ	목숨·나이의 의미를 지닌 한자어. 목숨이 길게 이어지다, 장수하다의 뜻을 지닌다. 용례 수명(壽命), 장수(長壽), 수복강녕(壽福康寧)
輸	보낼 수 16획 | 車 | 3Ⅱ	보내다·나르다·지다의 의미를 지닌 한자어. 수레 거(車)와 대답할 유(兪)의 결합. 수레에 물건을 실어 보낸다는 뜻을 지닌다. 용례 수송(輸送), 수출(輸出), 운수(運輸)
雖	비록 수 17획 | 隹 | 3	비록·만약의 의미를 지닌 한자어. 벌레 충(虫)과 오직 유(唯)의 결합. 등이 솟은 도마뱀의 모습을 형상화했다고 한다. 용례 수연(雖然)
需	구할 수 14획 | 雨 | 3Ⅱ	구하다·쓰다의 의미를 지닌 한자어. 비 우(雨)와 말 이을 이(而)의 결합. 비 오기를 비는 무당의 모습을 형상화한 것이다. 용례 수급(需給), 수요(需要), 필수품(必需品)
帥	장수 수 9획 | 巾 | 3Ⅱ	장수의 의미를 지닌 한자어. 양 손으로 물건을 들어올리는 사람을 형상화한 것이다. 용례 장수(將帥), 총수(總帥), 통수권(統帥權)
獸	짐승 수 19획 | 犬 | 3Ⅱ	짐승의 의미를 지닌 한자어. 가축 축(嘼)과 개 견(犬)의 결합. 개와 활을 써서 사냥을 한다는 뜻을 지닌다. 용례 맹수(猛獸), 야수(野獸), 수의사(獸醫師)
睡	졸음 수 13획 | 目 | 3	졸다·잠자다의 의미를 지닌 한자어. 눈 목(目)과 드리울 수(垂)의 결합. 눈꺼풀이 늘어져 자는 모습을 형상화한 것이다. 용례 수면(睡眠), 수마(睡魔), 혼수상태(昏睡狀態)
淑	맑을 숙 11획 | 氵(水) | 3Ⅱ	맑다·착하다의 의미를 지닌 한자어. 물 수(氵)와 선량할 숙(叔)의 결합. 맑다, 선량하다의 뜻을 지닌다. 용례 숙녀(淑女), 정숙(貞淑), 현숙(賢淑)
孰	누구 숙 11획 | 子 | 3	누구·삶다의 의미를 지닌 한자어. 음식을 끓여 사람을 대접하는 모습을 형상화한 것이다. 의문사로 쓰인다. 용례 숙수(孰誰)

한자	훈음·획수·부수·급수	설명
熟	익을 숙 15획 | 灬(火) | 3Ⅱ	익다·익히다·삶다·성숙하다의 의미를 지닌 한자어. 불 화(灬)와 삶을 예(孰)의 결합. 불로 태우다, 삶다의 뜻을 지닌다. **용례** 숙성(熟成), 숙련(熟練), 숙달(熟達)
瞬	눈깜짝할 순 17획 | 目 | 3Ⅱ	눈을 깜빡이다·짧은 순간의 의미를 지닌 한자어. 눈 목(目)과 빠를 순(舜)의 결합. 짧은 시간, 단기간의 뜻을 지닌다. **용례** 순간(瞬間), 순식간(瞬息間), 순발력(瞬發力)
循	돌 순 12획 | 彳 | 3	돌다·따르다의 의미를 지닌 한자어. 조금 걸을 척(彳)과 좇을 순(盾)의 결합. 돌다, 좇다, 따르다의 뜻을 지닌다. **용례** 순행(循行), 순환(循環)
巡	순행할 순 7획 | 巛 | 3Ⅱ	돌다·순행하다의 의미를 지닌 한자어. 쉬엄쉬엄 갈 착(辶)과 내 천(巛)의 결합. 강처럼 일정한 길을 가다, 돌다의 뜻을 지닌다. **용례** 순례(巡禮), 순방(巡訪), 순찰(巡察)

2 심화학습 : 기본한자 다시 익히기

1) 다음 훈과 음을 지닌 한자를 쓰시오.

맹세할 서	애석할 석	옛 석	쪼갤 석
풀 석	돌 선	고요할 선	건널 섭
당길 섭	나물 소	떠들 소	밝을 소
부를 소	불사를 소	성길 소	깨어날 소
송사할 소	조 속	송사할 송	욀 송

쇠사슬 쇄	인쇄할 쇄	쇠할 쇠/상복 최	찾을 수
드리울 수	가둘 수	누구 수	근심 수
다를 수	따를 수	이룰 수	모름지기 수
목숨 수	보낼 수	비록 수	구할 수
장수 수	짐승 수	졸음 수	누구 숙
맑을 숙	익을 숙	눈깜짝할 순	돌 순
순행할 순			

2) 다음 한자의 훈과 음을 쓰시오.

❶ 誰( )	❷ 囚( )	❸ 誓( )	❹ 遂( )
❺ 隨( )	❻ 昭( )	❼ 疏( )	❽ 涉( )
❾ 燒( )	❿ 垂( )	⓫ 析( )	⓬ 獸( )
⓭ 昔( )	⓮ 壽( )	⓯ 帥( )	⓰ 瞬( )
⓱ 搜( )	⓲ 愁( )	⓳ 刷( )	⓴ 睡( )
21 需( )	22 粟( )	23 雖( )	24 訴( )
25 訟( )	26 召( )	27 釋( )	28 循( )
29 殊( )	30 衰( )	31 孰( )	32 須( )
33 鎖( )	34 誦( )	35 惜( )	36 熟( )
37 輸( )	38 攝( )	39 淑( )	40 蘇( )
41 禪( )	42 騷( )	43 旋( )	44 巡( )
45 蔬( )			

3) 다음 밑줄 친 한자의 독음을 쓰시오.

(1) 빙벽 등반에 앞서 사고의 책임은 본인에게 있다는 誓約을 해야했다.

(2) Auld Lang Syne은 영국 스코틀랜드의 시인 로버트 번스가 작곡한 것이다. 곡명은 '그리운 옛날'이라는 뜻이며, 한국에서는 '惜別'이라는 이름으로 알려졌다.

(3) 사람들이 모여서 昔年의 정을 나누었다.

(4) 최근 네티즌들 사이에서 뇌구조를 分析하여 이미지로 만든 게시물이 유행이다.

(5) 그는 법원에서 保釋으로 풀려났다.

(6) 뇌물 斡旋 혐의로 구속영장이 신청되었다.

(7) 수덕사는 백제 위덕왕 때 창건된 고찰로, 조선시대 고종 2년(1865년)에 만공선사가 중창한 뒤로는 禪宗의 수도장으로 유명해졌다.

(8) 전자파 차폐 필름은 각 부품 간 전자파 干涉에 의한 기기오작동을 방지하고 사람에게 미치는 전자파를 차단하는 소재다.

(9) 하트셉수트는 투트모스 1세의 딸로, 남편이 죽자 투트모스 3세를 대신해 攝政을 하다가 스스로 여왕이 된 인물이다.

(10) 겨울철에는 비타민 섭취가 부족하기 때문에, 반드시 과일과 菜蔬를 챙겨 먹어야 한다.

(11) 폭발물을 설치했다는 협박전화가 걸려와서 직원들이 대피하는 騷動이 벌어졌다.

(12) 昭明을 통하여 진실이 밝혀지기를 바란다.

(13) 소액주주의 청구에도 불구하고 회사가 주주총회의 召集절차를 밟지 않을 경우, 법원의 허가를 얻어 주주총회를 召集할 수 있다.

(14) 매일 오후 호두를 한 줌씩 먹는 것이 좋다. 호두에 있는 오메가-3 지방산은 지방 燃燒를 자

극할 뿐만 아니라 운동을 했을 때 시너지 효과를 주기 때문이다.

(15) 무엇보다도 국민들 간의 의사 疏通이 중요하다.

(16) 봄 메이크업은 만물이 蘇生하는 기운과 화사한 햇살을 생각해야 한다.

(17) 訴訟은 법원이 분쟁 또는 이해의 충돌을 법적으로 해결・조정하기 위하여, 서로 대립되는 이해관계인을 당사자로 관여시켜 심판하는 절차를 말한다.

(18) 좁쌀은 한방에서는 粟米로 불린다.

(19) 訟事소설은 억울한 일을 관청에 호소하는 구조를 지닌 고소설의 한 유형이다.

(20) 이 시는 여러 번 朗誦해 보아도 사람의 감정을 파고드는 느낌이 없다.

(21) 생물 군집을 이루고 있는 개체들 사이에서는 서로 먹고 먹히는 관계가 만들어진다. 이러한 관계를 먹이連鎖라 한다.

(22) 책의 우측 상단에 印刷된 '텍스트 바코드'에 시각 장애인용 음성 변환기를 갖다 대면 내용을 음성으로도 들을 수 있다.

(23) 물에 잠긴 채 100년이 넘는 세월을 견뎌온 노송도 이제는 기력이 衰弱해 보인다.

(24) 현금 수송차 탈취 사건을 경찰에서 搜査하고 있다.

(25) 구청에서는 懸垂幕의 크기를 제한하고 있다.

(26) 이 연극은 감옥 안에서 罪囚들에게 자신이 쓴 소설을 들려주는 형식을 취하고 있다.

(27) 펀드투자를 하면 손실은 누구도 책임지지 않는다. 원망할 곳도 하소연 할 곳도 없다. 말 그대로 誰怨誰咎이다.

(28) 아들을 바라보는 아버지의 얼굴에는 愁心이 가득하다.

(29) 패스워드를 만들 때 特殊문자와 숫자가 포함되면 더욱 강력한 패스워드가 된다.

(30) 隨筆은 붓 가는 대로 쓰는 글을 말한다.

(31) 혈관내피세포를 쥐에 주입하자 신속하게 쥐의 순환계에 동화되었고 기존의 혈관들은 빠르게 정상기능을 遂行했다.

(32) 몸 관리를 위해서 특정 영양소만을 포함한 음식을 섭취할 필요는 없다. 모든 음식을 골고루 먹기만 해도 必須 영양분을 얻을 수 있다

(33) 독수리의 평균 壽命은 25년이다. 그러나 야생독수리는 10년에 불과하다.

(34) 브라질의 철강 輸出은 작년과 비교하여 890만 톤이나 감소했다.

(35) 雖然은 '그렇지만', '비록 ~라 하더라도' 정도로 해석할 수 있다.

(36) 철강의 需要가 회복되면서 이 달 생산량은 258만 톤을 기록했다.

(37) 대통령은 국군 統帥權을 가진다.

(38) 광우병 예방을 위해서 농가와 獸醫師간의 긴밀한 협조가 필요하다.

(39) 그는 사고로 한동안 昏睡狀態에 빠졌다.

(40) 孰誰는 "누구" 정도로 해석이 가능하다.

(41) 입을 가리고 웃는 것이 보다 貞淑해 보인다.

(42) 풍부한 경험과 熟練된 실력을 갖춘 전문의에게 치료받는 것이 좋다.

(43) 오토바이 날치기는 짧은 瞬間에 범죄가 발생하기 때문에 수사에 어려움이 많다.

(44) 림프가 조직과 조직 사이를 지나 모세 림프관으로 들어가고, 다시 림프관에서 나와 정맥계로 들어가는 것을 림프循環이라고 말한다.

(45) 대통령은 폴란드와 이탈리아, 스웨덴 등 유럽 3개국을 巡訪했다

3 배운 한자를 활용한 고사성어(故事成語)

1 수불석권(手不釋卷)

字句 풀이 手: 손 수, 不: 아닐 불, 釋: 놓다·놓아버리다 석, 卷: 책 권

해설 손에서 책을 놓지 않는다는 말로, 열심히 학문에 정진함을 뜻한다. 《삼국지(三國志)》에서 유래했다.

2 창해일속(滄海一粟)

字句 풀이 滄: 넓을 창, 海: 바다 해, 一: 한 일, 粟: 조 속

해설 넓은 바다의 좁쌀 한 톨이라는 말로, 보잘 것 없는 존재나 인간 존재의 허무함을 뜻한다. 소식(蘇軾)의 《적벽부(赤壁賦)》에서 유래했다.

3 부창부수(夫唱婦隨)

字句 풀이 夫: 지아비 부, 唱: 부를 창, 婦: 며느리 부, 隨: 따를 수

해설 남편이 주장하고 아내가 따른다는 말로, 부부 간의 도리를 뜻한다. 《천자문(千字文)》에서 유래했다.

4 모수자천(毛遂自薦)

字句 풀이 毛: 터럭 모, 遂: 드디어 수, 自: 스스로 자, 薦: 천거할 천

해설 모수(毛遂)가 자신을 천거한다는 말이다. 《사기(史記)》에서 유래했다.

5 인면수심(人面獸心)

❖ **字句 풀이** 人: 사람 인, 面: 낯 면, 獸: 짐승 수, 心: 마음 심

❖ **해설** 사람의 얼굴이나 마음은 짐승과 같다는 말로, 흉악한 사람을 뜻한다. 《한서(漢書)》에서 유래했다.

4 한자의 활용

1) 한자상식: 해외 국가의 명칭

加那陀(가나다)	캐나다	
科威特(과위특)	쿠웨이트	
羅馬(나마)	로마	
諾威(낙위)	노르웨이	
露西亞(노서아)	러시아	莫斯科(막사과): 모스크바
盧森堡(노삼보)	룩셈브루크	
臺灣(대만)	타이완	
獨逸(독일)	도이칠란드	伯林(백림): 베를린
羅馬尼亞(나마니아)	루마니아	
馬來西亞(마래서아)	말레이시아	
墨西哥(묵서가)	멕시코	
美國(미국)	미국	華盛頓(화성돈): 워싱턴
伯剌西爾(백랄서이)	브라질	
白耳義(백이의)	벨기에	
芬蘭(분란)	핀란드	
佛蘭西(불란서)·법국(法國)	프랑스	巴里(파리): 파리
比率賓(비율빈)	필리핀	
沙地亞剌比亞(사지아랄비아)	사우디아라비아	
西班牙(서반아)	스페인	

瑞典(서전)	스웨덴	
瑞西(서서)	스위스	
蘇格蘭(소격란)	스코틀랜드	
新加坡(신가파)	싱가포르	
新西蘭(신서란)	뉴질랜드	
亞爾然丁(아이연정)	아르헨티나	
伊拉克(이랍극)	이라크	
伊蘭(이란)	이란	
日本(일본)	일본	東京(동경): 도쿄
埃及(애급)	이집트	
伊色列(이색렬)	이스라엘	
伊太利(이태리)	이탈리아	
英國(영국)	잉글랜드	倫敦(윤돈): 런던
印度(인도)	인디아	
約旦(약단)	요르단	
越南(월남)	베트남	
智利(지리)	칠레	
中國(중국)	중국	北京(북경): 베이징
土耳古(토이고)	터키	
泰國(태국)	타이	
波蘭(파란)	폴란드	
葡萄牙(포도아)	포르투갈	
香港(향항)	홍콩	
濠洲(호주)	오스트레일리아	
洪牙利(홍아리)	헝가리	
和蘭(화란)	네덜란드	
希臘(희랍)	그리스	

2) 한자로 읽어보기

(前略) 그리하여 묵은 原稿를 펼쳐 보았더니 대부분 없어져 버렸다. 몇 년 동안 功들인 것이 눈 위의 기러기 발자국이 녹아 없어진 듯 되어 버린 것이다. 그 남은 原稿를 모아서 엮고 이미 없어진 部分은 더 보태고 기워, 二十編의 冊을 이루었다.

我文과 漢字를 섞어 쓰고, 文章의 體制는 꾸미지 않았다. 俗語를 쓰기에 힘써, 그 뜻을 傳達하기를 爲主로 하였다. 原來 여러 해 동안 듣고 본 事實과 힘들여 배운 것들을 얼버무려 꾸며 놓은 것이니, 엉성하다는 비난을 벗어나기가 어렵고, 잘못이 있기도 또한 쉬울 것이다.

그러나 比喩하자면 山을 그리는 것과 같다. 그림이 잘되고 잘못되는 것은 손놀림과 意匠의 꾸밈에 달려 있다. 참모습의 七分까지는 가지 못했더라도, 아스라이 높은 것은 봉우리고, 가득 널려져 있는 것은 바윗돌이며, 가지가 鬱蒼하게 얽힌데다 짙고 옅은 빛이 어우러진 것은 물과 나무다. 때때로 구름과 煙氣가 奇異하게 變化하는 모습을 잘 그려 내는 것이 바로 畵工의 技術이다.

이 冊이 비록 서투르지만 역시 이와 같은 境遇다. 山의 그림을 가리키면서 "이것이 山이다"라고 말하는 것이 헛된 映像을 가리킨 것이기는 하지만, 그것이 가리키는 根本은 그대로 있는 것이다. 그러니 이 冊을 대하는 사람이 또한 이와 같이 觀察하면 되리라고 생각한다.

冊이 完成되고 며칠 뒤에 親舊에게 보이고 그에게 批評해 달라고 하자, 그 親舊가 이렇게 말하였다.

"그대가 참으로 苦生하기는 했지만, 우리글과 漢字를 섞어 쓴 것이 文章家의 軌道를 벗어났으니, 眼目이 있는 사람들에게 誹謗과 웃음을 면치 못할 것이다."

그래서 내가 이렇게 對答하였다.

"이는 그럴 만한 까닭이 있다. 첫째, 말하고자 하는 뜻을 平易하게 傳하는 것을 爲主로 하였으니, 글자를 조금만 아는 者라도 이 冊의 內容을 쉽게 알 수 있도록 하기 위해서다. 둘째, 내가 冊을 읽은 것이 적어서 글 짓는 법이 未熟하기 때문에 記錄하기 쉽게 하기 위해서다. 셋째, 우리나라 七書諺解의 記事法을 大略 本받아서 詳細하고도 分明한 記錄이 되도록 하기 爲해서다.

〈유길준의 모습〉

또 世界 여러 나라를 둘러보면 各 나라의 말이 다르기 때문에 글자도 따라서 같지 않으니, 무릇 말은 사람의 生覺이 소리로 나타난 것이요, 글자는 사람의 生覺이 形象으로 나타난 것이다. 그러므로 말과 글자를 나누어 보면 둘이지만 合하면 하나가 되는 것이다.

우리나라의 글자는 우리 先王께서 創造하신 글자요, 漢字는 中國과 함께 쓰는 글자이니, 나는 오히려 우리

글자만을 純粹하게 쓰지 못한 것을 不滿스럽게 생각한다. 外國사람들과 國交를 맺었으니, 온 나라 사람들-上下, 貴賤, 婦人, 어린이를 가릴 것 없이 저들의 形便을 알지 못해서는 안 될 것이다. 그러니 서투르고도 껄끄러운 漢字로 얼크러진 글을 지어서 實情을 傳하는 데 어긋남이 있기보다는, 流暢한 글과 親近한 말을 通하여 事實 그대로의 狀況을 힘써 나타내는 것이 올바르다고 생각한다. (後略)

(유길준 지음, 허경진 옮김, 『서유견문』, 서해문집, 2004)

제 10 강

1 기본학습 : ㅅ ~ ㅇ음 계열 한자어의 훈과 음 익히기

殉	따라죽을 순 10획 | 歹 | 3	따라 죽다 · 목숨을 바치다의 의미를 지닌 한자어. 부서진 뼈 알(歹)과 열흘 순(旬)의 결합. 죽은 사람의 뒤를 따르다의 뜻을 지닌다. 용례 순교(殉敎), 순국(殉國), 순직(殉職)
脣	입술 순 11획 | 月(肉) | 3	입술의 의미를 지닌 한자어. 별 진(辰)과 육달 월(月)의 결합. 조개가 발을 내민 모습을 형상화했다고 한다. 용례 설순음(舌脣音), 단순호치(丹脣皓齒), 순망치한(脣亡齒寒)
旬	열흘 순 6획 | 日 | 3 Ⅱ	열흘의 의미를 지닌 한자어. 현악기의 조율기 모습을 형상화했다고 한다. 용례 상순(上旬), 중순(中旬), 하순(下旬)
戌	열한 번째 지지 술 6획 | 戈 | 3	개 · 열한 번째 지지의 의미를 지닌 한자어. 한 일(一)과 창 무(戊)의 결합. 십이지의 열한 번째를 뜻한다. 용례 술시(戌時), 경술년(庚戌年)
述	지을 술 9획 | 辶 | 3 Ⅱ	글을 짓다 · 서술하다의 의미를 지닌 한자어. 쉬엄쉬엄 갈 착(辶)과 뿌리 출(朮)의 결합. 차 이삭이 죽 이어져 있는 모양을 형상화했다고 한다. 용례 서술(敍述), 저술(著述), 술회(述懷)
拾	열 십/주을 습 9획 | 扌(手) | 3 Ⅱ	줍다 · 거두다 · 열의 의미를 지닌 한자어. 손 수(扌)와 합할 합(合)의 결합. 손으로 무언가를 주워 모은다는 뜻을 지닌다. 용례 습득(拾得), 수습(收拾), 십만(拾萬)
襲	엄습할 습 22획 | 衣 | 3 Ⅱ	엄습하다 · 덮치다 · 염의 의미를 지닌 한자어. 겹칠 답(龖)과 옷 의(衣)의 결합. 의복을 겹쳐 입은 의미를 지닌다. 용례 엄습(掩襲), 습격(襲擊), 습의(襲衣)
濕	젖을 습 17획 | 氵(水) | 3 Ⅱ	젖다 · 축축하다의 의미를 지닌 한자어. 물 수(氵)와 드러날 현(㬎)의 결합. 습기, 축축하게 젖다의 뜻을 지닌다. 용례 습기(濕氣), 습도(濕度), 습진(濕疹)

한자	훈음	획수 / 부수 / 급수	풀이	용례
昇	오를 승	8획 | 日 | 3Ⅱ	오르다 · 해가 돋다의 의미를 지닌 한자어. 날 일(日)과 오를 승(升)의 결합. 해가 뜨다의 뜻을 지닌다.	승진(昇進), 승격(昇格), 승천(昇天)
僧	중 승	14획 | 亻(人) | 3Ⅱ	중 · 승려의 의미를 지닌 한자어. 사람 인(亻)과 일찍 증(曾)의 결합. 범어(梵語)의 음역으로 스님을 나타낸다.	승려(僧侶), 승무(僧舞), 고승(高僧)
乘	탈 승	10획 | ノ | 3Ⅱ	타다 · 오르다의 의미를 지닌 한자어. 나무(시렁) 위에 사람을 올려놓은 모습을 형상화한 것이다.	승차(乘車), 승선(乘船), 승객(乘客).
侍	모실 시	8획 | 亻(人) | 3Ⅱ	모시다 · 받들다의 의미를 지닌 한자어. 사람 인(亻)과 머물 사(寺)의 결합. 윗사람을 모시고 서있다는 뜻을 지닌다.	시녀(侍女), 시종(侍從), 시위대(侍衛隊)
矢	화살 시	5획 | 矢 | 3	화살 · 맹세하다의 의미를 지닌 한자어. 화살촉과 깃의 모양을 형상화한 것이다.	궁시(弓矢), 유시(流矢), 효시(嚆矢)
飾	꾸밀 식	14획 | 食 | 3Ⅱ	꾸미다 · 장식하다의 의미를 지닌 한자어. 수건 건(巾), 사람 인(人), 먹을 식(食)의 결합. 꾸미다, 꾸며나가다의 뜻을 지닌다.	가식(假飾), 장식(裝飾), 허식(虛飾)
辛	매울 신	7획 | 辛 | 3	맵다 · 괴롭다 · 고생하다의 의미를 지닌 한자어. 문신을 새기기 위한 바늘의 모습을 형상화한 것이다.	신고(辛苦), 신랄(辛辣), 향신료(香辛料)
愼	삼갈 신	13획 | 忄(心) | 3Ⅱ	삼가다 · 조심하다의 의미를 지닌 한자어. 마음 심(忄)과 참 진(眞)의 결합. 마음을 세심히 쓰며 조심한다는 뜻을 지닌다.	신언(愼言), 신중(愼重), 근신(謹愼)
晨	새벽 신	11획 | 日 | 3	새벽 · 샛별의 의미를 지닌 한자어. 날 일(日)과 때 신(辰)의 결합. 해가 떠오르는 새벽의 뜻을 지닌다.	신단(晨旦), 혼정신성(昏定晨省)
伸	펼 신	7획 | 亻(人) | 3	펴다 · 늘이다의 의미를 지닌 한자어. 사람 인(亻)과 펼 신(申)의 결합. 펴다, 자라다, 늘리다의 뜻을 지닌다.	신축(伸縮), 신원(伸寃), 신장(伸張)
審	살필 심	15획 | 宀 | 3Ⅱ	살피다 · 밝히다의 의미를 지닌 한자어. 갓머리(宀)와 구분할 체(釆)의 결합. 사물의 본질을 밝힌다는 뜻을 지닌다.	심문(審問), 심사(審査), 심판(審判)

甚	심할 심 9획 | 甘 | 3Ⅱ	심하다 · 더욱 · 몹시의 의미를 지닌 한자어. 부뚜막 위에 그릇을 놓고 밑에서 불 때는 모습을 형상화한 것이다. 용례 극심(極甚), 심난(甚難), 심지어(甚至於)
尋	찾을 심 12획 | 寸 | 3	찾다 · 방문하다의 의미를 지닌 한자어. 왼쪽 좌(左), 오른쪽 우(右), 더덕 삼(彡)의 결합. 손으로 찾다, 더해가다의 뜻을 지닌다. 용례 추심(推尋), 심방(尋訪)
雙	두/쌍 쌍 18획 | 隹 | 3Ⅱ	쌍 · 둘 · 짝의 의미를 지닌 한자어. 새 추(隹)와 또 우(又)의 결합. 한 쌍의 새를 손에 잡고 있다는 뜻을 지닌다. 용례 쌍방(雙方), 쌍벽(雙璧), 쌍곡선(雙曲線)
我	나 아 7획 | 戈 | 3Ⅱ	나 · 우리의 의미를 지닌 한자어. 날끝이 들쭉날쭉한 창의 모습을 형상화한 것이다. 용례 자아(自我), 아군(我軍), 아집(我執)
雅	우아할 아 12획 | 隹 | 3Ⅱ	우아하다 · 고상하다의 의미를 지닌 한자어. 어금니 아(牙)와 새 추(隹)의 결합. 우아하다의 뜻을 지닌다. 용례 우아(優雅), 단아(端雅), 아량(雅量)
亞	버금 아 8획 | 二 | 3Ⅱ	버금 · 둘째의 의미를 지닌 한자어. 옛날 무덤의 모습을 형상화한 것이다. 용례 아류(亞流), 아성(亞聖), 아열대(亞熱帶)
牙	어금니 아 4획 | 牙 | 3Ⅱ	어금니 · 상아의 의미를 지닌 한자어. 상하 어금니가 맞댄 것을 형상화한 것이다. 용례 아음(牙音), 치아(齒牙), 상아(象牙)
芽	싹 아 8획 | ++(艸) | 3Ⅱ	싹 · 비롯하다의 의미를 지닌 한자어. 풀 초(++)와 어금니 아(牙)의 결합. 어금니처럼 내민 새싹의 뜻을 지닌다. 용례 맹아기(萌芽期), 발아(發芽), 맥아(麥芽)
阿	언덕 아 8획 | 阝(阜) | 3Ⅱ	언덕 · 아첨하다의 의미를 지닌 한자어. 언덕 부(阝)와 굽을 가(可)의 결합. 언덕, 굽히다 등의 뜻을 지닌다. 용례 아부(阿附), 아첨(阿諂), 곡학아세(曲學阿世)
餓	굶주릴 아 16획 | 食 | 3	굶주리다의 의미를 지닌 한자어. 밥 식(食)과 나 아(我)의 결합. 먹을 것이 없어서 야윈 모습의 뜻을 지닌다. 용례 기아(飢餓), 아사(餓死)
岳	큰 산 악 8획 | 山 | 3	큰 산의 의미를 지닌 한자어. 언덕 구(丘)와 메 산(山)의 결합. 큰 산, 험한 산의 뜻을 지닌다. 용례 관악산(冠岳山), 악부(岳父)

한자	훈음·획수·부수·급수	설명
雁	기러기 안 12획 | 隹 | 3	기러기의 의미를 지닌 한자어. 굴바위 엄(厂)과 새 추(隹), 사람 인(人)의 결합. 행렬을 이루면서 나는 기러기, 예물로 쓰이는 기러기를 나타낸다. 용례 안서(雁書), 안진(雁陣), 안항(雁行)
顔	낯 안 18획 | 頁 | 3Ⅱ	얼굴의 의미를 지닌 한자어. 얼굴 언(彦)과 머리 혈(頁)의 결합. 얼굴의 뜻을 지닌다. 용례 안면(顔面), 동안(童顔), 노안(老顔)
岸	언덕 안 8획 | 山 | 3Ⅱ	언덕·낭떠러지의 의미를 지닌 한자어. 메 산(山)과 굴바위 엄(厂)과 깎을 간(干)의 결합. 산의 벼랑, 낭떠러지의 뜻을 지닌다. 용례 해안(海岸), 연안(沿岸)
謁	아뢸 알 16획 | 言 | 3	뵙다·아뢰다의 의미를 지닌 한자어. 말씀 언(言)과 청할 갈(曷)의 결합. 다른 사람에게 아뢰다, 방문하다의 뜻을 지닌다. 용례 알현(謁見), 배알(拜謁)
巖	바위 암 23획 | 山 | 3Ⅱ	바위·암벽의 의미를 지닌 한자어. 메 산(山)과 엄할 엄(嚴)의 결합. 험한 산이나 바위의 뜻을 지닌다. 용례 암벽(巖壁), 암석(巖石), 암반수(巖盤水)
押	누를 압 8획 | 扌(手) | 3	누르다·관리하다·압류하다의 의미를 지닌 한자어. 손 수(扌)와 갑옷 갑(甲)의 결합. 손으로 누르다의 뜻을 지닌다. 용례 압류(押留), 압송(押送), 압수(押收)
央	가운데 앙 5획 | 大 | 3Ⅱ	가운데·반의 의미를 지닌 한자어. 목에 칼을 씌운 사람의 모습을 형상화한 것이다. 사람이 칼 속에 들어앉아 있다는 데서 뜻이 파생되었다. 용례 중앙(中央), 중앙선(中央線)
殃	재앙 앙 9획 | 歹 | 3	재앙·벌을 내리다의 의미를 지닌 한자어. 죽을사 변(歹)와 가운데 앙(央)의 결합. 목에 칼을 씌운 사람에서 재앙의 뜻이 파생되었다. 용례 재앙(災殃), 앙화(殃禍), 지어지앙(池魚之殃)
仰	우러를 앙 6획 | 亻(人) | 3Ⅱ	우러르다·따르다의 의미를 지닌 한자어. 사람 인(亻)과 바랄 앙(卬)의 결합. 높다, 우러르다의 뜻을 지닌다. 용례 신앙(信仰), 추앙(推仰)
涯	물가 애 11획 | 氵(水) | 3	물가·물가 언덕·동안의 의미를 지닌 한자어. 물 수(氵)와 벼랑 애(厓)의 결합. 물가의 뜻을 지닌다. 용례 생애(生涯), 천애(天涯)
哀	슬플 애 9획 | 口 | 3Ⅱ	슬프다·애달프다의 의미를 지닌 한자어. 입 구(口)와 옷 의(衣)의 결합. 슬퍼하다, 서러워하다의 뜻을 지닌다. 용례 애도(哀悼), 비애(悲哀), 애원(哀願)

한자	훈음 / 획수 / 부수 / 급수	설명
厄	재앙 액 4획 | 厂 | 3	재앙의 의미를 지닌 한자어. 굴바위 엄(厂)과 병부 절(㔾)의 결합. 위태롭다, 액운의 뜻을 지닌다. **용례** 액운(厄運), 재액(災厄), 횡액(橫厄)
若	반야 야/같을 약 9획 | ++(艸) | 3Ⅱ	같다·만약·반야의 의미를 지닌 한자어. 머리를 흐트러뜨린 무녀의 모습을 형상화했다고 한다. **용례** 약간(若干), 태연자약(泰然自若), 반야(般若)
也	어조사 야 3획 | 乙 | 3	종결어조사로 쓰인다. 뱀의 모양을 형상화했다고 한다. **용례** 급기야(及其也)
耶	어조사 야 9획 | 耳 | 3	의문 어조사로 쓰인다. 간사할 야(邪)의 속자로, 의문·반어의 조사로 쓰인다. **용례** 야소교(耶蘇敎), 유야무야(有耶無耶)

2 심화학습 : 기본한자 다시 익히기

1) 다음 훈과 음을 지닌 한자를 쓰시오.

따라죽을 순 [ ]	입술 순 [ ]	열흘 순 [ ]	열한 번째 지지 술 [ ]
지을 술 [ ]	열 십/주을 습 [ ]	엄습할 습 [ ]	젖을 습 [ ]
오를 승 [ ]	중 승 [ ]	탈 승 [ ]	모실 시 [ ]
화살 시 [ ]	꾸밀 식 [ ]	매울 신 [ ]	삼갈 신 [ ]
새벽 신 [ ]	펼 신 [ ]	살필 심 [ ]	심할 심 [ ]

찾을	심		두/쌍	쌍		나	아		우아할	아	
버금	아		싹	아		어금니	아		언덕	아	
굶주릴	아		큰 산	악		기러기	안		낯	안	
언덕	안		아뢸	알		바위	암		누를	압	
가운데	앙		우러를	앙		재앙	앙		물가	애	
슬플	애		재앙	액		반야야/같을 약			어조사	야	
어조사	야										

2) 다음 한자의 훈과 음을 쓰시오.

❶ 戌(　　　　) ❷ 愼(　　　　) ❸ 迅(　　　　) ❹ 芽(　　　　)

❺ 也(　　　　) ❻ 拾(　　　　) ❼ 餙(　　　　) ❽ 殃(　　　　)

❾ 耶(　　　　) ❿ 辛(　　　　) ⓫ 濕(　　　　) ⓬ 仰(　　　　)

⓭ 晨(　　　　) ⓮ 脣(　　　　) ⓯ 殉(　　　　) ⓰ 央(　　　　)

⓱ 矢(　　　　) ⓲ 涯(　　　　) ⓳ 顔(　　　　) ⓴ 雙(　　　　)

㉑ 若(　　　　) ㉒ 甚(　　　　) ㉓ 我(　　　　) ㉔ 岸(　　　　)

㉕ 岳(　　　　) ㉖ 哀(　　　　) ㉗ 僧(　　　　) ㉘ 餓(　　　　)

㉙ 雁(　　　　) ㉚ 乘(　　　　) ㉛ 亞(　　　　) ㉜ 尋(　　　　)

㉝ 審(　　　　) ㉞ 巖(　　　　) ㉟ 伸(　　　　) ㊱ 牙(　　　　)

㊲ 押(　　　　) ㊳ 侍(　　　　) ㊴ 襲(　　　　) ㊵ 雅(　　　　)

㊶ 昇(　　　　) ㊷ 謁(　　　　) ㊸ 旬(　　　　) ㊹ 阿(　　　　)

㊺ 厄(　　　　)

3) 다음 밑줄 친 한자의 독음을 쓰시오.

(1) 김상옥 열사는 종로경찰서에 폭탄을 투척한 후 殉國했다.

(2) 舌脣音은 윗잇몸소리란 말로, 설단과 윗입술 사이에서 나는 자음을 말한다.

(3) 기상이변으로 2월 上旬에 기온이 평년보다 높을 것으로 예상된다.

(4) 庚戌年은 우리에게 경술국치(庚戌國恥)라는 치욕스러운 역사를 떠올리게 한다.

(5) 객관식 평가를 없애고 모든 시험을 敍述식 평가로 바꾸기로 했다.

(6) 이번 화재사고를 收拾하기 위하여 사고대책본부를 긴급 구성하였다.

(7) 아마존에서는 맹금류의 襲擊이 자주 일어난다.

(8) 실내가 건조하여 濕度가 낮아지면 건강에 좋지 않다.

(9) 그는 9급으로 공무원 생활을 시작하여 30년이 되는 올해에 서기관으로 昇進했다.

(10) 僧侶 묘청의 서경천도론은 풍수지리사상에 근거하고 있다

(11) 오늘, 택시의 乘車 거부에 대한 집중 단속이 실시된다.

(12) 중세 이탈리아의 신학자 다미아니는 철학은 신학의 侍女라고 하였다. 즉 철학이 신학에 종속되어야 한다는 것을 가리키는 표현이었다.

(13) 족보는 보첩이라고도 하며 그 嚆矢는 중국의 육조 시대부터라고 전한다.

(14) 제발 假飾적인 모습을 버리고 진실한 모습을 보여주기를 바란다.

(15) 생강은 음식의 감칠맛을 살리는 香辛料일뿐만 아니라, 한방에서는 감초와 마찬가지로 다양하게 활용된다.

(16) 보험에 가입할 때는 세밀한 분석에 의한 愼重한 선택이 필요하다.

(17) 晨旦은 아침이란 말로, 날이 새면서 오전 반나절까지의 기간을 뜻한다.

(18) 이 기계는 온도변화에 의한 伸縮현상이 잘 나타나지 않기 때문에, 시계나 정밀도를 요구하는 자 등의 주재료로 이용한다.

(19) 審査청구는 행정기관에 대하여 위법 또는 부당한 처분을 해결하기 위한 제도이다.

(20) 옛날에는 평균수명이 짧아 80세 이상 사는 경우는 거의 드물었다. 甚至於 70세까지만 살아도 아주 오래 산 것으로 여겨졌다.

(21) 그들은 법정 진술을 통하여, 채권자가 推尋 과정에서 온갖 폭행과 협박을 했다고 호소했다.

(22) 한국 정전협정은 국군·유엔군과 북한군·중공군 雙方의 적대 행위를 중지하는 성격의 잠정 협정이다.

(23) 종교에서는 인간의 자기 모순적인 我執을 원죄 또는 근원적인 악이라고 말한다.

(24) 약한 나라의 불행일수록 너그러운 인도적 지원을 베푸는 것은 나라의 雅量을 가늠하는 척도이다.

(25) 뱀파이어 영화가 흥행을 기록하자 이를 소재로 한 亞流 소설도 유행하고 있다.

(26) 이 품종의 萌芽期는 재래종보다 1~2일 정도 느리다.

(27) 이곳에서 소금은 귀중한 물건이다. 한 줌의 소금으로도 象牙 한 개를 얻을 수 있다.

(28) 사회생활을 하기 위해서는 직장 상사에게 적당한 阿附와 애교가 필요하다.

(29) 그녀가 해외봉사에 참여하게 된 계기는 우연히 본 飢餓 체험 프로그램을 통해서였다.

(30) 오늘 아침 冠岳山에 많은 양의 눈이 내렸다.

(31) 먼 곳에서 온 반가운 편지를 雁書라고 한다.

(32) 童顔의 비결은 가급적 스트레스를 받지 않는데 있다.

(33) 이 시설의 완공으로 농업용수의 부족 현상을 해소하고, 沿岸으로 배출되는 방류량을 줄일 수 있다. 이로 인해 실질적인 농가 소득의 향상도 기대해 볼 수 있다.

(34) 민영익은 고종황제를 謁見하러 가는 알렌에게 한국이름을 지어주었다.

(35) 巖盤水는 많은 염분을 함유하고 있어서 짜기도 하다. 따라서 반드시 음용수로 적합하다고 단정하기가 어렵다.

(36) 그는 모든 재산을 押留 당했다.

(37) 中央線은 복선으로 만들 예정이며, 수도권 전철과도 연계할 계획이다.

(38) 오대산은 문수信仰의 성지로 알려져 있다.

(39) 만약 병원에서 전산시스템이 멈춰버린다면 말 그대로 災殃이다.

(40) 그는 生涯 처음으로 해외여행을 다녀왔다.

(41) 그의 죽음을 哀悼하는 사람들이 모두 한자리에 모였다.

(42) 한 해의 厄運을 없애기 위하여, 이 민속놀이는 정초마다 대규모로 거행되었다.

(43) 안중근은 사형선고를 받고도 泰然自若하게 사람들을 대하였다.

(44) 로마 교황청은 예수회의 유화적 입장을 철회하도록 하였다. 그러자 及其也 청나라 조정에서는 중국내 모든 선교사를 추방하였고 가톨릭 포교활동도 금지시켰다.

(45) 아프간에 군 병력을 증파할 계획은 사실상 有耶無耶된 상황이다.

3 배운 한자를 활용한 고사성어(故事成語)

1 순망치한(脣亡齒寒)

- **字句 풀이** 脣: 입술 순, 亡: 망할 망, 齒: 이 치, 寒: 찰 한
- **해설** 입술을 잃으면 이가 시리다는 말로, 서로 돕고 떨어질 수 없는 밀접한 관계를 뜻한다. 《춘추좌씨전(春秋左氏傳)》에서 유래했다.

2 술이부작(述而不作)

- **字句 풀이** 述: 지을 술, 而: 말 이을 이, 不: 아닐 부, 作: 지을 작
- **해설** 성인의 말씀을 술(述)할 뿐, 자신은 지어내지 않는다는 말이다. 《논어(論語)》에서 유래했다.

3 도불습유(道不拾遺)

- **字句 풀이** 道: 길 도, 不: 아닐 불, 拾: 주울 습, 遺: 남길 유
- **해설** 길에 떨어진 것을 줍지 않는다는 말로, 나라가 잘 다스려져 백성의 풍속이 바름을 뜻하거나, 나라의 기강이 엄하여 백성이 법을 어기지 않음을 뜻한다. 《공자가어(孔子家語)》에서 유래했다.

4 혼정신성(昏定晨省)

- **字句 풀이** 昏: 어두울 혼, 定: 정할 정, 晨: 새벽 신, 省: 살필 성
- **해설** 저녁에는 잠자리를 정하고, 새벽에는 살핀다는 말로, 자식이 아침저녁으로 부모의 안부를 물어서 살핌을 뜻한다. 《예기(禮記)》에서 유래했다.

5 박학심문(博學審問)

❖ **字句 풀이** 博: 넓을 박, 學: 배울 학, 審: 살필 심, 問: 물을 문

❖ **해설** 널리 배우고 자세하게 묻는다는 말로, 학문하는 사람의 태도를 뜻한다. 《중용(中庸)》에서 유래했다.

6 곡학아세(曲學阿世)

❖ **字句 풀이** 曲: 굽을 곡, 學: 배울 학, 阿: 붙을 아, 世: 인간 세

❖ **해설** 학문을 굽혀 세상에 아부한다는 말로, 자신이 배운 학문을 이용하여 세상 사람에게 아첨함을 뜻한다. 《사기(史記)》에서 유래했다.

7 침어낙안(沈魚落雁)

❖ **字句 풀이** 沈: 잠길 침, 魚: 물고기 어, 落: 떨어질 낙, 雁: 기러기 안

❖ **해설** (미인을 보고) 물고기는 물속으로 들어가고 기러기는 땅으로 떨어진다는 말로, 아름다운 미인을 뜻한다. 《장자(莊子)》에서 유래했다.

8 앙급지어(殃及池魚)

❖ **字句 풀이** 殃: 재앙 앙, 及: 미칠 급, 池: 연못 지, 魚: 물고기 어

❖ **해설** 재앙이 연못 속 물고기에 미친다는 말로, 자신의 뜻과는 상관없이 화를 당함을 뜻한다. 《태평어람(太平御覽)》에서 유래했다.

4 한자의 활용

1) 한자상식: 결혼과 관련된 한자어

結婚	결혼	結婚式	결혼식
新郎	신랑	新婦	신부
新婚旅行	신혼여행	媤宅	시댁
媤父母	시부모	查頓	사돈
四柱單子	사주단자	約婚	약혼
禮緞	예단	主禮	주례
中媒	중매	婚姻	혼인
婚書紙	혼서지	婚需	혼수
函	함	幣帛	폐백
查夫人	사부인	查丈	사장

* 신식 결혼의 절차

相面(상면)	결혼하려는 두 남녀가 처음으로 만나는 것. 친지나 어른들의 소개로 서로 만나는 것으로, 흔히 맞선이라고 한다.
交際(교제)	두 남녀가 지속적으로 만나는 것.
四柱(사주)	두 사람이 서로 결혼의 의사가 결정되면 남녀의 생년월일, 생시 등을 두 집안에 알리고 두 사람의 운명을 맞추어 본다. 흔히 궁합(宮合)을 본다는 말이 이 말을 뜻한다.
擇日(택일)	결혼식 날짜를 잡는 것을 말한다.
約婚(약혼)	두 남녀가 결혼을 하자는 약속 의례이다. 본래 남자의 사주단자가 신부집에 가면 약혼이 이루어졌다.
納幣(납폐)	신랑 측에서 신부 집에 폐백과 예물을 보내는 것을 말한다. 흔히 함보내기라고 한다.
禮式(예식)	결혼식을 말한다.
幣帛(폐백)	신부가 시부모에게 결혼 이후 처음 드리는 인사법이다. 밤과 대추를 시부모에게서 처음 받는다. 이 자리에서 신랑과 신부가 시집이나 처갓집 등 두 집안의 가까운 어른들에게도 처음 인사를 드린다.

新婚旅行 (신혼여행)	두 남녀가 만나고 결혼해서 처음으로 한방에서 밤을 같이 보내는 것을 말한다.
于歸(우귀)	신랑과 신부가 신혼여행에서 돌아와 시댁으로 가는 것을 말한다.

2) 한자로 읽어보기

원경하(元景夏)[1]는 15歲에 冠禮를 치렀다. 冠禮란 總角의 머리에 冠을 씌우는 成人式이다. 大槪 할아버지의 親舊들 가운데 德望이 높은 어른이 冠을 씌워 주었다. 이때부터 兒名 대신 字를 불렀다. 女子아이는 笄禮를 行하여 땋았던 머리를 모아 올리고 비녀를 질렀다. 笄禮는 할머니의 親舊가 主管하였다. 冠禮는 男女 모두 生理와 密接한 關聯이 있는 年齡層인 열 살 以上 스무 살 以下의 나이에 치른다. 士大夫 집에서는 成人式을 매우 重要하게 여겼는데, 男尊女卑의 觀念에 따라 冠禮에 비해 笄禮는 상대적으로 소홀하게 여겼다.

원경하는 冠禮를 치른 몇 년 뒤 장가를 들었다. 그의 아내는 財産家요 名文家의 딸이었으므로 婚需 장만에 어려움을 겪지 않았다. 當時 婚姻 儀式의 必需品은 加髢였다. 加髢는 婦女子가 머리 위에 얹어 동여매는 假髮이었다. 元來 이 머리 模樣은 北方民族의 風習에서 由來하여 高句麗를 거쳐 高麗 宮中에서 流行하였는데 朝鮮의 宮中으로 이어졌다. 18世紀에 들어와서는 妓生과 閭閻 女子와 宮中의 醫女, 甚至於 계집종까지 흉내를 내서 全國的으로 퍼져 나갔다.

加髢 自體만으로도 값이 꽤 비싼데 거기다가 中國과 日本에서 密輸한 緋緞과 銀과 珠玉으로 裝飾을 했다. 兩班 士大夫나 富者집 女子들은 數百 金을 들여 加髢를 治裝하였다. 一般 庶民들은 논밭을 팔아 그 經費를 마련하였다. 加髢를 準備하지 못한 新婦는 婚禮를 치르고도 몇 年씩 시집으로 오지 못하는 地境이었다. 원경하는 自身의 아내가 加髢로 華麗하게 治裝하는 模襲을 보고 혀를 내둘렀다. 원경하는 어릴 적부터 儉素한 生活을 익혔으므로 이 奢侈風潮를 못마땅하게 여겼다. 그는 뒷날 英祖가 加髢를 禁止하는 政策에 協助하였다.

---

1) 원경하(元景夏): 1698(숙종 24)~1761(영조 37). 자(字) 화백(華伯), 호(號) 창하(蒼霞). 모든 붕당을 망라하는 대탕평을 주장하여, 영조에게 신임을 받았다. 문집으로 『창하집(蒼霞集)』이 전한다.

〈기산 김준근의 〈풍속화〉, 신부 신랑 초례하는 모양〉

원경하는 親迎 儀式에 따라 婚姻式을 新婦집에서 치렀다. 東床禮 儀式 때 妻家 동네의 男子들이 그를 묶어 대들보에 달아매고 방망이로 발바닥을 때리는 등 온갖 受侮를 加하여 한바탕 困辱을 겪었다. 事實 이 무렵의 婚禮는 節次가 그리 複雜하지 않았다.

新郎집에서 新婦의 옷감 등 簡單한 婚需品을 넣은 函을 보내면 新婦집에서 新郎집에 飮食 등 簡單한 答禮品을 보내는 程度였다. 다만 加髢를 마련하는 奢侈風潮와 新郎新婦 다루기 등의 弊習이 있었을 뿐이다. 그의 아내는 婚禮를 치르고 1年쯤 지나 媤家로 와서 于歸儀式을 치렀다. 이때부터 그의 아내는 完全한 원씨 집안의 食口가 된 것이다.

(이이화, 『한국사 이야기 14: 놀이와 풍속의 사회사』, 한길사, 2001)

제 11 강

1 기본학습 : ◎음 계열 한자어의 훈과 음 익히기

한자	훈음 / 획수·부수·급수	설명
躍	뛸 약 21획 | 足 | 3	뛰다의 의미를 지닌 한자어. 발 족(足)과 꿩 적(翟)의 결합. 꿩처럼 높이 뛰어오른다는 뜻을 지닌다. **용례** 약동(躍動), 약진(躍進), 도약(跳躍)
揚	드날릴 양 12획 | 扌(手) | 3Ⅱ	드날리다 · 올리다의 의미를 지닌 한자어. 손 수(扌)와 볕 양(昜)의 결합. 손으로 해를 위로 올리다의 뜻을 지닌다. **용례** 양명(揚名), 선양(宣揚), 억양(抑揚)
楊	버들 양 13획 | 木 | 3	버드나무의 의미를 지닌 한자어. 나무 목(木)과 볕 양(昜)의 결합. 가늘고 늘어진 버드나무의 뜻을 지닌다. **용례** 양류(楊柳), 수양(垂楊)
讓	사양할 양 24획 | 言 | 3Ⅱ	사양하다 · 넘겨주다의 의미를 지닌 한자어. 말씀 언(言)과 도울 양(襄)의 결합. 서로 사양한다는 뜻을 지닌다. **용례** 양도(讓渡), 양보(讓步), 사양(辭讓)
壤	흙 양 20획 | 土 | 3Ⅱ	흙 · 땅의 의미를 지닌 한자어. 흙 토(土)와 도울 양(襄)의 결합. 비옥한 땅, 식물이 자란다는 뜻을 지닌다. **용례** 토양(土壤), 평양(平壤), 천양지차(天壤之差)
御	거느릴 어 11획 | 彳 | 3Ⅱ	거느리다 · 모시다 · 임금의 의미를 지닌 한자어. 무릎꿇고 신을 맞는 모습을 형상화했다고 한다. **용례** 제어(制御), 어명(御命), 어사(御史)
於	탄식할 오/어조사 어 8획 | 方 | 3	어조사 · 탄식하다의 의미를 지닌 한자어. 까마귀 오(烏)의 옛 글자이다. **용례** 어언간(於焉間), 어중간(於中間), 어차피(於此彼)
抑	누를 억 7획 | 扌(手) | 3Ⅱ	누르다 · 막다의 의미를 지닌 한자어. 손 수(扌)와 도장 인(印)의 결합. 도장(印)을 찍을 때의 모습에서 파생된 글자라고 한다. **용례** 억류(抑留), 억압(抑壓), 억울(抑鬱)

憶	생각할 억 16획 | 忄(心) | 3Ⅱ	생각하다 · 기억하다의 의미를 지닌 한자어. 마음 심(忄)과 뜻 의(意)의 결합. 마음에 뜻을 새겨 잊지 않는다는 뜻을 지닌다. 용례 기억(記憶), 추억(追憶)
焉	어찌 언 11획 | 灬(火) | 3	어찌의 의미를 지닌 한자어. 새의 모습을 형상화한 것이다. 용례 언감생심(焉敢生心), 어언간(於焉間)
予	나 여 4획 | 亅 | 3	나 · 주다의 의미를 지닌 한자어. 베틀에서 북의 모습을 형상화한 것으로, 서로 주고 받는다는 뜻을 지닌다. 용례 여탈(予奪)
余	나 여 7획 | 人 | 3	나의 의미를 지닌 한자어. 끝이 날카로운 제초구의 모습을 형상화한 것이다. 나란 뜻을 지닌다. 용례 여등(余等), 여월(余月)
汝	너 여 6획 | 氵(水) | 3	너 · 강 이름의 의미를 지닌 한자어. 물 수(氵)와 계집 녀(女)의 결합. 강을 뜻하는 글자였으나 너를 뜻하는 말로 바뀌었다. 용례 여등(汝等), 여배(汝輩)
輿	수레 여 17획 | 車 | 3	수레 · 싣다의 의미를 지닌 한자어. 수레 거(車)와 올릴 여(舁)의 결합. 물건을 싣는 수레를 뜻한다. 용례 상여(喪輿), 여가(輿駕), 여론(輿論)
亦	또 역 6획 | 亠 | 3Ⅱ	또 · 또한의 의미를 지닌 한자어. 사람의 양쪽 겨드랑이에 점을 더한 글자로, 또한 · 모두의 뜻을 지닌다. 용례 역시(亦是), 역연(亦然)
譯	번역할 역 20획 | 言 | 3Ⅱ	번역하다 · 풀이하다의 의미를 지닌 한자어. 말씀 언(言)과 바꿀 역(睪)의 결합. 말로 무엇인가를 순서대로 옮겨 전한다는 뜻을 지닌다. 용례 역관(譯官), 통역(通譯), 번역(飜譯)
驛	역 역 23획 | 馬 | 3Ⅱ	역말 · 역참의 의미를 지닌 한자어. 말 마(馬)와 바꿀 역(睪)의 결합. 말을 갈아타는 곳을 뜻한다. 용례 역전(驛前), 종착역(終着驛), 역마살(驛馬煞)
役	부릴 역 7획 | 彳 | 3Ⅱ	부리다 · 부역 · 일의 의미를 지닌 한자어. 조금 걸을 척(彳)과 몽둥이 수(殳)의 결합. 변경을 지키러 나간다는 뜻에서, 부역 등의 의미가 파생되었다. 용례 역할(役割), 노역(勞役), 징역(懲役)
疫	전염병 역 9획 | 疒 | 3Ⅱ	전염병 · 역귀의 의미를 지닌 한자어. 병 역(疒)과 부릴 역(役)의 결합. 사람을 괴롭히는 유행병의 뜻을 지닌다. 용례 역병(疫病), 검역(檢疫), 역귀(疫鬼)

한자	훈음 · 정보	설명
沿	따를 연 8획 | 氵(水) | 3Ⅱ	따르다 · 물가의 의미를 지닌 한자어. 물 수(氵)와 늪 연(㕣)의 결합. 강을 따라 내려간다는 뜻을 지닌다. 용례 연변(沿邊), 연안(沿岸), 연해(沿海)
軟	연할 연 11획 | 車 | 3Ⅱ	연하다 · 부드럽다의 의미를 지닌 한자어. 수레 거(車)와 부드러울 연(耎)의 결합. 부드럽다, 약하다는 뜻을 지닌다. 용례 연골(軟骨), 연약(軟弱), 유연(柔軟)
宴	잔치 연 10획 | 宀 | 3Ⅱ	잔치 · 즐기다의 의미를 지닌 한자어. 집 면(宀)와 편안할 안(晏)의 결합. 집에서 편안하게 즐긴다는 뜻을 지닌다. 용례 연회(宴會), 축하연(祝賀宴), 송별연(送別宴)
燕	제비 연 16획 | 火 | 3Ⅱ	제비 · 편안하다 · 나라 이름의 의미를 지닌 한자어. 제비가 나는 모습을 형상화한 것이다. 용례 연작(燕雀), 연미복(燕尾服)
悅	기쁠 열 10획 | 忄(心) | 3Ⅱ	기쁘다 · 즐겁다의 의미를 지닌 한자어. 마음 심(忄)과 빛날 태(兌)의 결합. 마음이 즐겁다는 뜻을 지닌다. 용례 열락(悅樂), 희열(喜悅), 남녀상열지사(男女相悅之詞)
閱	살필 열 15획 | 門 | 3	살피다 · 검열하다의 의미를 지닌 한자어. 문 문(門)과 빛날 태(兌)의 결합. 하나하나 살피고 조사한다는 뜻을 지닌다. 용례 사열(査閱), 열람실(閱覽室), 검열(檢閱)
染	물들 염 9획 | 木 | 3Ⅱ	물들이다의 의미를 지닌 한자어. 나무 목(木)과 샘물 궤(氿)의 결합. 옷감을 물들인다는 뜻을 지닌다. 용례 염색(染色), 감염(感染), 오염(汚染)
炎	불꽃 염 8획 | 火 | 3Ⅱ	불꽃 · 덥다의 의미를 지닌 한자어. 타오르는 불꽃의 뜻을 나타낸다. 용례 염량(炎凉), 염증(炎症), 뇌염(腦炎)
鹽	소금 염 24획 | 鹵 | 3Ⅱ	소금 · 절이다의 의미를 지닌 한자어. 엄할 감(監)과 소금 로(鹵)의 결합. 소금을 뜻을 지닌다. 용례 염분(鹽分), 염전(鹽田), 식염수(食鹽水)
影	그림자 영 15획 | 彡 | 3Ⅱ	그림자 · 모양의 의미를 지닌 한자어. 볕 경(景)과 터럭 삼(彡)의 결합. 물체가 마주 보듯이 생기는 그림자의 뜻을 지닌다. 용례 환영(幻影), 영상(影像), 음영(陰影)
詠	읊을 영 12획 | 言 | 3	읊다 · 노래하다의 의미를 지닌 한자어. 말씀 언(言)과 길 영(永)의 결합. 목소리를 길게 뽑아 읊다는 뜻을 나타낸다. 용례 영가(詠歌), 음영(吟詠), 영탄(詠嘆)

泳	헤엄칠 영 8획 | 氵(水) | 3	헤엄치다의 의미를 지닌 한자어. 물 수(氵)와 길 영(永)의 결합. 물속에 깊이 잠겨있거나 헤엄친다는 뜻을 지닌다. 용례 수영(水泳), 접영(蝶泳), 배영(背泳)
譽	기릴 예 21획 | 言 | 3Ⅱ	기리다·명예의 의미를 지닌 한자어. 올릴 여(輿)와 말씀 언(言)의 결합. 말로써 사람을 칭찬하다는 뜻을 지닌다. 용례 명예(名譽), 영예(榮譽)
銳	날카로울 예 15획 | 金 | 3	날카롭다·뾰족하다의 의미를 지닌 한자어. 쇠 금(金)과 빛날 태(兌)의 결합. 무기 끝의 날카로운 부분을 의미한다. 용례 예리(銳利), 예민(銳敏), 첨예(尖銳)
傲	거만할 오 13획 | 亻(人) | 3	거만하다·업신여기다의 의미를 지닌 한자어. 사람 인(亻)과 거만할 오(敖)의 결합. 다른 사람에게 마음내키는 대로 한다는 뜻을 지닌다. 용례 오만(傲慢), 오기(傲氣), 교오(驕傲)
烏	까마귀 오 10획 | 灬(火) | 3Ⅱ	까마귀·어찌의 의미를 지닌 한자어. 까마귀의 모습을 형상화한 것이다. 의문사로도 쓰인다. 용례 오작교(烏鵲橋), 오비이락(烏飛梨落), 오합지졸(烏合之卒)
嗚	슬플 오 13획 | 口 | 3	탄식하다·울다의 의미를 지닌 한자어. 입 구(口)와 까마귀 오(烏)의 결합. 까마귀의 슬픈 소리처럼 슬프다, 탄식하다의 뜻을 지닌다. 용례 오열(嗚咽), 오호(嗚呼)
吾	나 오 7획 | 口 | 3	나·우리의 의미를 지닌 한자어. 다섯 오(五)와 입 구(口)의 결합. 원래 막다는 뜻을 지녔으나 나로 의미가 바뀌었다. 용례 오등(吾等), 오비삼척(吾鼻三尺)
悟	깨달을 오 10획 | 忄(心) | 3Ⅱ	깨닫다·깨우치다의 의미를 지닌 한자어. 마음 심(忄)과 나 오(吾)의 결합. 마음이 밝아지다, 깨우치다는 뜻을 지닌다. 용례 오열(悟悅), 각오(覺悟), 돈오점수(頓悟漸修)
汚	더러울 오 6획 | 氵(水) | 3	더럽다·웅덩이의 의미를 지닌 한자어. 물 수(氵)와 움푹팰 오(亏)의 결합. 더러운 엉덩이, 그곳에 괸 물의 뜻을 나타낸다. 용례 오물(汚物), 오염(汚染), 오욕(汚辱)
娛	즐길 오 10획 | 女 | 3	즐기다·즐겁다의 의미를 지닌 한자어. 계집 녀(女)와 즐길 오(吳)의 결합. 즐기다, 장난치다의 뜻을 지닌다. 용례 오락(娛樂), 환오(歡娛), 오락실(娛樂室)
獄	감옥 옥 14획 | 犭(犬) | 3Ⅱ	감옥·소송의 의미를 지닌 한자어. 망볼 은(㹜)과 말씀 언(言)의 결합. 감옥, 소송, 재판 등의 뜻을 나타낸다. 용례 감옥(監獄), 옥고(獄苦), 지옥(地獄)

擁	안을 옹 16획 | 扌(手) | 3	안다 · 품다 · 끼다의 의미를 지닌 한자어. 손 수(扌)와 화할 옹(雍)의 결합. 손으로 에워싸다, 안다의 뜻을 지닌다. **용례** 옹립(擁立), 옹호(擁護), 포옹(抱擁)
翁	늙은이 옹 10획 | 羽 | 3	늙은이(노인) · 아버지의 의미를 지닌 한자어. 목 공(公)과 깃 우(羽)의 결합. 새 목의 깃털에서, 노인의 존칭으로 의미가 변했다. **용례** 노옹(老翁), 새옹지마(塞翁之馬)
瓦	기와 와 5획 | 瓦 | 3 II	기와 · 질그릇의 의미를 지닌 한자어. 진흙으로 구운 질그릇을 형상화한 것이다. **용례** 와해(瓦解), 청와대(靑瓦臺)
臥	누울 와 8획 | 臣 | 3	눕다 · 자다의 의미를 지닌 한자어. 신하 신(臣)과 사람 인(人)의 결합. 사람이 눈을 아래쪽으로 돌리고는 감고 쉰다는 뜻을 지닌다. **용례** 와병(臥病), 와신상담(臥薪嘗膽)

2 심화학습 : 기본한자 다시 익히기

1) 다음 훈과 음을 지닌 한자를 쓰시오.

될	약		날릴	양		버들	양		사양할	양	
흙	양		거느릴	어		탄식할 오/어조사 어			누를	억	
생각할	억		어찌	언		나	여		나	여	
너	여		수레	여		또	역		번역할	역	
부릴	역		역	역		전염병	역		따를	연	

연할 연		잔치 연		제비 연		기쁠 열	
살필 열		물들 염		불꽃 염		소금 염	
그림자 영		읊을 영		헤엄칠 영		기릴 예	
날카로울 예		거만할 오		까마귀 오		깨달을 오	
나 오		더러울 오		슬플 오		즐길 오	
감옥 옥		안을 옹		늙은이 옹		기와 와	
누울 와							

2) 다음 한자의 훈과 음을 쓰시오.

❶ 汝(　　　　) ❷ 宴(　　　　) ❸ 躍(　　　　) ❹ 詠(　　　　)
❺ 悟(　　　　) ❻ 余(　　　　) ❼ 燕(　　　　) ❽ 影(　　　　)
❾ 憶(　　　　) ❿ 抑(　　　　) ⓫ 揚(　　　　) ⓬ 吾(　　　　)
⓭ 汚(　　　　) ⓮ 染(　　　　) ⓯ 軟(　　　　) ⓰ 烏(　　　　)
⓱ 娛(　　　　) ⓲ 予(　　　　) ⓳ 疫(　　　　) ⓴ 鹽(　　　　)
21 壤(　　　　) 22 楊(　　　　) 23 悅(　　　　) 24 於(　　　　)
25 獄(　　　　) 26 驛(　　　　) 27 炎(　　　　) 28 嗚(　　　　)
29 擁(　　　　) 30 亦(　　　　) 31 輿(　　　　) 32 泳(　　　　)
33 役(　　　　) 34 閱(　　　　) 35 譯(　　　　) 36 焉(　　　　)
37 翁(　　　　) 38 傲(　　　　) 39 御(　　　　) 40 譽(　　　　)
41 讓(　　　　) 42 沿(　　　　) 43 銳(　　　　) 44 瓦(　　　　)
45 臥(　　　　)

3) 다음 밑줄 친 한자의 독음을 쓰시오.

(1) 올해는 우리 부서가 躍進하는 해로 만들겠습니다.

(2) 우리가 止揚하는 바는 경쟁사 사이의 과장 광고이다.

(3) 강가에는 垂楊버드나무가 많다.

(4) 비보호구간에서 좌회전차량은 반드시 직진차량에게 진로를 讓步해야 한다.

(5) 농약에 의한 土壤오염은 오염물질이 土壤 속에 잔류하면서 오랜 기간 동안 영향을 끼친다.

(6) 대기권에 돌입하는 순간, 制御장치 이상으로 인하여 예상착륙지점에서 420Km 떨어진 지점에 착륙했다.

(7) 경기에 참가하는 선수들은 於此彼 모두 중압감을 느낀다.

(8) 황제가 시행한 민중에 대한 抑壓정책은 이후 민중봉기를 일으키는 도화선이 되었다.

(9) 수면이 부족하면 記憶력에 영향을 미친다.

(10) 증기기관의 발명은 산업혁명이라는 새로운 시대를 열었고, 기존 중세봉건사회와는 終焉을 고하는 계기가 되었다.

(11) 목축에서 농업으로 사회가 발전하면서 비를 내려주는 권한을 지닌 하늘의 신은 사람들에게는 생사與奪권을 쥔 존재가 되었다.

(12) 余는 천천히 몸을 일으켜 앞산을 바라보았다.

(13) 1968년 한강 종합 개발 공사의 하나로 汝矣島개발이 추진되어 서울대교(현 마포대교)가 건설되었고 현재의 시가지로 발전하였다.

(14) 영정을 든 상주를 따라 喪輿를 맨 사람들과 가족들이 천천히 산길을 따라 올라갔다.

(15) 8월 한가위 亦是 만월의 풍요로움을 상징한다.

(16) 흔히들 '飜譯은 제2의 창작이다'라고 한다. 그만큼 원서가 지닌 느낌을 그대로 옮긴다는 것이 어렵다는 것을 의미한다.

(17) 배우에게 요구되는 것은 단지 자신이 맡은 役割을 이해하고 있는 것에만 있지 않다.

(18) 이번에 내리실 停車驛은 이 열차의 終着驛인 신촌역입니다.

(19) 특별한 치료법이 없던 과거에는 疫病의 확산을 막기 위해, 마을을 통째로 불태우기도 했다.

(20) 울릉도 沿海에서 매년 10~11월 사이, 맨손으로 잡는다는 '손꽁치'가 유명하다.

(21) 빙판 위에서 柔軟한 몸으로 빠르고 크게 돌면서 동작 하나하나를 멋지게 선보였다.

(22) 100주년을 맞이하여 가족과 함께하는 宴會가 준비되었다.

(23) 마술사는 멋진 燕尾服을 차려입고 한 손엔 지팡이를 돌리며 무대 위로 올라왔다.

(24) 그가 다니던 직장을 그만두고 연극계에 들어온 것은 무대에서 느꼈던 喜悅을 잊지 못했기 때문이다.

(25) 우리 도서관은 1층에는 독서실, 2층부터 4층까지는 분야별 閱覽室로 되어있습니다.

(26) 하수구에 정화장치를 설치하지 않으면 汚染된 하수가 그대로 방류됩니다.

(27) 상처 부위에 난 炎症은 습한 곳에서 더욱 심해진다.

(28) 이 바닷물이 다 마르면 광활한 鹽田의 모습을 드러낼 것이다.

(29) 기술의 발전은 문자정보에서 影像정보를 기반으로 하는 새로운 정보저장방식을 만들어냈다.

(30) 산마루에서 보이는 산세의 아름다움에 詠嘆을 금치 못했다.

(31) 水泳은 자유형에서 시작하여 背泳, 平泳, 蝶泳을 차례로 배우게 된다.

(32) 그는 榮譽로운 금메달을 목에 걸었다.

(33) 양 팀의 주장이 尖銳하게 대립했다.

(34) 자신감을 갖는 것도 좋지만 傲慢해지지 않도록 조심해야 한다.

(35) 저 은하수에 烏鵲橋, 그리고 견우와 직녀가 보이는 듯하다.

(36) 그는 이번이 마지막이라는 覺悟로 시합에 임했다.

(37) 마침내 吾等 중의 한 의사가 이토 히로부미를 죽이는데 성공했다.

(38) 공원관리팀은 공원 화단이나 벤치 등에 汚物을 투기하는 행위를 적발하기 위해 순찰을 돌기로 결정하였다.

(39) 위령소에 놓인 수많은 위패 앞에서 유족들은 嗚咽을 금치 못했다.

(40) 선수단이 입장하자 관중들은 열렬한 歡娛를 보냈다.

(41) 이 세상에 地獄이 있다면 그곳은 바로 여기다.

(42) 지난 세월을 추억하며 두 사람은 뜨겁게 抱擁을 했다.

(43) 나이에 비해 하얗게 센 그의 머리털을 보면서, 그가 왜 老翁이라고 불리는지 그 이유를 알 수 있었다.

(44) 안전을 위해 통행이 금지되었던 靑瓦臺 앞길이 드디어 일반인에게 개방되었다

(45) 그는 臥病 중에도 일기를 모아서 수필집을 내었다.

3 배운 한자를 활용한 고사성어(故事成語)

1 입신양명(立身揚名)

✧ **字句 풀이** 立: 설 립, 身: 몸 신, 揚: 날릴 양, 名: 이름 명

✧ **해설** 몸을 세워 이름을 드날린다는 말로, 출세하여 이름을 세상에 알려서 부모를 영광되게 함을 뜻한다. 《효경(孝經)》에서 유래했다.

2 사양지심(辭讓之心)

✧ **字句 풀이** 辭: 말씀 사, 讓: 사양할 양, 之: 갈 지, 心: 마음 심

✧ **해설** 맹자(孟子)가 말한 사단(四端)의 하나로써 남에게 양보할 줄 아는 마음을 말한다. 《맹자(孟子》에서 유래했다.

3 천양지차(天壤之差)

✧ **字句 풀이** 天: 하늘 천, 壤: 흙덩이 양, 之: 갈 지, 差: 다를 차

✧ **해설** 하늘과 땅 차이란 말로, 큰 차이를 뜻한다.

4 청출어람(青出於藍)

✧ **字句 풀이** 青: 푸를 청, 出: 날 출, 於: 어조사 어, 藍: 쪽 람

✧ **해설** 푸른색은 쪽에서 나왔지만 쪽빛보다 더욱 푸르다라는 말로, 제자가 스승보다 더 나음을 뜻한다. 《순자(荀子)》에서 유래했다.

5 염량세태(炎凉世態)

✧ **字句 풀이** 炎: 더울 염, 凉: 서늘할 량, 世: 세상 세, 態: 모습 태

해설 더웠다가 서늘해지는 세상이란 말로, 권세가 있을 때는 아첨하고 권세가 없어지면 모른 척하는 세상의 야박한 모습을 뜻한다.

6 오비이락(烏飛梨落)

字句 풀이 烏: 까마귀 오, 飛: 날 비, 梨: 배나무 리, 落: 떨어질 락

해설 까마귀 날자 배 떨어진다는 말로, 자기 의사와는 상관없이 오해를 받음을 뜻한다. 《순오지(旬五志)》에서 유래했다.

7 오비삼척(吾鼻三尺)

字句 풀이 吾: 나 오, 鼻: 코 비, 三: 석 삼, 尺: 자 척

해설 내 코가 석 자라는 말로, 자신의 일이 급하여 남을 돌볼 겨를이 없음을 뜻한다. 《순오지(旬五志)》에서 유래했다.

4 한자의 활용

1) 한자상식: 상례와 관련된 한자어

設奠	설전	喪制	상제
護喪	호상	葬日	장일
葬地	장지	治棺	치관
靈座	영좌	喪服	상복
喪章	상장	弔問	조문
喪中	상중	謹弔	근조
忌中	기중	弔客	조객
賻儀	부의	發靷祭	발인제
永訣式	영결식	碑石	비석

脫喪文	탈상문	忌祭	기제
影幀	영정	祝文	축문

* 현대 상례의 절차

臨終(임종)	가족과 친족이 운명(殞命)할 때 곁에서 지켜보는 것을 말한다.
收屍(수시)	시신을 수습하고 정제(整齊)하는 것을 말한다.
發喪(발상)	초상을 알리고 상례를 시작한다. 이때부터 옷을 갈아입고 곡을 하며, 근조(謹弔) 등을 써서 붙인다.
訃告(부고)	죽음을 알리는 글이나 통지를 말한다.
殮襲(염습)	시신을 씻기고 수의(壽衣)를 입히며 염포로 묶는 일을 말한다.
入官(입관)	시신을 관에 안치하는 일을 말한다.
成服(성복)	정식으로 상복을 입고 문상을 받는 일을 말한다.
發靷(발인)	상여(喪輿)가 묘지를 향하여 떠나는 것을 말한다.
運柩(운구)	시신을 옮기는 일을 말한다.
下官(하관)	관을 광중(壙中)에 내리는 일을 말한다.
成墳(성분)	봉분(封墳)을 만드는 일을 말한다.
慰靈祭(위령제)	영혼(靈魂)을 위로하기 위해 행하는 제사를 말한다.
三虞(삼우)	장례 후 3일이 되는 날에 지내는 제사를 말한다.
脫喪(탈상)	장례가 끝나 복(服)을 벗는 절차를 말한다.

2) 한자로 읽어보기

죽어서라도 아버지를 곁에서 모시고 싶으니

葬地를 定할 때에는 風水地理를 첫째로 보는 집안도 있고, 先山에 모시는 집안도 있지만, 大槪는 故人의 遺言을 따랐다. 小大軒이 떠날 當時에도 風水地理에 따라 明堂을 찾는 風潮도 있었지만, 그는 明堂을 찾지 말고 父母 곁에 묻어달라고 했다. 어려서 아버지를 여의었으므로 죽어서라도 아버지를 곁에서 모시고 싶었던 것이다. 後孫들이 그 遺言을 지켜서 小大軒은 마지막 孝誠을 바칠 수 있었다.

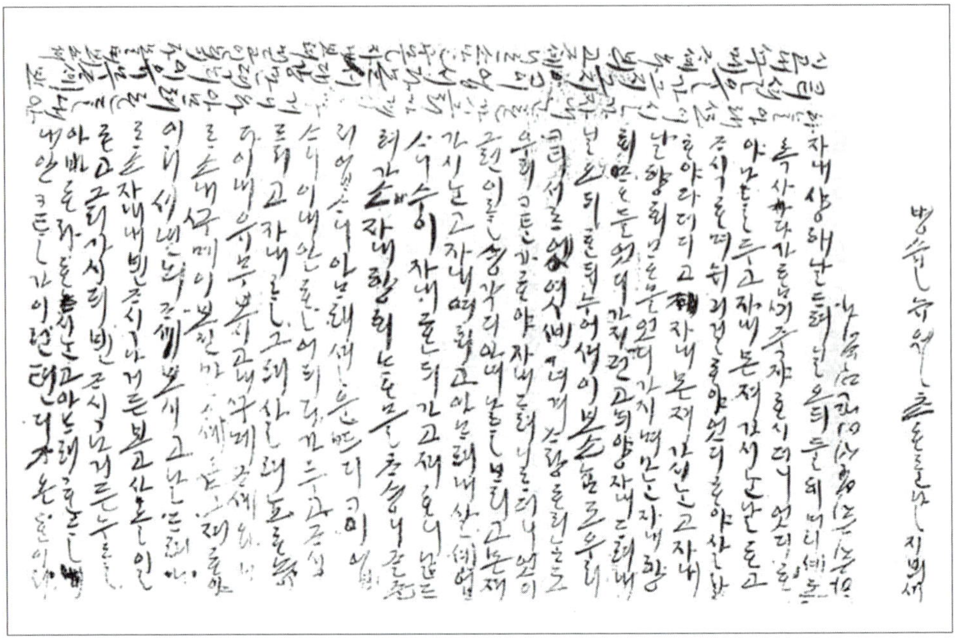

〈선조 19년(1586년), 이응태의 부인이 죽은 남편에게 보낸 한글 편지〉

무덤 옆에는 故人의 이름과 行蹟을 밝힌 碑石 外에도, 祭需를 차리는 床石과 故人의 魂이 무덤 앞에 앉아서 祭祀를 받는 魂遊石, 魂遊石의 左右에 벌려 세우는 한 雙의 8角 돌기둥인 望柱石 등 여러 가지 石物을 設置했다. 形便에 따라 무덤 뒤로 曲墻[1]을 두르거나 封墳에 護石[2]을 두르기도 했다.

小大軒 집안은 살림이 넉넉했지만, 무덤에 豪華스러운 裝飾은 하지 않았다. 1995년 송촌을 開發하면서 학당산에 있던 무덤을 只今의 자리로 옮겼는데, 棺에서 特別한 副葬品은 나오지 않았다. 다만 小大軒의 氣骨이 壯大한 것만 確認되었다.

죽은 이를 땅속에서도 哀悼하는 墓誌石

墓碑 가운데 땅속에 묻는 것을 墓誌石이라고 한다. 誌는 散文을 使用하여 죽은 이의 姓氏, 本貫, 一生 等을 記錄하고, 銘은 韻文을 써서 이 글 內容을 다시 要約하여 稱頌한다. 죽은 이를 讚揚하고 哀悼하며 慰安하는 글이 바로 墓誌銘이다.

땅속에 묻는 墓誌銘을 誌石이라고 하는데 네모난 돌 두 개로 이뤄진다. 하나는 바닥으로

1) 곡장(曲墻): 능이나 원의 무덤 뒤에 둘러쌓은 나지막한 담.

2) 호석(護石): 능묘의 봉토 주위를 둘러쌓은 돌.

하고, 하나는 덮개로 하여 흔히 바닥에 誌와 銘을 새기고, 덮개에 表題를 새겨 무덤에 함께 묻었다. 漢나라 때 벽돌을 使用하다가 後代에 돌을 새겼으며, 磁器가 流行하자 磁器로 만들어 묻기도 했다. 百濟의 武寧王陵이나 渤海의 貞孝公主陵은 誌石이 발견되어 그 主人을 찾은 무덤들이다. 땅 위에 세운 碑石은 없어져도 무덤 속의 誌石은 오래 保全되기 때문이다. 茶山 丁若鏞은 自身의 墓誌銘을 本人이 直接 지었는데, 둘을 지어 짧은 것은 무덤에 묻고, 긴 것은 文集에 실었다. 誌石은 두 張으로 이뤄지기 때문에 길게 지을 수가 없었던 것이다.

本來 分院[3]에 所屬된 沙器匠들은 나라에서 要求한 瓷器 외에는 만들지 못하도록 되어 있었는데, 士大夫들의 付託으로 종종 이 原則을 어겼다. 特히 18~19世紀에 門閥을 崇尙하는 傾向이 甚해지면서 誌石을 만들어, 匠人들이 生計를 爲해 商品 瓷器를 만들 수 있는 私燔이 公式的으로 許容되기도 했다.

(허경진, 『사대부 소대헌 호연재 부부의 한평생』, 푸른역사, 2003)

3) 분원(分院): 조선시대 사옹원(司饔院)의 관영 사기 제조장.

제 12 강

1 기본학습 : ⓞ음 계열 한자어의 훈과 음 익히기

한자	훈음 / 획수 / 부수 / 급수	설명
緩	느릴 완 15획 | 糸 | 3Ⅱ	느리다 · 느슨하다의 의미를 지닌 한자어. 실 사(糸)와 끌 원(爰)의 결합. 느리다, 느슨하다, 너그럽다의 뜻을 지닌다. **용례** 완급(緩急), 완만(緩慢), 완충지대(緩衝地帶)
曰	가로되 왈 4획 | 日 | 3	가로되 · 이르다의 의미를 지닌 한자어. 입을 열어 말하는 모습을 형상화한 것이다. **용례** 왈가왈부(曰可曰否)
畏	두려워할 외 9획 | 田 | 3	두려워하다 · 꺼리다의 의미를 지닌 한자어. 귀신 귀(鬼)와 점 복(卜)의 결합. 무섭고 두렵다는 뜻을 지닌다. **용례** 외구(畏懼), 경외(敬畏)
遙	멀 요 14획 | 辶 | 3	멀다 · 노닐다의 의미를 지닌 한자어. 쉬엄쉬엄 갈 착(辶)과 흔들 요(䍃)의 결합. 이리저리 걸어다닌다는 뜻을 지닌다. **용례** 요원(遙遠), 소요(逍遙)
腰	허리 요 13획 | 月(肉) | 3	허리의 의미를 지닌 한자어. 육달 월(月)과 허리 요(要)의 결합. 몸에서 가장 중요한 허리의 뜻을 지닌다. **용례** 요절(腰折), 요통(腰痛)
搖	흔들 요 13획 | 扌(手) | 3	흔들다 · 움직이다의 의미를 지닌 한자어. 손 수(扌)와 흔들 요(䍃)의 결합. 손을 상하 좌우로 움직이다, 흔들다의 뜻을 지닌다. **용례** 요동(搖動), 요란(搖亂), 요람(搖籃)
辱	욕될 욕 10획 | 辰 | 3Ⅱ	욕 · 욕되다 · 더럽히다의 의미를 지닌 한자어. 별 진(辰)과 마디 촌(寸)의 결합. 싹을 따다, 욕의 뜻을 지닌다. **용례** 욕설(辱說), 굴욕(屈辱), 치욕(恥辱)
欲	하고자할 욕 11획 | 欠 | 3Ⅱ	하고자하다 · 바라다 · 욕심내다의 의미를 지닌 한자어. 넣을 곡(谷)과 하품 흠(欠)의 결합. 하고자하다, 원하다의 뜻을 지닌다. **용례** 욕구(欲求), 욕망(欲望), 욕심(欲心)

慾	욕심 욕 15획 | 心 | 3Ⅱ	욕심·욕심내다의 의미를 지닌 한자어. 하고자할 욕(欲)과 마음 심(心)의 결합. 하고자할 욕(欲)과 통용되는 글자로, 욕심의 뜻을 지닌다. **용례** 식욕(食慾), 과욕(過慾), 탐욕(貪慾)
庸	떳떳할 용 11획 | 广 | 3	떳떳하다·어리석다의 의미를 지닌 한자어. 일곱째 천간 경(庚)과 쓸 용(用)의 결합. 절굿공이와 같이 무거운 물건을 들어올린다는 뜻이었으나 떳떳하다 등의 의미로 변하게 되었다. **용례** 용렬(庸劣), 용인(庸人), 중용(中庸)
羽	깃 우 6획 | 羽 | 3Ⅱ	깃·날개의 의미를 지닌 한자어. 새의 날개 모양을 형상화한 것이다. **용례** 우선(羽扇)
憂	근심 우 15획 | 心 | 3Ⅱ	근심·걱정의 의미를 지닌 한자어. 걱정 우(㥑)와 붙일 쇠(夊)의 결합. 근심하다, 걱정하다의 뜻을 지닌다. **용례** 우수(憂愁), 우울(憂鬱), 우환(憂患)
尤	더욱 우 4획 | 尢 | 3	더욱·특히·허물의 의미를 지닌 한자어. 손끝에 가로획을 그어, 나무라다·꾸짖다의 뜻을 나타낸다. **용례** 우묘(尤妙), 우회(尤悔)
又	또 우 2획 | 又 | 3	또·다시의 의미를 지닌 한자어. 오른손을 형상화한 것이다. **용례** 일신우일신(日新又日新)
于	어조사 우 3획 | 二 | 3	어조사·탄식하다의 의미를 지닌 한자어. 숨이 막혀 소리내는 모습을 형상화한 것이다. **용례** 우금(于今), 우선(于先)
宇	집 우 6획 | 宀 | 3Ⅱ	집·하늘의 의미를 지닌 한자어. 갓머리(宀)와 걸 칠 우(于)의 결합. 집의 지붕, 처마의 뜻을 지닌다. **용례** 우하(宇下), 우주(宇宙), 우주선(宇宙船)
愚	어리석을 우 13획 | 心 | 3Ⅱ	어리석다·고지식하다의 의미를 지닌 한자어. 원숭이 우(禺)과 마음 심(心)의 결합. 활발하지 못하고 둔하다는 뜻을 지닌다. **용례** 우둔(愚鈍), 우롱(愚弄), 우매(愚昧)
偶	짝 우 11획 | 亻(人) | 3Ⅱ	짝·배필의 의미를 지닌 한자어. 사람 인(亻)과 원숭이 우(禺)의 결합. 짝, 만나다의 뜻을 지닌다. **용례** 배우자(配偶者), 대우법(對偶法)
云	이를 운 4획 | 二 | 3	이르다·말하다의 의미를 지닌 한자어. 구름이 뭉게뭉게 피어 오르는 모습을 형상화한 것이다. **용례** 운운(云云), 운위(云謂)

한자	훈음	획수 / 부수 / 급수	설명	용례
韻	음운 운	19획 | 音 | 3Ⅱ	운·음운의 의미를 지닌 한자어. 소리 음(音)과 둥글 원(員)의 결합. 운·울림, 울림소리의 뜻을 지닌다.	운율(韻律), 음운(音韻), 여운(餘韻)
越	넘을 월	12획 | 走 | 3Ⅱ	넘다·앞지르다의 의미를 지닌 한자어. 달아날 주(走)와 도끼 월(戉)의 결합. 먼 곳으로 넘어가다의 뜻을 지닌다.	월등(越等), 초월(超越), 탁월(卓越)
僞	거짓 위	14획 | 亻(人) | 3Ⅱ	거짓·속이다의 의미를 지닌 한자어. 사람 인(亻)과 자연스러울·할 위(爲)의 결합. 사람이 인위적으로 만들다의 뜻을 지닌다.	위조(僞造), 위선(僞善), 위장(僞裝).
胃	밥통 위	9획 | 月(肉) | 3Ⅱ	밥통·위의 의미를 지닌 한자어. 음식물이 들어있는 위의 모습을 형상화했다고 한다.	위장(胃腸), 위염(胃炎), 위산(胃酸)
謂	이를 위	16획 | 言 | 3Ⅱ	이르다·고하다의 의미를 지닌 한자어. 말씀 언(言)과 밥통 위(胃)의 결합. 확실하게 말하다, 의견따위를 개진하다의 뜻을 지닌다.	가위(可謂), 소위(所謂), 운위(云謂)
緯	씨 위	15획 | 糸 | 3	씨줄·가로의 의미를 지닌 한자어. 실 사(糸)와 두를 위(韋)의 결합. 베짜기에서 날실의 주위를 둘러싼 시실의 뜻을 나타낸다.	위도(緯度), 경위(經緯), 북위(北緯)
違	어길 위	13획 | 辶 | 3	어기다·잘못의 의미를 지닌 한자어. 쉬엄쉬엄 갈 착(辶)과 어그러질 위(韋)의 결합. 어긋나다, 허물의 뜻을 지닌다.	위반(違反), 위법(違法), 위약금(違約金)
幽	그윽할 유	9획 | 幺 | 3Ⅱ	그윽하다·깊다의 의미를 지닌 한자어. 작을 유(幺)와 메 산(山)의 결합. 산이 그늘을 만들어 그윽하다는 뜻을 나타낸다.	유령(幽靈), 심산유곡(深山幽谷)
誘	꾈 유	14획 | 言 | 3Ⅱ	꾀이다·유인하다의 의미를 지닌 한자어. 말씀 언(言)과 빼어날 수(秀)의 결합. 말로 사람을 꾄다는 뜻을 나타낸다.	유혹(誘惑), 유인(誘引), 유괴범(誘拐犯)
裕	넉넉할 유	12획 | 衤(衣) | 3Ⅱ	넉넉하다·너그럽다의 의미를 지닌 한자어. 옷 의(衤)와 넉넉할 곡(谷)의 결합. 옷이 많다, 넉넉하다의 뜻을 나타낸다.	여유(餘裕), 부유(富裕), 풍유(豊裕)
愈	나을 유	13획 | 心 | 3	낫다·더욱의 의미를 지닌 한자어. 빠질 유(兪)와 마음 심(心)의 결합. 쾌차하다, 즐기다의 뜻을 나타낸다.	쾌유(快愈), 유심(愈甚)

한자	훈음 / 획수 / 부수 / 급수	풀이
酉	닭 유 7획 | 酉 | 3	닭 · 열째 지지의 의미를 지닌 한자어. 술을 담그는 단지의 모양을 형상화한 것이다. 용례 을유년(乙酉年), 유시(酉時), 정유재란(丁酉再亂)
悠	멀 유 11획 | 心 | 3Ⅱ	멀다 · 아득하다의 의미를 지닌 한자어. 바 유(攸)와 마음 심(心)의 결합. 마음에서 멀어지다, 한가롭다의 뜻을 나타낸다. 용례 유구(悠久), 유원(悠遠), 유유자적(悠悠自適)
柔	부드러울 유 9획 | 木 | 3Ⅱ	부드럽다 · 순하다의 의미를 지닌 한자어. 창 모(矛)와 나무 목(木)의 결합. 유연한 나무, 부드럽다의 뜻을 나타낸다. 용례 유순(柔順), 유약(柔弱), 유연(柔軟)
維	맬 유 14획 | 사 | 3Ⅱ	매다 · 밧줄 · 유지하다의 의미를 지닌 한자어. 실 사(糸)와 새 추(隹)의 결합. 잡아매다, 묶어두다의 뜻을 나타낸다. 용례 유신(維新), 유지(維持)
惟	오직 유 11획 | 忄(心) | 3	오직 · 생각하다의 의미를 지닌 한자어. 마음 심(忄)과 맬 추(隹)의 결합. 한 가지 일에 몰두하다는 뜻을 지닌다. 용례 유독(惟獨), 유일(惟一), 사유(思惟)
唯	오직 유 11획 | 口 | 3	오직 · 대답하다의 의미를 지닌 한자어. 입 구(口)와 즉답할 추(隹)의 결합. 예, 오직의 뜻을 나타낸다. 용례 유물론(唯物論), 유아독존(唯我獨尊), 유일무이(唯一無二)
幼	어릴 유 5획 | 幺 | 3Ⅱ	어리다 · 어린아이의 의미를 지닌 한자어. 작을 요(幺)와 힘 력(力)의 결합. 힘이 적다, 어리석다의 뜻을 지닌다. 용례 유아(幼兒), 유년기(幼年期), 유치원(幼稚園)
猶	오히려 유 12획 | 犭(犬) | 3Ⅱ	오히려 · 망설이다의 의미를 지닌 한자어. 개 견(犭)과 묵은 술 유(酋)의 결합. 신전에서 음식을 차리는 모습을 형상화했으나 어긋나다, 오히려 등의 의미로 바뀌었다. 용례 유예미결(猶豫未決), 집행유예(執行猶豫)
閏	윤달 윤 12획 | 門 | 3	윤달 · 보충하다의 의미를 지닌 한자어. 문 문(門)과 옥 옥(玉)의 결합. 문 안에 재화가 넘쳐 윤택하다는 뜻을 지닌다. 용례 윤일(閏日), 윤월(閏月), 윤년(閏年)
潤	윤택할 윤 15획 | 氵(水) | 3Ⅱ	윤택하다 · 더하다의 의미를 지닌 한자어. 물 수(氵)와 윤달 윤(閏)의 결합. 물기를 머금어 적시다는 뜻을 지닌다. 용례 윤택(潤澤), 이윤(利潤), 윤활유(潤滑油)
乙	새 을 1획 | 乙 | 3Ⅱ	새 · 둘째 · 둘째 천간의 의미를 지닌 한자어. 새의 모습을 형상화한 것이다. 용례 을과(乙科), 을사조약(乙巳條約), 갑론을박(甲論乙駁)

吟	읊을 음 7획 | 口 | 3	읊다 · 노래하다의 의미를 지닌 한자어. 입 구(口)와 머금을 함[今]의 결합. 입 속에서 중얼거리다, 소리내다의 뜻을 나타낸다. **용례** 음미(吟味), 음유(吟遊), 음영(吟詠)
淫	음란할 음 11획 | 氵(水) | 3Ⅱ	음란하다 · 방탕하다의 의미를 지닌 한자어. 물 수(氵)와 가까이할 음(㸒)의 결합. 지나치게 많이 내리는 비의 뜻에서, 빠지다, 음란 등의 의미가 만들어졌다. **용례** 음란(淫亂), 음욕(淫慾), 음담패설(淫談悖說)

2 심화학습 : 기본한자 다시 익히기

1) 다음 훈과 음을 지닌 한자를 쓰시오.

느릴 완 [ ]	가로 왈 [ ]	두려워할 외 [ ]	멀 요 [ ]
허리 요 [ ]	흔들 요 [ ]	욕될 욕 [ ]	하고자할 욕 [ ]
욕심 욕 [ ]	떳떳할 용 [ ]	깃 우 [ ]	근심 우 [ ]
더욱 우 [ ]	또 우 [ ]	어조사 우 [ ]	어리석을 우 [ ]
집 우 [ ]	짝 우 [ ]	이를 운 [ ]	음운 운 [ ]
넘을 월 [ ]	거짓 위 [ ]	밥통 위 [ ]	씨 위 [ ]
어길 위 [ ]	이를 위 [ ]	그윽할 유 [ ]	꾈 유 [ ]

넉넉할 유		나을 유		닭 유		멀 유	
맬 유		부드러울 유		오직 유		어릴 유	
오직 유		오히려 유		윤달 윤		윤택할 윤	
새 을		읊을 음		음란할 음			

2) 다음 한자의 훈과 음을 쓰시오.

❶ 僞( ) ❷ 憂( ) ❸ 緩( ) ❹ 云( )
❺ 韻( ) ❻ 欲( ) ❼ 搖( ) ❽ 維( )
❾ 柔( ) ❿ 緯( ) ⓫ 于( ) ⓬ 淫( )
⓭ 唯( ) ⓮ 悠( ) ⓯ 又( ) ⓰ 庸( )
⓱ 潤( ) ⓲ 羽( ) ⓳ 誘( ) ⓴ 閏( )
㉑ 愚( ) ㉒ 腰( ) ㉓ 尤( ) ㉔ 吟( )
㉕ 遙( ) ㉖ 幽( ) ㉗ 酉( ) ㉘ 幼( )
㉙ 乙( ) ㉚ 偶( ) ㉛ 宇( ) ㉜ 猶( )
㉝ 慾( ) ㉞ 畏( ) ㉟ 惟( ) ㊱ 愈( )
㊲ 違( ) ㊳ 辱( ) ㊴ 胃( ) ㊵ 謂( )
㊶ 裕( ) ㊷ 越( ) ㊸ 曰( )

3) 다음 밑줄 친 한자의 독음을 쓰시오.

(1) 緩慢한 경사가 이어지는 산길을 따라 30분을 걷고 나서야 마을이 보이기 시작했다.

(2) 이번 위원회의 결정에 曰可曰否하는 사람들이 많다.

(3) 조국광복을 위한 열사의 삶은 敬畏마저 들게 한다.

(4) 나에게 결혼은 아직 遙遠하게 느껴진다.

(5) TV 속 연예인의 입담에 腰折 복통하며 넘어졌다.

(6) 이 학교는 걸출한 인물들을 배출하는 搖籃으로 알려져 있다.

(7) 적장의 칼 앞에서 군왕이 무릎을 꿇는 屈辱을 모든 신하가 지켜보았다.

(8) 그는 재산에 대한 欲心으로 가득 차 있다.

(9) 사람이 過慾하면 자신도 망치고 사회도 망친다.

(10) 그는 매사에 하는 행동이 庸劣하기 짝이 없다.

(11) 제갈량은 그의 羽扇을 들어서 전군에 명령하였다.

(12) 지독한 憂鬱에서 벗어나는 길은 운동을 시작하는 것이다.

(13) 가뭄 끝에 찾아온 한파 때문에 주민들의 생활고는 尤甚하였다.

(14) 항상 자신을 돌아보고 日新又日新 하는 습관을 가져야 한다.

(15) 가방이 크진 않지만 于先 떠날 준비를 마쳤다.

(16) 그는 머리가 愚鈍하다.

(17) 굉음을 내면서 宇宙船이 하늘로 날아갔다.

(18) 이모의 소개로 좋은 配偶者를 만났다.

(19) 회사의 위기설을 공공연히 云謂하고 있다.

(20) 그녀는 청량한 목소리로 韻律에 맞추어 시를 낭송했다.

(21) 그림을 보는 그의 안목은 듣던 바대로 卓越했다.

(22) 상품권이 불법으로 僞造되어 시중에 유통되고 있다.

(23) 그는 所謂 신으로 추앙받고 있다.

(24) 등온선은 북서에서 남동 방향으로 기울어져 있기 때문에 緯度의 분포와는 차이가 있다.

(25) 선관위는 선거법 違反 행위를 철저히 단속하기로 하였다

(26) 학생일 때 영어단어를 외우기 위하여 所謂 단어장이라는 것을 만들어 매일 들고 다녔다.

(27) 이 계곡에서는 幽靈이 나온다고 한다.

(28) 적군은 아무 것도 모르는 채 아군이 매복해 있는 곳으로 誘引되었다.

(29) 결정을 서두르지 말고 마음에 餘裕를 두면서 잘 생각해 보아라.

(30) 어서 병이 快愈되어 함께 일했으면 좋겠습니다.

(31) 丁酉再亂은 임진왜란 이후 왜군이 재차 조선을 침범한 전쟁이다.

(32) 한강은 예나 지금이나 悠久히 흐르고 있다.

(33) 아름다운 몸매를 維持하기 위하여 규칙적인 운동을 해야 한다.

(34) 그는 정직한 사람이었고 성품 또한 柔弱했다.

(35) 오늘따라 바람이 惟獨 심하게 분다.

(36) 幼稚園에서는 아이들이 선생님과 함께 종이 인형을 만들고 있었다.

(37) 그는 사건을 목격한 唯一한 인물이다.

(38) 판사는 피고에게 징역 3년에 執行猶豫 4년을 선고했다.

(39) 2월이 29일까지 있는 것을 閏年이라고 한다.

(40) 기업은 利潤추구를 목적으로 하는 집단이다.

(41) 버스는 종로를 지나 乙支路로 향했다.

(42) 포도주의 향기와 맛을 吟味하는 사람들이 늘어나고 있다.

(43) 그는 淫亂을 조장하였다는 이유로 입건되었다.

3 배운 한자를 활용한 고사성어(故事成語)

1 우화등선(羽化登仙)

✤ **字句 풀이** 羽: 깃 우, 化: 될 화, 登: 오를 등, 仙: 신선 선

✤ **해설** 날개가 돋아 신선이 되어 하늘에 오른다는 말로, 속세를 벗어나 신선이 된 자아를 뜻한다. 소식(蘇軾)의 《적벽부(赤壁賦)》에서 유래했다.

2 식자우환(識字憂患)

✤ **字句 풀이** 識: 알 식, 字: 글자 자, 憂: 근심 우, 患: 근심 환

✤ **해설** 글을 아는 것이 오히려 근심이 된다는 말로, 너무 많은 사실을 알고 있기 때문에 그로 인하여 쓸데없는 걱정이 많음을 뜻한다. 《삼국지(三國志)》에서 유래했다.

3 일신우일신(日新又日新)

✤ **字句 풀이** 日: 날 일, 新: 새 신, 又: 또 우, 日: 날 일, 新: 새 신

❖ **해설** 날마다 새롭고 또 날마다 새로워진다는 말로, 끊임없이 노력함을 뜻한다. 《예기(禮記)》에서 유래했다.

6 우공이산(愚公移山)

❖ **字句 풀이** 愚: 어리석을 우, 公: 공 공, 移: 옮길 이, 山: 메 산

❖ **해설** 우공이 산을 옮긴다는 말로, 쉬지 않고 꾸준하게 한 가지 일만 하면 마침내 큰일을 이룸을 뜻한다. 《열자(列子)》에서 유래했다.

7 과유불급(過猶不及)

❖ **字句 풀이** 過: 지날 과, 猶: 오히려 유, 不: 아닐 불, 及: 미칠 급

❖ **해설** 지나친 것은 오히려 미치지 못한 것과 같다는 말로, 정도를 지나치면 도리어 안한 것만 못함을 뜻한다. 《논어(論語)》에서 유래했다.

4 한자의 활용

1) 한자상식: 옷과 관련된 한자어

校服	교복	軍服	군복
旣成服	기성복	內服	내복
內衣	내의	帽子	모자
素服	소복	上下衣	상하의
水泳服	수영복	淑女服	숙녀복
紳士服	신사복	兒童服	아동복
洋襪	양말	洋服	양복

洋裝	양장	燕尾服	연미복
禮服	예복	外套	외투
運動服	운동복	運動靴	운동화
作業服	작업복	裝身具	장신구
正裝	정장	制服	제복
韓服	한복	革帶	혁대

2) 한자로 읽어보기

上流階層의 女人들은 장옷으로 몸을 가리지 않고는 길거리에 나설 수 없다. 이 慣習은 地方에 따라 差異가 있는데, 서울에서는 지난 몇 달 前까지도 매우 嚴格하게 지켜져서, 上流階層의 어느 女人도 장옷을 걸쳐야만 길거리에 나올 수 있었다. 事實 이 女人들은 전혀 길거리를 걸을 일이 없으며 앞이 닫힌 가마를 타고 다닌다. 이 가마는 딱 한 사람이 앉기에 넉넉할 程度의 크기로, 治裝도 高級스럽다. 그 아래 긴 막대 두 개를 달아 두 사람이나 네 사람이 메고 다닌다. 돈과 地位로 가마꾼의 수가 決定되는 것이다. 서울에는 上流階層의 女人들이 어둠이 내린 뒤에야 길을 걷는 것이 容認되는 異常한 風習이 있다. 하지만 그때조차 그들은 綠色 장옷을 쓰고 있는데, 그 장옷은 一種의 긴 外套로서 色과 材料를 除外하고는 보

〈신윤복의 월하정인(月下情人)〉

통 雨備와 매우 비슷해 보인다. 草綠色 緋緞으로 만들어졌고, 한 번도 實際로 使用된 적이 없는 소매가 그 맨 윗부분에 매달려 있다. 이것을 머리 위로 둘러쓰고 양쪽 자락을 끌어당기면 얼굴의 일부분만 보이고, 흔히 한쪽 눈만 보이기도 한다. 서울에는 한낮의 都市 거리를 한 번도 본 적이 없는 女人들이 많다고 한다. 장옷은 서울의 지체 높은 婦人들은 勿論, 中流階層의 女人들도 걸친다.

綠色 장옷은 서울과 그 隣近 地域에만 使用된다. 다른 地方에서는 女人들이 公共場所로 나갈 때면 흔히 앞치마를 머리 위에 걸치기도 한다. 平壤같은 北쪽의 一部 地域에서는 무려 한 말 程度의 밀을 담을 만큼 커다란 짚 帽子를 쓴다. 달리 適當한 單語가 없어 帽子라고 했지만, 事實上 이것은 전혀 帽子로 쓰이지 않고 쓴 사람이 두 손으로 잡고 머리 위에 얹어 얼굴을 가리는 데 使用하는 것이다. 이것은 完璧하게 사람을 숨겨서 길거리에서 남편이 자기 아내를 만나더라도 몰라보게 한다. 이렇게 여러 種類의 精巧하게 考案된 가리개를 使用하도록 强要받는 對象은 特히 젊은 女人들이다. 그들의 아름다움을 가리기 爲한 것이다.

그녀들이 늙고 주름이 생긴 後에는, 얼굴을 가리지 않고 自由롭게 大衆 앞에 나타날 수 있다. 하지만 다른 곳에서와 마찬가지로 朝鮮에서도 女子가 늙는 데는 긴 時間이 걸린다.

일을 해야 하는 女人들은 恒常 帽子와 가리개로 가릴 수 없기 때문에 다른 나라의 女人들과 마찬가지로 얼굴이 露出된다. 그러나 그럴 때조차 그녀들은 앞만 똑바로 보고, 눈을 다른 方向으로 절대 돌리지 않는다. 男子 亦是 女子들이 그들 앞을 지나가면 다른 곳을 보아야 하는 것이 여기 慣習이다. 몇 年 前 이 나라에 겪었던 일이 記憶난다. 當時 나는 어느 마을 近處의 길가에서 누군가를 기다리며 서 있었는데, 여러 名의 女人들이 隣近 들판에서 野菜를 나르다가 내가 앉아있는 近方을 지나가야 했다. 그런데 나와 함께 旅行을 하던 男子들이 모두 길 밖으로 빠져나와 女子들이 지나갈 때 등을 보이고 서 있지 않던가!

(로버트 무스 지음, 문무홍 외 옮김, 『1900, 조선에 살다』, 푸른역사, 2008)

제 13 강

1 기본학습 : ⓞ ~ ⓩ음 계열 한자어의 훈과 음 익히기

한자	훈음 / 획수 / 부수 / 급수	설명
泣	울 읍 8획 | 氵(水) | 3	울다 · 눈물의 의미를 지닌 한자어. 물 수(氵)와 설 립(立)의 결합. 사람이 선 채로 소리 없이 우는 모습을 본 뜬 글자라고 한다. 용례 읍곡(泣哭), 읍소(泣訴), 읍참마속(泣斬馬謖)
凝	엉길 응 16획 | 冫 | 3	엉기다 · 모으다의 의미를 지닌 한자어. 이수변(冫)과 의심할 의(疑)의 결합. 물이 얼어서 움직이지 않는다는 뜻을 나타낸다. 용례 응결(凝結), 응고(凝固), 응집(凝集)
宜	마땅할 의 8획 | 宀 | 3	마땅하다 · 옳다의 의미를 지닌 한자어. 도마 위에 오른 고기 모습을 형상화한 것이었으나, 좋다, 마땅하다로 뜻이 변했다. 용례 의당(宜當), 시의적절(時宜適切)
矣	어조사 의 7획 | 矢 | 3	어조사 · 말을 끝맺다의 의미를 지닌 한자어. 사람이 입을 벌리고 있는 모습을 형상화한 것이다. 어조사로 쓰인다. 용례 의호(矣乎), 만사휴의(萬事休矣)
而	말이을 이 6획 | 而 | 3	말을 잇다의 의미를 지닌 한자어. 코 밑이나 턱 수염의 모습을 형상화한 것. 어조사로 쓰인다. 용례 사이비(似而非), 이립(而立)
已	이미 이 3획 | 已 | 3Ⅱ	이미 · 벌써 · 그치다의 의미를 지닌 한자어. 쟁기의 모양을 형상화한 것이었으나 벌써, 이미로 뜻이 변했다. 용례 이왕(已往), 부득이(不得已)
夷	오랑캐 이 6획 | 大 | 3	오랑캐의 의미를 지닌 한자어. 큰 대(大)와 활 궁(弓)의 결합. 사람이 큰 활을 들고 있는 모습을 형상화한 것이라고 한다. 용례 동이(東夷), 존왕양이(尊王攘夷)
翼	날개 익 17획 | 羽 | 3Ⅱ	날개 · 돕다의 의미를 지닌 한자어. 깃 우(羽)와 두 손 이(異)의 결합. 곁에서 두 손으로 돕다는 뜻을 나타낸다. 용례 좌익(左翼), 우익(右翼)

한자	훈음 / 획수 / 부수 / 급수	설명
寅	범 인 11획 | 宀 | 3	범·셋째 지지의 의미를 지닌 한자어. 화살을 두 손으로 당기는 모양을 형상화했다고 한다. 범, 공경하다의 뜻을 나타낸다. **용례** 인시(寅時), 병인양요(丙寅洋擾)
忍	참을 인 7획 | 心 | 3Ⅱ	참다·견디다의 의미를 지닌 한자어. 칼날 인(刃)과 마음 심(心)의 결합. 참고 견뎌내다의 뜻을 나타낸다. **용례** 인내(忍耐), 인고(忍苦), 인욕(忍辱)
姻	혼인할 인 9획 | 女 | 3	혼인·친척의 의미를 지닌 한자어. 계집 녀(女)와 인할 인(因)의 결합. 혼인, 시집가다의 뜻을 나타낸다. **용례** 혼인(婚姻), 인척(姻戚), 인형(姻兄)
逸	달아날 일 12획 | 辶 | 3Ⅱ	달아나다·놓다·편하다의 의미를 지닌 한자어. 쉬엄쉬엄 갈 착(辶)과 토끼 토(兎)의 결합. 토끼가 달아나다의 뜻을 나타낸다. **용례** 일탈(逸脫), 은일(隱逸), 안일(安逸)
壬	북방 임 4획 | 士 | 3Ⅱ	북쪽·아홉째 천간의 의미를 지닌 한자어. 베 짜는 실을 감는 막대기 모양을 형상화한 것이다. **용례** 임인년(壬寅年), 임오군란(壬午軍亂)
賃	품팔 임 13획 | 貝 | 3Ⅱ	품팔이하다·품삯의 의미를 지닌 한자어. 맡길 임(任)과 조개 패(貝)의 결합. 재물을 주고 일을 맡기다, 고용하다의 뜻을 나타낸다. **용례** 임금(賃金), 임대(賃貸), 노임(勞賃)
玆	이 자/검을 현 10획 | 玄 | 3	이·불어나다·검다의 의미를 지닌 한자어. 검을 현(玄) 둘을 합쳐서, 검다의 뜻을 나타낸다. **용례** 금자(今玆), 내자(來玆)
慈	사랑할 자 13획 | 心 | 3Ⅱ	사랑·어질다·어머니의 의미를 지닌 한자어. 불어날 자(玆)와 마음 심(心)의 결합. 사랑이나 자애로움을 뜻한다. **용례** 자비(慈悲), 자선(慈善), 자당(慈堂)
恣	방자할 자 10획 | 心 | 3	방자하다의 의미를 지닌 한자어. 이완할 차(次)와 마음 심(心)의 결합. 마음대로 하다, 방자하다의 뜻을 나타낸다. **용례** 방자(放恣), 자의(恣意), 자행(恣行)
紫	자주빛 자 11획 | 糸 | 3Ⅱ	자주색의 의미를 지닌 한자어. 이 차(此)와 실 사(糸)의 결합. 자주빛 의관의 뜻을 나타낸다. **용례** 자색(紫色), 자수정(紫水晶), 자외선(紫外線)
刺	찌를 자/찌를 척 8획 | 刂(刀) | 3Ⅱ	찌르다·가시의 의미를 지닌 한자어. 가시 자(朿)와 칼 도(刂)의 결합. 칼로 가시처럼 찌른다는 뜻을 나타낸다. **용례** 자객(刺客), 자극(刺戟), 척살(刺殺)

爵	벼슬 작 18획 | 爪 | 3	벼슬·작위의 의미를 지닌 한자어. 새 형상을 한 술잔을 형상화한 것이다. 용례 작위(爵位), 봉작(封爵), 백작(伯爵)
酌	술 부을 작 10획 | 酉 | 3	술을 따르다·술잔의 의미를 지닌 한자어. 술 유(酉)와 국자 작(勺)의 결합. 술을 따르다, 뜨다의 뜻을 나타낸다. 용례 대작(對酌), 수작(酬酌), 짐작(斟酌)
潛	잠길 잠 15획 | 氵(水) | 3Ⅱ	잠기다·숨기다의 의미를 지닌 한자어. 물 수(氵)와 숨을 잠(朁)의 결합. 물속에 잠기다, 숨다의 뜻을 나타낸다. 용례 잠수(潛水), 잠복(潛伏), 잠적(潛跡)
暫	잠시 잠 15획 | 日 | 3Ⅱ	잠깐·잠시의 의미를 지닌 한자어. 벨 참(斬)과 날 일(日)의 결합. 잠깐, 순식간의 뜻을 나타낸다. 용례 잠간(暫間), 잠시(暫時), 잠정(暫定)
藏	감출 장 18획 | ++(艸) | 3Ⅱ	감추다·간직하다·곳집(창고)의 의미를 지닌 한자어. 풀 초(++)와 감출 장(臧)의 결합. 감추거나 곳집(창고)의 뜻을 나타낸다. 용례 비장(秘藏), 소장품(所藏品), 저장고(貯藏庫)
臟	오장 장 22획 | 月(肉) | 3Ⅱ	오장(심장·신장·간장·폐장·비장)의 의미를 지닌 한자어. 육달 월(月)과 감출 장(藏)의 결합. 몸 안에 숨겨진 기관의 뜻을 나타낸다. 용례 장기(臟器), 내장(內臟), 심장(心臟)
粧	단장할 장 12획 | 米 | 3Ⅱ	단장하다·꾸미다의 의미를 지닌 한자어. 쌀 미(米)와 꾸밀 장(庄)의 결합. 고운 가루로 치장하다의 뜻을 나타낸다. 용례 단장(丹粧), 화장품(化粧品), 미장원(美粧院)
墻	담 장 16획 | 土 | 3	담장의 의미를 지닌 한자어. 흙 토(土)와 곳간 장(嗇)의 결합. 담장 장(牆)의 속자로, 간수하다, 토담의 뜻을 나타낸다. 용례 장원(墻垣), 월장(越墻)
掌	손바닥 장 12획 | 手 | 3Ⅱ	손바닥·맡다의 의미를 지닌 한자어. 손 수(手)와 당할 상(尙)의 결합. 손바닥, 주관하다의 뜻을 나타낸다. 용례 장악(掌握), 관장(管掌), 장갑(掌匣)
莊	장중할 장 11획 | ++(艸) | 3Ⅱ	장중하다·마을의 의미를 지닌 한자어. 풀 초(++)와 클 장(壯)의 결합. 풀이 무성하게 자란다는 뜻을 나타낸다. 용례 장엄(莊嚴), 장중(莊重), 별장(別莊)
丈	어른 장 3획 | 一 | 3Ⅱ	어른·장(길이의 단위)의 의미를 지닌 한자어. 지팡이를 든 노인의 모습을 형상화했다고 한다. 용례 대장부(大丈夫), 노인장(老人丈), 장척(丈尺)

한자	훈음 / 획수 / 부수 / 급수	설명
葬	장사지낼 장 13획 | 艹(艸) | 3Ⅱ	장사 지내다 · 묻다의 의미를 지닌 한자어. 풀 초(艹), 죽을 사(死), 받들 공(廾)의 결합. 덤불 속에서 시체를 장사지내는 모습을 형상화했다고 한다. **용례** 장례식(葬禮式), 화장장(火葬場), 매장(埋葬)
載	실을 재 13획 | 車 | 3Ⅱ	싣다 · 타다 · 잇다의 의미를 지닌 한자어. 수레 위에 물건을 싣는다는 뜻을 나타낸다. **용례** 적재(積載), 기재(記載), 연재(連載)
栽	심을 재 10획 | 木 | 3Ⅱ	심다 · 가꾸다의 의미를 지닌 한자어. 식물 등을 재배하다, 자라게 하다의 뜻을 나타낸다. **용례** 재배(栽培), 분재(盆栽)
裁	마를 재 12획 | 衣 | 3Ⅱ	마름질하다 · 자르다의 의미를 지닌 한자어. 옷감을 잘라 옷을 만든다는 뜻을 나타낸다. **용례** 재단(裁斷), 결재(決裁), 재판(裁判)
哉	어조사 재 9획 | 口 | 3	어조사. 반어나 감탄의 종결사로 쓰인다. 입 구(口)와 의문 자(𢦏)의 결합. 조사로 주로 쓰인다. **용례** 애재(哀哉), 쾌재(快哉)
宰	재상 재 10획 | 宀 | 3	재상 · 주관하다의 의미를 지닌 한자어. 집 면(宀)과 매울 신(辛)의 결합. 제사나 연회를 위해 조리하다의 뜻을 나타내는데, 다스림, 주관하다로 의미가 파생되었다. **용례** 재상(宰相), 주재(主宰)
著	나타날 저 13획 | 艹(艸) | 3Ⅱ	나타나다 · 드러나다 · 저술하다의 의미를 지닌 한자어. 풀 초(艹)와 모을 자(者)의 결합. 많은 것을 모으다, 적다의 뜻을 나타낸다. **용례** 현저(顯著), 저자(著者), 저술(著述)
抵	막을 저 8획 | 扌(手) | 3Ⅱ	막다 · 거스르다의 의미를 지닌 한자어. 손 수(扌)와 낮을 저(氐)의 결합. 날붙이를 숫돌에 대는 모양을 형상화했다고 한다. **용례** 저항(抵抗), 저촉(抵觸), 저당(抵當)
寂	고요할 적 11획 | 宀 | 3Ⅱ	고요하다 · 쓸쓸하다의 의미를 지닌 한자어. 갓머리(宀)와 슬플 숙(叔)의 결합. 집안에 적막함이나 쓸쓸함의 뜻을 나타낸다. **용례** 적막(寂寞), 적적(寂寂), 한적(閑寂)
摘	들추어낼 적 14획 | 扌(手) | 3Ⅱ	들추어내다의 의미를 지닌 한자어. 손 수(扌)와 모일 적(啇)의 결합. 손가락으로 열매 따위를 따다, 들추어내다의 뜻을 나타낸다. **용례** 적발(摘發), 적시(摘示), 적출(摘出)
滴	물방울 적 14획 | 氵(水) | 3	물방울 · 물방울이 떨어지다의 의미를 지닌 한자어. 물 수(氵)와 모일 적(啇)의 결합. 물방울이 동글게 맺힌다는 뜻을 나타낸다. **용례** 연적(硯滴), 적수(滴水), 여적(餘滴)

2 심화학습 : 기본한자 다시 익히기

1) 다음 훈과 음을 지닌 한자를 쓰시오.

울 읍	엉길 응	마땅할 의	어조사 의
말이을 이	이미 이	오랑캐 이	날개 익
범 인	참을 인	혼인할 인	달아날 일
북쪽 임	품팔 임	사랑할 자	방자할 자
이 자/검을 현	자주빛 자	찌를 자/찌를 척	벼슬 작
술부을 작	잠길 잠	잠시 잠	감출 장
단장할 장	담 장	손바닥 장	장중할 장
어른 장	오장 장	장사지낼 장	실을 재
심을 재	마를 재	재상 재	어조사 재
나타날 저	막을 저	고요할 적	들추어낼 적
물방울 적			

2) 다음 한자의 훈과 음을 쓰시오.

❶ 已( ) ❷ 慈( ) ❸ 寅( ) ❹ 寂( )
❺ 藏( ) ❻ 酌( ) ❼ 泣( ) ❽ 墻( )
❾ 莊( ) ❿ 凝( ) ⓫ 爵( ) ⓬ 紫( )
⓭ 翼( ) ⓮ 裁( ) ⓯ 臟( ) ⓰ 掌( )
⓱ 載( ) ⓲ 潛( ) ⓳ 忍( ) ⓴ 抵( )
㉑ 而( ) ㉒ 葬( ) ㉓ 玆( ) ㉔ 刺( )
㉕ 栽( ) ㉖ 矣( ) ㉗ 恣( ) ㉘ 摘( )
㉙ 粧( ) ㉚ 丈( ) ㉛ 宜( ) ㉜ 暫( )
㉝ 宰( ) ㉞ 壬( ) ㉟ 逸( ) ㊱ 滴( )
㊲ 著( ) ㊳ 姻( ) ㊴ 夷( ) ㊵ 哉( )
㊶ 賃( )

3) 다음 밑줄 친 한자의 독음을 쓰시오.

(1) 그는 자신의 죄를 선처해 줄 것을 泣訴하면서 요청했다.

(2) 촛농은 바닥에 떨어지자마자 하얗게 凝固되었다.

(3) 그는 사람들에게 최대한의 便宜를 제공했다.

(4) 그렇게 열심히 공부했지만, 이번 시험에서도 떨어져 萬事休矣로 끝났다.

(5) 존재의 근본 원리를 사유나 직관에 의하여 탐구하는 학문을 形而上學이라고 한다.

(6) 已往 이렇게 된 일, 후회해 보았자 아무 소용이 없다.

(7) 중화사상을 가진 중국인들은 한국, 일본, 만주를 일컬어 東夷라고 불렀다.

(8) 여객기의 左翼이 부러지는 사건이 일어났다.

(9) 늦은 밤, 寅時를 알리는 종소리가 멀리서 들려왔다.

(10) 각박한 현실을 이겨 낼만한 忍耐가 부족하다.

(11) 너도 어느덧 婚姻할 나이가 되었구나.

(12) 권위와 통제만으로는 개인의 逸脫을 막을 수가 없다.

(13) 일본을 통일한 도요토미 히데요시는 그 여세를 몰아 壬辰倭亂을 일으켰다.

(14) 물가는 오르고 賃金은 물가 인상률을 따르지 못하니, 참으로 생활이 어렵다.

(15) 독거노인들을 위하여 학생들은 慈善 공연을 준비하였다.

(16) 어른들 앞에서는 放恣하게 굴지 마라.

(17) 今玆에 우리 마을에서 이상한 일이 자주 일어났다.

(18) 여름철에는 紫外線이 강하기 때문에, 시력 보호에 신경을 써야 한다.

(19) 그는 친구에게 刺戟을 받아서 열심히 공부했다.

(20) 소설 〈몽테크리스토 伯爵〉은 언제 보아도 감동을 준다.

(21) 목소리만으로는 그가 스물 안팎의 젊은이로만 斟酌된다.

(22) 해녀가 물속으로 潛水하여 소라와 전복을 따 왔다.

(23) 아들은 어머니 곁을 暫時도 떠나지 않았다.

(24) 선생님은 지난 15년간 수집해 온 所藏品들을 모아서 전시회를 열었다.

(25) 오래된 마을회관이 이번에 새롭게 丹粧했다.

(26) 그는 밤에 越墻하다가 도둑이란 오해를 받았다.

(27) 날씨가 추워져서 掌匣을 찾았다.

(28) 산봉우리가 莊嚴히 서 있었다.

(29) 예부터 大丈夫는 체면을 무엇보다도 중요하게 여겼다.

(30) 술에 찌든 그의 臟器는 한 곳도 성한 데가 없다.

(31) 葬禮式이 끝나고 관은 많은 사람에 의하여 영구차로 옮겨졌다.

(32) 올해부터 소설을 신문에 連載하기로 결정했다.

(33) 이 마을은 토마토 栽培를 주업으로 하고 있다.

(34) 두 회사의 분쟁은 결국 裁判을 통해 해결하기로 했다.

(35) 국무총리의 主宰로 국무 회의가 열렸다.

(36) 생각한 대로, 일이 해결되자 그는 快哉를 불렀다.

(37) 이 책은 著者 자신의 체험이 그대로 녹아있다.

(38) 사춘기에는 부모에게 抵抗하는 아이들이 많다.

(39) 평일이라서 놀이동산은 閑寂하였다.

(40) 경찰은 유명 상표를 위조하여 시중에 팔아온 유통 조직을 摘發했다.

(41) 硯滴을 들어서 벼루에 조심스럽게 부었다.

3 배운 한자를 활용한 고사성어(故事成語)

1 읍참마속(泣斬馬謖)

字句 풀이 泣: 울 읍, 斬: 벨 참, 馬: 말 마, 謖: 일어날 속

해설 눈물을 머금고 마속의 목을 벤다는 말로, 공정한 법을 집행하기 위해 사사로운 감정을 버림을 뜻한다. 《삼국지(三國志)》에서 유래했다.

2 목불인견(目不忍見)

字句 풀이 目: 눈 목, 不: 아닐 불, 忍: 참을 인, 見: 볼 견

해설 눈으로 차마 볼 수 없다는 말로, 참혹한 상황을 뜻한다.

3 고장난명(孤掌難鳴)

字句 풀이 孤: 외로울 고, 掌: 손바닥 장, 難: 어려울 난, 鳴: 울 명

해설 외손뼉을 울릴 수 없다는 말로, 혼자서는 어떤 일도 이룰 수 없음을 뜻한다. 《수호지(水滸志)》에서 유래했다고 전한다.

4 천재일우(千載一遇)

字句 풀이 千: 일천 천, 載: 실을 재, 一: 한 일, 遇: 만날 우

해설 천 년에 한 번 만난다는 말로, 어렵게 얻은 좋은 기회를 뜻한다. 《문선(文選》에서 유래했다고 전한다.

4 한자의 활용

1) 한자상식: 음식과 관련 한자어

甘酒	감주	菓子	과자
生菓子	생과자	嗜好食品	기호식품
冷麵	냉면	東坡肉	동파육
饅頭	만두	晩餐	만찬
麥酒	맥주	飯饌	반찬
白飯	백반	散炙	산적
三鮮炸醬麵	삼선자장면	生水	생수
生食	생식	夕食	석식
燒酒	소주	素麵	소면
洋食	양식	洋酒	양주
肉食	육식	肉膾	육회
日食	일식	炸醬麵	자장면
製菓店	제과점	朝食	조식
中華料理	중화요리	菜食	채식
淸凉飮料	청량음료	濁酒	탁주
炭酸飮料	탄산음료	糖水肉	탕수육
葡萄酒	포도주	八寶彩	팔보채

2) 한자로 읽어보기

월드컵 期間 동안 韓國에서 개고기를 먹지 말아야 한다는 블라터 FIFA회장의 文化干涉을 두고 世界 著名 新聞들이 論評을 가하고 있다. 獨逸의 〈알게마이너지〉는 固有 飮食文化를 두고 日可日否하는 것은 文化帝國主義라고 攻駁했고, 英國의 〈파이낸셜 타임지〉는 韓國의 개고기 屠殺과 食肉 現場을 르포하고 非難을 퍼부었다.

視野暗点症이라는 文化病이 있는데 바로 개고기 文化를 둔 몇 西歐國家의 偏見이 그것이다. 두루마리를 통해 보듯 視野의 한 点만을 보고 넓게 보지 못하는 眼科의 病을 文化에 援

用한 것으로 自己나라 文化가 中心이요 價値이며, 餘他 文化는 未開로 보는 先進國의 傲慢이다.

우리 韓民族의 祖上이 곰이요, 로마民族의 祖上이 늑대이듯이, 民族에게는 守操가 있다. 한데 東北亞細亞 地域에 살아온 19개 種族의 守操가 개였다. 狩獵生活에서 사람 편에서 活躍하고 도움을 주었던 때문에 所重히 여기고 神聖시했음 직하다. 原始社會에서는 萬事를 神明이 左右하는 것으로 알았기에 가장 所重히 여기는 것을 神明에게 바쳤다. 遊牧民은 羊을, 農耕民은 소를, 그리고 東北亞細亞의 狩獵民은 개를 犧牲 祭壇에 바쳤다.

漢文의 '獻字'는 바로 개를 犧牲한다는 뜻 모둠 글씨며, 古代 周나라에 '犬人'이라 하여 개를 犧牲하는 官職이 있었고, 晉나라 때 福이 닥치면 城門에 개를 犧牲했다. 『論語』, 『小學』에도 개를 犧牲, 祭祀 지낸다는 말이 나온다. 祭祀 지내고 나면 祭祀飮食을 나누어 먹는 神人共食의 飮福 節次가 있다. 개를 犧牲했을 때의 神人共食이 이 東北亞細亞 文化圈에서 개고기 먹는 慣習의 뿌리인 것이다.

〈삽화 출처: 한겨레신문, 2005. 3. 21일자〉

北韓에서 개고기를 단고기라 한 것도 바로 犧牲飮食이라는 語源的 確證일 것이다. 산스크리트어에서 「다나」는 「犧牲된 짐승고기」를 뜻한다. 곧 다나가 줄어서 된 단고기는 犧牲飮食이라는 뜻이다. 西洋사람들 羊고기 먹는 것과 韓國人이 개고기 먹는 것은 犧牲飮食 次元에서 다를 것이 없다. 國際行事가 있을 때마다 들고 나오는 이 問題에 超然하고 啓蒙시켜야 할 理由가 이에 있는 것이다. 어떤 나라도 動物 잡아먹지 않는 곳은 없기에 動物虐待라는 非難은 獨善이요, 주지 않을수록 좋은 嫌惡感은 우리 스스로가 알아서 할 일이지 남이 이래라 저래라 할 일이 아니다. (이규태, 「개고기의 뿌리」, 조선일보, 2001년 11월 19일자)

제 14 강

1 기본학습 : ㉨음 계열 한자어의 훈과 음 익히기

한자	훈음 / 획수 / 부수 / 급수	설명
跡	발자취 적 13획 | 足 | 3Ⅱ	발자취·흔적의 의미를 지닌 한자어. 발 족(足)과 겹칠 역(亦)의 결합. 쌓여 포개진 발자국의 뜻을 지닌다. 용례 족적(足跡), 인적(人跡), 흔적(痕跡)
蹟	자취 적 18획 | 足 | 3Ⅱ	발자취·흔적의 의미를 지닌 한자어. 발 족(足)과 맡을 책(責)의 결합. 자취나 행적의 뜻을 지닌다. 용례 고적(古蹟), 사적(史蹟), 행적(行蹟)
笛	피리 적 11획 | 竹 | 3Ⅱ	피리의 의미를 지닌 한자어. 대나무 죽(竹)과 구멍 유(由)의 결합. 대나무로 만든 악기에서 나는 소리의 뜻을 나타낸다. 용례 경적(警笛), 고적(鼓笛), 기적(汽笛)
殿	전각 전 13획 | 殳 | 3Ⅱ	대궐·전각의 의미를 지닌 한자어. 펼칠 전(展)과 몽둥이 수(殳)의 결합. 안정감 있는 큰 집의 뜻을 나타낸다. 용례 전당(殿堂), 전각(殿閣), 신전(神殿)
竊	훔칠 절 22획 | 穴 | 3	훔치다·도둑·몰래의 의미를 지닌 한자어. 곡식을 훔치는 벌레를 형상화했다고 한다. 용례 절도(竊盜), 절취(竊取), 표절(剽竊)
漸	점점 점 14획 | 氵(水) | 3Ⅱ	점점·차츰·번지다의 의미를 지닌 한자어. 물 수(氵)와 벨 참(斬)의 결합. 물 흐름이 점차 번져나간다는 뜻을 나타낸다. 용례 점점(漸漸), 점차(漸次), 점입가경(漸入佳境)
蝶	나비 접 15획 | 虫 | 3	나비의 의미를 지닌 한자어. 벌레 충(虫)과 평평할 엽(枼)의 결합. 평평한 날개를 지닌 나비의 모습을 형상화했다고 한다. 용례 접영(蝶泳), 호접지몽(胡蝶之夢)
貞	곧을 정 9획 | 貝 | 3Ⅱ	곧다·바르다의 의미를 지닌 한자어. 점 복(卜)과 들을 청(聽)의 결합. 점을 쳐서 알아낸다는 뜻이었으나 바르다, 곧다의 뜻으로 변했다고 한다. 용례 정절(貞節), 정조(貞操), 정결(貞潔)

淨	깨끗할 정 11획 | 氵(水) | 3Ⅱ	깨끗하다·맑다의 의미를 지닌 한자어. 물 수(氵)와 다툴 쟁(爭)의 결합. 깨끗하다, 악역의 뜻을 지닌다. 용례 정화(淨化), 청정(淸淨), 정수기(淨水器)
訂	바로잡을 정 9획 | 言 | 3	바로잡다·고치다의 의미를 지닌 한자어. 말씀 언(言)과 고정시킬 정(丁)의 결합. 잘못을 바로잡는다는 뜻을 지닌다. 용례 정정(訂正), 교정(校訂), 개정(改訂)
井	우물 정 4획 | 二 | 3Ⅱ	우물의 의미를 지닌 한자어. 우물의 모습을 형상화한 것이다. 용례 정저지와(井底之蛙), 유정(油井)
頂	정수리 정 11획 | 頁 | 3Ⅱ	정수리·꼭대기의 의미를 지닌 한자어. 고정시킬 정(丁)과 머리 혈(頁)의 결합. 사람의 머리 꼭대기라는 뜻을 지닌다. 용례 정상(頂相), 정점(頂点), 정문일침(頂門一鍼)
亭	정자 정 9획 | 亠 | 3Ⅱ	정자·머무르다의 의미를 지닌 한자어. 높을 고(高)와 고정시킬 정(丁)의 결합. 사람들이 머물러 쉬는 정자를 나타낸다. 용례 정자(亭子), 팔각정(八角亭)
廷	조정 정 7획 | 廴 | 3Ⅱ	조정·법정의 의미를 지닌 한자어. 민책받침(廴)과 뛰어나올 정(壬)의 결합. 뜰을 형상화한 것으로, 조정, 마을 등의 의미로 변했다. 용례 조정(朝廷), 법정(法廷)
征	칠 정 8획 | 彳 | 3Ⅱ	치다·정벌하다·가다의 의미를 지닌 한자어. 조금걸을 척(彳)과 바를 정(正)의 결합. 똑바로 진격한다는 뜻을 지닌다. 용례 정벌(征伐), 정복(征服), 출정(出征)
齊	가지런할 제 14획 | 齊 | 3Ⅱ	가지런하다·바르다의 의미를 지닌 한자어. 곡물의 이삭이 패서 가지런한 모습을 형상화한 것이다. 용례 제가(齊家), 제창(齊唱), 일제(一齊)
堤	둑 제 12획 | 土 | 3	둑·막다의 의미를 지닌 한자어. 흙 토(土)와 숟가락 시(是)의 결합. 홍수를 막기 위해 길게 쌓은 둑의 뜻을 나타낸다. 용례 제천(提川), 제방(堤防), 방파제(防波堤)
諸	모두 제 16획 | 言 | 3Ⅱ	모두·여러의 의미를 지닌 한자어. 말씀 언(言)과 놈 자(者)의 결합. 여러 사람이 모였다는 뜻을 나타낸다. 용례 제군(諸君), 제위(諸位), 제반시설(諸般施設)
燥	마를 조 17획 | 火 | 3	마르다·말리다의 의미를 지닌 한자어. 불 화(火)와 시끄러울 소(喿)의 결합. 불로 물기를 없앤다는 뜻을 나타낸다. 용례 건조(乾燥), 초조(焦燥)

照	비칠 조 13획 | 灬(火) | 3Ⅱ	비치다·비교하다의 의미를 지닌 한자어. 밝을 소(昭)와 불 화(灬)의 결합. 불빛으로 밝게 비춘다는 뜻을 지닌다. **용례** 조명(照明), 대조(對照), 참조(參照)
兆	억조 조 6획 | 儿 | 3Ⅱ	조·조짐의 의미를 지닌 한자어. 거북의 등껍질을 형상화한 것이다. **용례** 일조원(一兆元), 조짐(兆朕), 징조(徵兆)
弔	조상할 조 4획 | 弓 | 3	조상하다·애도하다의 의미를 지닌 한자어. 활 궁(弓)과 사람 인(人)의 결합. 죽은 사람의 혼을 위로하기 위한 물건, 애도하다는 뜻을 나타낸다. **용례** 조문(弔文), 조의금(弔意金), 경조사(慶弔事)
租	구실 조 10획 | 禾 | 3Ⅱ	구실·세금의 의미를 지닌 한자어. 벼 화(禾)와 도마 조(且)의 결합. 제물로 바쳐지는 벼에서, 구실(조세) 등의 의미가 만들어졌다. **용례** 조세(租稅), 조차(租借), 면조(免租)
拙	졸렬할 졸 8획 | 扌(手) | 3	졸렬하다·못나다의 의미를 지닌 한자어. 손 수(扌)와 날 출(出)의 결합. 손재주가 서툴다는 뜻을 나타낸다. **용례** 졸렬(拙劣), 졸속(拙速), 졸필(拙筆)
縱	세로 종 17획 | 糸 | 3Ⅱ	세로·늘어지다·마음대로의 의미를 지닌 한자어. 실 사(糸)와 뒤따를 종(從)의 결합. 세로의 뜻을 나타내기도 하고, 마음대로, 멋대로의 뜻도 있다. **용례** 종횡(縱橫), 종대(縱隊), 방종(放縱)
佐	도울 좌 7획 | 亻(人) | 3	돕다·보필의 의미를 지닌 한자어. 사람 인(亻)과 도울 좌(左)의 결합. 돕다, 보좌하다는 뜻을 나타낸다. **용례** 보좌(補佐), 상좌(上佐)
坐	앉을 좌 7획 | 土 | 3Ⅱ	앉다·자리의 의미를 지닌 한자어. 좇을 종(从)과 흙 토(土)의 결합. 사람이 마주보고 나란히 앉아있는 모습을 형상화했다고 한다. **용례** 좌정(坐定), 좌선(坐禪), 좌불안석(坐不安席)
柱	기둥 주 9획 | 木 | 3Ⅱ	기둥·받치다의 의미를 지닌 한자어. 나무 목(木)과 중심 주(主)의 결합. 중심이 되어 떠받치는 나무의 뜻을 지닌다. **용례** 주간(柱幹), 주석(柱石), 전신주(電信柱)
奏	아뢸 주 9획 | 大 | 3Ⅱ	아뢰다·연주하다의 의미를 지닌 한자어. 물건을 양손으로 받쳐드는 모습을 형상화한 것인데 아뢰다, 연주하다라는 뜻이 생겼다. **용례** 주청(奏請), 연주회(演奏會), 독주회(獨奏會)
株	그루 주 10획 | 木 | 3Ⅱ	그루·뿌리의 의미를 지닌 한자어. 나무 목(木)과 붉을 주(朱)의 결합. 나무의 벤 자리가 붉은 것에서, 붉다, 그루터기의 뜻이 생겼다. **용례** 주가(株價), 주식(株式), 주주(株主)

한자	훈음 · 획수 · 부수 · 급수	설명
珠	구슬 주 10획 | 玉 | 3Ⅱ	구슬·진주의 의미를 지닌 한자어. 구슬 옥(玉)과 붉을 주(朱)의 결합. 고운 옥, 진주의 뜻을 나타낸다. **용례** 주렴(珠簾), 진주(眞珠), 명주(明珠)
舟	배 주 6획 | 舟 | 3	배의 의미를 지닌 한자어. 등나무 가운데를 파서 만든 배의 모습을 형상화한 것이다. **용례** 주유(舟遊), 일엽편주(一葉片舟), 오월동주(吳越同舟)
鑄	주조할 주 22획 | 金 | 3Ⅱ	주조하다·주물의 의미를 지닌 한자어. 쇠 금(金)과 주조할 수(壽)의 결합. 주물이나 거푸집의 뜻을 나타낸다. **용례** 주물(鑄物), 주형(鑄型), 주조(鑄造)
洲	물가 주 9획 | 氵(水) | 3Ⅱ	물가·섬·대륙의 의미를 지닌 한자어. 물 수(氵)와 고을 주(州)의 결합. 물 가운데의 모래톱을 형상화한 것이다. **용례** 삼각주(三角洲), 오대주(五大洲), 육대주(六大洲)
宙	집 주 8획 | 宀 | 3Ⅱ	집·하늘의 미를 지닌 한자어. 갓머리(宀)와 깊을 유(由)의 결합. 집, 하늘, 때, 시간의 뜻을 나타낸다. **용례** 우주(宇宙), 소우주(小宇宙)
遵	좇을 준 16획 | 辶 | 3	따르다·행하다의 의미를 지닌 한자어. 쉬엄쉬엄 갈 착(辶)과 좇을 존(尊)의 결합. 따르다, 따라가다, 좇다의 뜻을 나타낸다. **용례** 준법(遵法), 준수(遵守), 준거(遵據)
俊	준걸 준 9획 | 亻(人) | 3	준걸·뛰어나다·높다의 의미를 지닌 한자어. 사람 인(亻)과 태어날 준(夋)의 결합. 태어나다, 뛰어난 사람의 뜻을 나타낸다. **용례** 준걸(俊傑), 준수(俊秀), 준엄(俊嚴)
仲	버금 중 6획 | 亻(人) | 3Ⅱ	버금·둘째·가운데의 의미를 지닌 한자어. 사람 인(亻)과 가운데 중(中)의 결합. 맏아들과 막내와의 사이의 아들이라는 뜻을 나타낸다. **용례** 중재(仲裁), 중추(仲秋), 중개(仲介)
卽	곧 즉 9획 | 卩 | 3Ⅱ	곧·즉시의 의미를 지닌 한자어. 밥그릇을 놓고 입을 벌린 모습을 형상화했다고 한다. **용례** 즉각(卽刻), 즉시(卽時), 즉결(卽決)

2 심화학습 : 기본한자 다시 익히기

1) 다음 훈과 음을 지닌 한자를 쓰시오.

발자취 적	자취 적	피리 적	전각 전
훔칠 절	점점 점	나비 접	곧을 정
깨끗할 정	바로잡을 정	우물 정	정수리 정
정자 정	조정 정	칠 정	가지런할 제
둑 제	모두 제	마를 조	비칠 조
억조 조	조상할 조	구실 조	졸렬할 졸
세로 종	도울 좌	앉을 좌	기둥 주
아뢸 주	그루 주	구슬 주	배 주
주조할 주	물가 주	집 주	좇을 준
준걸 준	버금 중	곧 즉	

2) 다음 한자의 훈과 음을 쓰시오.

❶ 征( )	❷ 竊( )	❸ 跡( )	❹ 兆( )
❺ 奏( )	❻ 淨( )	❼ 蝶( )	❽ 遵( )
❾ 諸( )	❿ 殿( )	⓫ 亭( )	⓬ 宙( )
⓭ 訂( )	⓮ 拙( )	⓯ 井( )	⓰ 齊( )
⓱ 鑄( )	⓲ 佐( )	⓳ 堤( )	⓴ 株( )
㉑ 俊( )	㉒ 照( )	㉓ 笛( )	㉔ 弔( )
㉕ 頂( )	㉖ 珠( )	㉗ 租( )	㉘ 洲( )
㉙ 仲( )	㉚ 貞( )	㉛ 縱( )	㉜ 舟( )
㉝ 卽( )	㉞ 柱( )	㉟ 廷( )	㊱ 坐( )
㊲ 漸( )	㊳ 蹟( )	㊴ 燥( )	

3) 다음 밑줄 친 한자의 독음을 쓰시오.

(1) 산길에는 사람이 지나간 痕跡이 없었다.

(2) 그는 음악계에 커다란 行蹟을 남겼다.

(3) 자동차 한 대가 요란하게 警笛을 울리며 빠르게 지나갔다.

(4) 언덕 위에는 폐허가 되어버린 神殿의 기둥만이 서 있었다.

(5) 검찰은 그를 상습 竊盜 혐의로 구속했다.

(6) 우리는 漸漸 불안했다.

(7) 蝶泳은 수영 방법 중에서 가장 익히기 어려운 영법이다.

(8) 조선시대 여성들의 최고 덕목 중의 하나는 貞節을 지키는 것이었다.

(9) 폐수로 더러워진 강물을 淨化하기 위해서는 천문학적인 예산이 필요하다.

(10) 몇 가지 검토를 거치고, 서류를 다시 訂正했다.

(11) 시추 성공을 축하하듯 油井에 불이 붙었고, 불기둥이 하늘 높이 치솟았다.

(12) 6시간의 산행 끝에 드디어 頂上에 올랐다.

(13) 길가에 세워진 亭子에 오르자, 계곡 아래의 풍경이 모두 보였다.

(14) 검사는 그를 피고인으로 法廷에 세우고자 한다.

(15) 우리는 끝내 남극 征服에 실패하였다.

(16) 봉기군은 관군의 퇴로를 막고 一齊 기습을 단행했다.

(17) 간밤에 계속해서 비가 내리더니 결국 堤防이 무너졌다.

(18) 諸君, 나는 오늘 여러분이 기다리던 소식을 가지고 왔다.

(19) 목재를 말리는 방법에는 자연 乾燥와 인공 乾燥가 있다.

(20) 사실 여부를 확인하기 위하여 원문과의 對照가 필요하다

(21) 경기가 풀릴 兆朕을 보인다.

(22) 교수님의 장례식에서 그의 제자가 弔文을 낭독하였다.

(23) 그 개혁안은 농민의 租稅 부담을 덜어 주었다.

(24) 그는 중요한 사건을 拙速으로 처리했다.

(25) 군인들이 縱隊로 열을 맞추어 정렬했다.

(26) 그는 사장을 補佐하는 비서실로 인사발령이 났다.

(27) 불교에서 坐禪은 인도에서 석가모니 이전부터 행하던 수행법으로, 석가모니가 불교의 실천 수행법으로 발전시켰다.

(28) 신도시에서는 電信柱를 찾아보기 어렵다. 모두 지하로 매설되어 있기 때문이다.

(29) 이번 여름에도 어김없이 정기 演奏會 준비를 하고 있다.

(30) 그는 우리 회사의 株式을 반 이상이나 소유하였다.

(31) 그녀는 웨딩드레스를 眞珠로 장식했다.

(32) 노아는 신의 계시에 따라 거대한 方舟를 만들었다.

(33) 이번 올림픽 개최국도 올림픽 기념주화를 鑄造하였다.

(34) 낙동강 하부에는 三角洲가 발달해 있다.

(35) 하늘의 수많은 별들을 보다보면 宇宙에 압도되는 기분을 느낀다.

(36) 그는 遵法정신이 투철하다.

(37) 아이는 사람 낯을 심하게 가리지만, 인물이 俊秀하고 예의가 바르다.

(38) 그는 늘 논쟁을 仲裁하는 역할을 맡았다.

(39) 소문은 卽時 온 동네로 퍼졌다.

3 배운 한자를 활용한 고사성어(故事成語)

1 복마전(伏魔殿)

字句 풀이 伏: 엎드릴 복, 魔: 마귀 마, 殿: 전각 전

해설 마귀가 숨어 있는 집이란 말로, 악의 근거지를 뜻한다. 《수호지(水滸志)》에서 유래했다고 전한다.

2 점입가경(漸入佳境)

字句 풀이 漸: 점점 점, 入: 들 입, 佳: 아름다울 가, 境: 지경 경

해설 점점 들어갈수록 아름다운 경치란 말로, 어떤 일이나 상황이 재미있게 돌아가는 것을 뜻한다. 《사기(史記)》에서 유래했다.

3 호접지몽(胡蝶之夢)

字句 풀이 胡: 오랑캐 호, 蝶: 나비 접, 之: 갈 지, 夢: 꿈 몽

해설 호랑나비의 꿈이란 말로, 현실과 꿈의 구별이 안 되거나 인생의 덧없음을 뜻한다. 《장자(莊子)》에서 유래했다.

4 정저지와(井底之蛙)

字句 풀이 井: 우물 정, 底: 밑 저, 之: 갈 지, 蛙: 개구리 와

해설 우물 안의 개구리란 말로, 생각이나 견문이 좁은 사람을 뜻한다. 《장자(莊子)》에서 유래했다.

5 칠종칠금(七縱七擒)

字句 풀이 七: 일곱 칠, 縱: 세로 종, 七: 일곱 칠, 擒: 사로잡을 금

해설 맹획을 일곱 번 놓아주고 일곱 번 잡는데서 유래한 말로, 자신의 마음대로 일을 처리함을 뜻한다. 《삼국지(三國志)》에서 유래했다.

6 오월동주(吳越同舟)

字句 풀이 吳: 성씨 오, 越: 넘을 월, 同: 같을 동, 舟: 배 주

해설 오(吳)나라 사람과 월(越)나라 사람이 한 배에 타고 있다란 말로, 어려운 상황에 처해서 원수가 서로 협력한다는 뜻과 반대로 전혀 협력을 못하는 상황을 뜻하기도 한다. 《손자(孫子)》에서 유래했다.

7 각주구검(刻舟求劍)

字句 풀이 刻: 새길 각, 舟: 배 주, 求: 구할 구, 劍: 칼 검

해설 배에 새겨 칼을 구한다는 말로, 융통성이 없고 세상물정에 어두운 사람을 뜻한다. 일에 어둡고 어리석다는 말이다. 《여씨춘추(呂氏春秋)》에서 유래했다.

8 백중지세(伯仲之勢)

字句 풀이 伯: 맏 백, 仲: 버금 중, 之: 갈 지, 勢: 형세 세

해설 장남과 차남의 기세라는 말로, 형제간의 우열을 가리기가 어려움을 뜻한다. 《전론(典論)》에서 유래했다.

4 한자의 활용

1) 한자상식: 주거와 관련된 한자어

居室	거실	建坪數	건평수
警備室	경비실	階段	계단
共同住宅	공동주택	管理室	관리실
內室	내실	多世帶住宅	다세대주택
大門	대문	垈地	대지
聯立住宅	연립주택	賃貸借保護法	임대차보호법
複道	복도	洋屋	양옥
浴室	욕실	應接室	응접실
庭園	정원	住民	주민
廚房	주방	住宅	주택
住宅賦金	주택부금	倉庫	창고
窓門	창문	請約賦金	청약부금
請約預金	청약예금	草家	초가
寢臺	침대	寢室	침실
韓屋	한옥	玄關	현관
化粧室	화장실	換氣具	환기구

2) 한자로 읽어보기

네 칸의 空間으로 된 同春先生 古宅

大田廣域市 有形文化財 第三號로 指定되어 있는 同春先生의 古宅은 어떤 모양새인가? 于先 別堂인 同春堂이 古宅 前面에 자리잡고 있고, 同春堂 담과 사랑채 담 사이로 기다랗게 난 고샅[1]을 따라 들어가면 大門이 나오는 構造이다. 全體的으로 보아 모두 네 區域으로 나뉘어져 있는데, 別堂인 同春堂이 앞에 있고, 가운데에 사랑채가 있으며, 뒤에 안채가

1) 고샅 : 좁은 골목길 또는 골목사이.

〈동춘당의 중문(中門)〉

있고, 祠堂이 옆에 있다. 各 建物에 담이 둘러져 自然스럽게 空間 分割이 되었다. 空間 사이사이에는 中門이 나 있다.

自然과 하나 되는 構造의 別堂

寶物 第209號로 指定된 同春堂은 두줄배기 세 칸 建物로 正面 세 칸, 側面 두 칸으로 되어 있다. 西便 두 칸은 溫突房이고, 나머지 네 칸은 大廳이다.

마루 밑은 휑하니 열려 있는데, 더운 여름날 서늘하게 지내기 위해 바닥을 들어 올린 것이다. 추운 겨울에도 別堂에서 따뜻하게 지내기 위해 한쪽은 溫突로 꾸몄다. 大廳 南쪽과 東쪽 窓戶는 '들어열개'로 만들어, 壁을 들어올리며 바깥 自然과 하나가 되도록 했다.

예전에는 同春堂 앞에 行廊채와 大門이 있었는데, 80餘 年 前에 헐어내어 只今은 四柱門으로 드나든다.

不遷位 同春堂 神位 모신 祠堂

同春堂 뒤쪽 샛담의 四柱門을 열고 나서면 東北쪽으로 祠堂이 있다. 三門을 열고 들어서면 맞은 편에 別廟가 있는데, 不遷位인 同春堂의 神位를 모셨다. 東南쪽에는 세 칸의 家廟가 있고, 別廟 西쪽에 附屬建物인 翼廊이 있다. 同春堂이 文廟에 配享되면서, 다른 士大夫 門中과 달리 神位를 永遠히 옮기지 않는 別廟를 設置했다. 祠堂 뒤쪽으로는 대숲이 우거져 韻致를 더한다. (허경진, 『사대부 소대헌 호연재 부부의 한평생』, 푸른역사, 2003)

제 15 강

1 기본학습 : ㉮ ~ ㉰음 계열 한자어의 훈과 음 익히기

한자	훈·음 / 획수	설명
曾	일찍 증 12획 | 日 | 3Ⅱ	일찍·이전의 의미를 지닌 한자어. 시루, 찜통의 모습을 형상화했다고 하는데, 거듭, 더하다 등의 뜻으로도 파생되었다. 용례 미증유(未曾有), 증손(曾孫), 증조(曾祖)
憎	미울 증 15획 | 忄(心) | 3Ⅱ	미워하다·미움의 의미를 지닌 한자어. 마음 심(忄)과 거듭 증(曾)의 결합. 미워하다는 뜻을 나타낸다. 용례 증오(憎惡), 가증(可憎), 애증(愛憎)
贈	줄 증 19획 | 貝 | 3	주다·선물하다의 의미를 지닌 한자어. 조개 패(貝)와 거듭 증(曾)의 결합. 다른 사람에게 재물을 주어 늘리다, 보태다는 뜻을 나타낸다. 용례 증정(贈呈), 증여(贈與), 기증(寄贈)
症	증세 증 10획 | 疒 | 3Ⅱ	증세·병의 의미를 지닌 한자어. 병질 엄(疒)과 바를 정(正)의 결합. 병의 증세나 표시의 뜻을 나타낸다. 용례 증세(症勢), 중증(重症), 증후군(症候群)
蒸	찔 증 14획 | ++(艸) | 3Ⅱ	찌다·수증기의 의미를 지닌 한자어. 풀 초(++)와 찔 증(烝)의 결합. 식물 등을 삶다, 찌다의 뜻을 나타낸다. 용례 증기(蒸氣), 증발(蒸發), 증류수(蒸溜水)
之	갈 지 4획 | 丿 | 3Ⅱ	가다·의(소유격)·이(지시대명사)의 의미를 지닌 한자어. 출발선에 서있는 사람을 형상화했다고 한다. 용례 지동지서(之東之西), 역지사지(易地思之)
枝	가지 지 8획 | 木 | 3Ⅱ	가지·지탱하다의 의미를 지닌 한자어. 나무 목(木)과 가지 지(支)의 결합. 나뭇가지, 버팀목 등의 뜻을 나타낸다. 용례 지엽(枝葉), 지절(枝節), 연리지(連理枝)
只	다만 지 5획 | 口 | 3	다만의 의미를 지닌 한자어. 입 구(口)와 여덟 팔(八)의 결합. 어조사로 주로 쓰이며, 다만, 말을 그치다의 뜻을 나타내기도 한다. 용례 지금(只今), 단지(但只)

한자	훈음 · 획수 · 부수 · 급수	풀이 · 용례
遲	늦을 지 16획 | 辶 | 3	늦다 · 기다리다의 의미를 지닌 한자어. 쉬엄쉬엄 갈 착(辶)과 무소 서(犀)의 결합. 무소의 걸음걸이를 형상화했다고 한다. 용례 지각(遲刻), 지연(遲延), 지체(遲滯)
池	연못 지 6획 | 氵(水) | 3Ⅱ	연못의 의미를 지닌 한자어. 물 수(氵)와 어조사 야(也)의 결합. 연못을 형상화했다고 한다. 용례 성지(城池), 함지(咸池), 저수지(貯水池),
辰	별 진/ 때 신 7획 | 辰 | 3Ⅱ	별 · 때 · 다섯째지지의 의미를 지닌 한자어. 조개가 껍데기에서 발을 내밀고 있는 모습을 형상화한 것이다. 별, 때, 떨다의 뜻을 나타낸다. 용례 진시(辰時), 생신(生辰)
振	떨칠 진 10획 | 扌(手) | 3Ⅱ	떨치다 · 진동하다의 의미를 지닌 한자어. 손 수(扌)와 떨 진(辰)의 결합. / 떨다, 격려하다의 뜻을 나타낸다. 용례 진동(振動), 진폭(振幅), 진흥(振興)
震	진동할 진 15획 | 雨 | 3Ⅱ	진동하다 · 울리다 · 벼락의 의미를 지닌 한자어. 비 우(雨)와 떨 진(辰)의 결합. 벼락이 사람을 놀라게 한다는 뜻에서, 떨다의 의미가 생겼다. 용례 지진(地震), 진동(震動), 진원지(震源地)
陳	늘어놓을 진 11획 | 阝(阜) | 3Ⅱ	늘어놓다 · 벌이다의 의미를 지닌 한자어. 좌부 변(阝)과 펼 신(申)의 결합. 사물을 쭉 늘어놓은 모습을 형상화했다고 한다. 용례 진술(陳述), 진정(陳情), 진열(陳列)
鎭	진압할 진 18획 | 金 | 3Ⅱ	진압하다 · 누르다의 의미를 지닌 한자어. 쇠 금(金)과 채울 진(眞)의 결합. 금속으로 만든 물건 등으로 눌러 놓다는 뜻을 나타낸다. 용례 진압(鎭壓), 진화(鎭火), 진통제(鎭痛劑)
疾	병 질 10획 | 疒 | 3Ⅱ	병 · 미워하다의 의미를 지닌 한자어. 병질 엄(疒)과 화살 시(矢)의 결합. 화살의 상처를 뜻하는 말이었으나 질병 등의 의미도 생겼다. 용례 질병(疾病), 질시(疾視), 질주(疾走)
姪	조카 질 9획 | 女 | 3	조카 · 조카딸의 의미를 지닌 한자어. 계집 녀(女)와 차례 지(至)의 결합. 조카의 뜻을 나타낸다. 용례 질녀(姪女), 질부(姪婦), 숙질(叔姪)
秩	차례 질 10획 | 禾 | 3Ⅱ	차례 · 질서의 의미를 지닌 한자어. 벼 화(禾)와 채울 실(失)의 결합. 벼를 차곡차곡 쌓아올린다는 의미에서, 차례 · 질서 등의 의미가 생겼다. 용례 질서(秩序)
執	잡을 집 11획 | 土 | 3Ⅱ	잡다 · 지키다의 의미를 지닌 한자어. 수갑을 차고 무릎을 꿇은 사람을 형상화했다고 한다. 용례 집권(執權), 집념(執念), 집착(執着)

한자	훈음 / 획수·부수·급수	설명
徵	부를 징 15획 | 彳 | 3Ⅱ	부르다·구하다의 의미를 지닌 한자어. 남보다 뛰어난 사람의 모습을 형상화했다고 한다. 이후 부르다, 구하다는 의미가 새로 생겼다. 용례 징후(徵候), 징조(徵兆), 징수(徵收)
懲	징계할 징 19획 | 心 | 3	징계하다·응징하다의 의미를 지닌 한자어. 부를 징(徵)과 마음 심(心)의 결합. 징계, 후회하다의 뜻을 나타낸다. 용례 징계(懲戒), 과징금(過懲金), 응징(膺懲)
且	또 차 5획 | 一 | 3	또·만일·장차의 의미를 지닌 한자어. 신에게 바칠 쌓아둔 재물을 형상화했다고 한다. 용례 구차(苟且), 차치(且置), 중차대(重且大)
借	빌 차 10획 | 亻(人) | 3Ⅱ	빌리다·빚의 의미를 지닌 한자어. 사람 인(亻)과 쌓을 석(昔)의 결합. 다른 사람에게 빌리다, 빚지다의 뜻을 나타낸다. 용례 차관(借款), 차입금(借入金), 차용증(借用證)
錯	어긋날 착/둘 조 16획 | 金 | 3Ⅱ	어긋나다·섞이다의 의미를 지닌 한자어. 쇠 금(金)과 쌓을 석(昔)의 결합. 겹치다, 섞이다 등의 뜻을 나타낸다. 용례 착각(錯覺), 착시(錯視), 착오(錯誤)
此	이 차 6획 | 止 | 3Ⅱ	이·이에의 의미를 지닌 한자어. 발 지(止)와 벌릴 비(匕)의 결합. 보폭을 벌린 모습을 형상화한 것으로, 이(것), 여기 등의 지시대명사로 쓰인다. 용례 피차(彼此), 여차(如此) 차일피일(此日彼日)
捉	잡을 착 10획 | 扌(手) | 3	잡다·사로잡다의 의미를 지닌 한자어. 손 수(扌)와 묶을 족(足)의 결합. 손을 묶다, 붙잡다의 뜻을 나타낸다. 용례 포착(捕捉), 착송(捉送)
贊	도울 찬 19획 | 貝 | 3Ⅱ	돕다·찬성하다의 의미를 지닌 한자어. 조개 패(貝)와 올릴 신(兟)의 결합. 신에게 재화를 바치는 모습을 형상화한 것으로, 찬양 등의 의미를 지닌다. 용례 협찬(協贊), 찬성(贊成), 찬조금(贊助金)
慙	부끄러울 참 15획 | 心 | 3	부끄러워하다의 의미를 지닌 한자어. 벨 참(斬)과 마음 심(心)의 결합. 부끄러움, 수치의 뜻을 나타낸다. 용례 참회(慙悔), 참괴(慙愧)
慘	참혹할 참 14획 | 忄(心) | 3	참혹하다·무자비하다의 의미를 지닌 한자어. 마음 심(忄)과 침범할 참(參)의 결합. 아프다, 침범하다, 비통하다의 뜻을 나타낸다. 용례 참혹(慘酷), 참사(慘事), 참패(慘敗)
倉	곳집 창 10획 | 人 | 3Ⅱ	곳집(창고)의 의미를 지닌 한자어. 쌀 창고의 모양을 형상화했다고 하며, 푸르다의 뜻도 있다. 용례 창고(倉庫), 창곡(倉穀), 곡창(穀倉)

한자	훈음 / 획수 / 부수 / 급수	설명
蒼	푸를 창 14획 | ++(艸) | 3Ⅱ	푸르다 · 백성의 의미를 지닌 한자어. 풀 초(++)와 푸를 창(倉)의 결합. 풀빛이 새파랗다는 뜻을 나타낸다. **용례** 창천(蒼天), 창공(蒼空), 창생(蒼生)
昌	창성할 창 8획 | 日 | 3Ⅱ	창성하다 · 훌륭하다의 의미를 지닌 한자어. 해의 성한 모습을 형상화했다고 한다. **용례** 창성(昌盛), 번창(繁昌), 수창(壽昌)
暢	화창할 창 14획 | 日 | 3	화창하다 · 펴다의 의미를 지닌 한자어. 펼 신(申)과 볕 양(昜)의 결합. 뻗다, 통하다, 창성하다의 뜻을 나타낸다. **용례** 화창(和暢), 창달(暢達), 유창(流暢)
菜	나물 채 12획 | ++(艸) | 3Ⅱ	나물 · 풀의 의미를 지닌 한자어. 풀 초(++)와 캘 채(采)의 결합. 채취하여 먹는 풀, 나물의 뜻을 나타낸다. **용례** 채식(菜食), 채소(菜蔬)
彩	채색 채 11획 | 彡 | 3Ⅱ	채색 · 광채의 의미를 지닌 한자어. 캘 채(采)와 색채 삼(彡)의 결합. 색, 무늬, 빛 등의 뜻을 나타낸다. **용례** 채색(彩色), 광채(光彩), 이채(異彩)
債	빚 채 13획 | 亻(人) | 3Ⅱ	빚 · 빌리다의 의미를 지닌 한자어. 사람 인(亻)과 꾸짖을 책(責)의 결합. 빚을 진 사람의 모습을 형상화했다고 한다. **용례** 채무(債務), 부채(負債), 채권(債券)
策	꾀 책 12획 | 竹 | 3Ⅱ	꾀 · 계책의 의미를 지닌 한자어. 대 죽(竹)과 가시 자(朿)의 결합. 책(冊), 문서 등의 뜻도 있다. **용례** 책략(策略), 계책(計策), 책사(策士)

2 심화학습 : 기본한자 다시 익히기

1) 다음 훈과 음을 지닌 한자를 쓰시오.

미울 증 [ ]	일찍 증 [ ]	줄 증 [ ]	증세 증 [ ]
찔 증 [ ]	갈 지 [ ]	가지 지 [ ]	다만 지 [ ]

늦을 지	연못 지	떨칠 진	늘어놓을 진
진동할 진	별 진/때 신	진압할 진	병 질
조카 질	차례 질	잡을 집	부를 징
징계할 징	또 차	빌 차	이 차
어긋날 착/둘 조	잡을 착	도울 찬	부끄러울 참
참혹할 참	곳집 창	창성할 창	푸를 창
화창할 창	나물 채	빛 채	채색 채
꾀 책			

2) 다음 한자의 훈과 음을 쓰시오.

❶ 蒼( )	❷ 憎( )	❸ 振( )	❹ 且( )
❺ 慘( )	❻ 姪( )	❼ 秩( )	❽ 懲( )
❾ 鎭( )	❿ 辰( )	⓫ 蒸( )	⓬ 執( )
⓭ 菜( )	⓮ 贈( )	⓯ 借( )	⓰ 此( )
⓱ 症( )	⓲ 震( )	⓳ 只( )	⓴ 昌( )
㉑ 暢( )	㉒ 慙( )	㉓ 之( )	㉔ 倉( )
㉕ 捉( )	㉖ 遲( )	㉗ 枝( )	㉘ 徵( )
㉙ 策( )	㉚ 錯( )	㉛ 疾( )	㉜ 債( )
㉝ 陳( )	㉞ 曾( )	㉟ 池( )	㊱ 彩( )
㊲ 贊( )			

3) 다음 밑줄 친 한자의 독음을 쓰시오.

(1) 싸움을 한 뒤로, 나는 그에게 憎惡의 대상이 되었다.

(2) 내색은 하지 않았지만 김 영감은 曾孫의 탄생을 그 누구보다도 기뻐하였다.

(3) 그 책은 우선 贈呈을 위하여 제작된 것이다.

(4) 그는 의식을 되찾고 이상 症勢도 좋아지고 있다.

(5) 물이 끓기 시작하자 주전자에서 水蒸氣가 뿜어져 나왔다.

(6) 그는 고향에 내려온 뒤로 계속 마음을 잡지 못하고 之東之西로 돌아다니고만 있었다.

(7) 자꾸 枝葉적인 문제만을 따진다면 일은 해결되지 않습니다.

(8) 나는 只今 집에 도착했다.

(9) 전동차의 고장으로 대규모 遲刻 사태가 벌어졌다.

(10) 겨울 갈수기 동안에 貯水池의 수위가 많이 낮아졌다.

(11) 배의 振動이 심해서 멀미가 일어났다.

(12) 검찰은 피의자로부터 범행 일체에 대한 陳述을 받아냈다.

(13) 진도 7의 地震이 일어나자 마을 곳곳의 건물이 무너져 내렸다.

(14) 아버님 生辰을 진심으로 축하드립니다.

(15) 이 약은 鎭痛에 효과가 높다.

(16) 나의 희망은 疾病을 치료하는 의사가 되는 것이다.

(17) 큰아버지께서는 아버지가 돌아가신 후로 姪女인 나를 딸같이 대해 주셨다.

(18) 동물도 나름대로 엄격한 秩序가 있다.

(19) 그는 권력에 대한 執着을 버릴 수가 없었다.

(20) 국가는 국민들로부터 세금을 공정하게 徵收해야만 한다.

(21) 경기 중, 심판에게 거칠게 항의한 선수가 출장정지라는 懲戒를 받았다.

(22) 그는 늘 변명이 苟且하다.

(23) 미국과 중국 간에 借款 문제가 대두되고 있다.

(24) 사태가 如此하니 피하는 것이 좋겠다.

(25) 꿈에 본 일을 실제로 겪은 것 같은 錯覺이 들었다.

(26) 이 레이더만으로는 적기의 捕捉이 불가능하다.

(27) 공연을 위하여 세 방송사의 協贊이 필요하다.

(28) 어머님의 무덤에 도착한 그는 慙悔하며 눈물을 흘렸다.

(29) 건물이 무너져서 수많은 사람이 죽는 慘事가 일어났다.

(30) 건물 뒤편 倉庫에서 새로 고문서를 발견했다.

(31) 이 항구는 예전에는 대외 무역이 繁昌하던 곳이었다.

(32) 고개를 들어 蒼空에 빛나는 별을 보며 소원을 빌었다.

(33) 내가 그녀를 처음 본 날은 和暢한 봄날 오후였다.

(34) 밭에서 菜蔬를 가꾸는 일은 도시 출신인 나에게는 새로운 경험이었다.

(35) 그는 재산을 모두 탕진하고 負債까지 생겼다.

(36) 그의 작품은 무엇보다 彩色이 정교하다.

(37) 이 상황을 모면할 수 있는 計策을 생각했다.

3 배운 한자를 활용한 고사성어(故事成語)

1 관포지교(管鮑之交)

字句 풀이 管: 피리 관, 鮑: 절인 어물 포, 之: 갈 지, 交: 사귈 교

해설 관중(管仲)과 포숙(鮑叔)의 사귐이란 말로, 친구 사이에 둘도 없는 우정을 뜻한다. 《사기(史記)》에서 유래했다.

2 경국지색(傾國之色)

字句 풀이 傾: 기울 경, 國: 나라 국, 之: 갈 지, 色: 빛 색

해설 나라를 위태롭게 할 미인이란 말로, 아름다운 여자나 그 아름다움으로 인해 나라를 위태롭게 함을 뜻한다. 《사기(史記)》에서 유래했다.

3 낭중지추(囊中之錐)

字句 풀이 囊: 주머니 낭, 中: 가운데 중, 之: 갈 지, 錐: 송곳 추

해설 주머니 속의 송곳이란 말로, 재능이 뛰어난 사람은 숨어 있어도 저절로 드러남을 뜻한다. 《사기(史記)》에서 유래했다.

4 미봉책(彌縫策)

✣ **字句 풀이** 彌: 미륵 미, 縫: 꿰맬 봉, 策: 꾀 책

✣ **해설** 실로 꿰맨 방책이란 말로, 임시로 일을 수습함을 뜻한다. 《춘추좌씨전(春秋左氏傳)》에서 유래했다.

5 속수무책(束手無策)

✣ **字句 풀이** 束: 묶을 속, 手: 손 수, 無: 없을 무, 策: 꾀 책

✣ **해설** 손을 묶여 방책이 없다는 말로, 손을 쓸 겨를이 없음을 뜻한다.

4 한자의 활용

1) 한자상식: 학교와 관련된 한자어

敎授	교수	講師	강사
學生	학생	敎職員	교직원
敎務處	교무처	學生處	학생처
圖書館	도서관	學生會館	학생회관
入學	입학	休學	휴학
復學	복학	卒業	졸업
授業	수업	出席	출석
遲刻	지각	休講	휴강
補講	보강	中間考査	중간고사
期末考査	기말고사	放學	방학
季節學期	계절학기	留學	유학
課外活動	과외활동	奉仕活動	봉사활동
報告書	보고서	課題	과제
成績	성적	學點	학점

登錄金	등록금	奬學金	장학금
學科	학과	專攻	전공
副專攻	부전공	複數專攻	복수전공
學部生	학부생	大學院生	대학원생
學士	학사	碩士	석사
博士	박사	博士後過程	박사후 과정

2) 한자로 읽어보기

(1) 册을 가려 책을 가려 뽑는 方法은 나의 學問에 먼저 主觀이 서야 한다. 그런 뒤에라야 옳고 그름을 判斷할 수 있는 저울이 마음속에 생겨서, 여러 內容들을 어렵지 않게 취하고 버릴 수가 있다.

지난번에 學問하는 要領을 말해 주었는데, 네가 분명히 잊어버린 模樣이다. 그렇지 않다면 무엇 때문에 抄書하는 법을 疑心하여 이런 質問을 했겠느냐? 언제나 册을 읽으면서 學問에 보탬이 될 만한 것이 있으면, 뽑아 모으고, 그렇지 않은 것에는 눈을 붙이지 말아야 한다. 이렇게 한다면 비록 册이 百 卷이나 있다 하더라도 열흘 공부에 지나지 않을 것이다.

〈高麗史〉에 대한 공부는 아직도 손대지 않았느냐? 젊은 사람에게 먼 생각과 通達한 見解가 없으니, 歎息할 노릇이다. 네 片紙 가운데 疑心나거나 모르는 部分을 質問할 사람이 없다고 恨歎하였었지. 정말 네 마음에 참으로 疑心나서 견딜 수 없고 생각나서 참을 수 없다면, 어찌 條目條目 記錄해서 人便에 보내오지 않느냐? 아비와 자식 사이에 스승과 弟子가 되는 것도 또한 즐겁지 않겠느냐?

(2) 讀書는 반드시 먼저 바탕을 세워야 한다. 무엇을 바탕이라고 하는가. 學問에 뜻을 두지 않았으면 讀書할 수 없으니, 學問에 뜻을 두려면 반드시 바탕을 먼저 세워야 한다. 무엇을 바탕이라고 하는가. 孝悌가 그것이다. 모름지기 孝悌에 먼저 힘써 바탕을 세운다면, 學問은 저절로 몸에 배게 되는 것이다. 學問이 몸에 배게 되면, 독서는 따로 層節을 이야기할 필요가 없다.

(3) 너희들이 만일 讀書하지 않는다면 내 著書가 쓸데없이 될 테고, 내 著書가 쓸데없이 되면 나는 할 일이 없게 될 것이다. 將次 눈을 감고 마음도 쓰지 않아 흙으로 만든 偶像처럼

될 테니, 나는 열흘도 못 되어 病이 날 테고, 病이 나면 고칠 藥도 없을 것이다. 그렇다면 너희들이 讀書하는 것이 내 목숨을 살리는 일이 아니겠느냐? 너희들은 이 일을 생각하여라.

〈김홍도의 풍속화, 서당 풍경〉

내가 지난번에도 여러 차례 말했었지. 淸族은 비록 讀書하지 않더라도 저절로 尊敬받게 되지만, 廢族이 되어 學問에 힘쓰지 않는다면 더욱 미움 받지 않겠느냐? 다른 사람들이 賤視하고 世上에서 鄙陋하게 여기는 것도 슬픈데, 지금 너희들 스스로 自身을 賤視하고 鄙陋하게 여기고 있구나. 이는 너희들 스스로가 悲痛하게 만드는 것이다. 너희들이 끝내 배우지 않고 스스로 抛棄해 버린다면, 나의 著述과 간추려 뽑아 놓은 것들을 將次 누가 모아서 册으로 엮고 바로잡아 保存하겠느냐? 너희들이 그렇게 할 수 없다면, 나의 글이 끝내 傳해질 수가 없겠구나.

내 글이 傳해지지 못한다면, 後世 사람들이 다만 司憲府의 彈劾文과 裁判 記錄만을 가지고 나를 評價할 것이다. 그러면 내가 將次 어떠한 사람이 되겠느냐? 너희들은 아무쪼록 이 점을 생각해서, 奮發하여 學問에 힘쓰라.

(정약용 저, 허경진 옮김, 『다산 정약용 산문집』, 한양출판, 1994)

제 16 강

1 기본학습 : ㉫음 계열 한자어의 훈과 음 익히기

한자	훈음 / 획수 / 부수 / 급수	설명
妻	아내 처 8획 | 女 | 3Ⅱ	아내 · 시집보내다의 의미를 지닌 한자어. 비녀를 꽂은 여인의 모습을 형상화했다고 한다. 용례 처자(妻子), 처가(妻家), 애처가(愛妻家)
拓	넓힐 척/탁본할 탁 8획 | 扌(手) | 3Ⅱ	넓히다 · 확장하다의 의미를 지닌 한자어. 손 수(扌)와 돌 석(石)의 결합. 토지를 넓히다, 모으다의 뜻을 나타낸다. 용례 간척지(干拓地), 개척자(開拓者), 간석지(干潟地)
斥	물리칠 척 5획 | 斤 | 3	물리치다 · 쫓다의 의미를 지닌 한자어. 집 엄(广)과 물리칠 역(屰)의 결합. 물리치다, 넓히다 등의 뜻을 나타낸다. 용례 배척(排斥), 척화비(斥和碑), 위정척사(爲政斥邪)
尺	자 척 4획 | 尸 | 3Ⅱ	자 · 길이의 의미를 지닌 한자어. 사람의 보폭을 형상화했다고 한다. 용례 척도(尺度), 지척(咫尺), 월척(越尺)
戚	겨레 척 11획 | 戈 | 3Ⅱ	겨레 · 친족의 의미를 지닌 한자어. 도끼 월(戉)과 콩 숙(尗)의 결합. 슬퍼하다, 근심하다 등의 뜻도 있다. 용례 친척(親戚), 외척(外戚), 인척(姻戚)
淺	얕을 천 11획 | 氵(水) | 3Ⅱ	얕다 · 좁다의 의미를 지닌 한자어. 물 수(氵)와 얕을 전(戔)의 결합. 얕은 물의 뜻을 나타낸다. 용례 천견(淺見), 천박(淺薄), 천학비재(淺學菲材)
踐	밟을 천 15획 | 足 | 3Ⅱ1	밟다 · 실천하다의 의미를 지닌 한자어. 발 족(足)과 얕을 전(戔)의 결합. 발로 밟다, 해치다 등의 뜻도 있다. 용례 실천(實踐), 천답(踐踏)
賤	천할 천 15획 | 貝 | 3Ⅱ	천하다 · 신분이 낮다의 의미를 지닌 한자어. 조개 패(貝)와 얕을 전(戔)의 결합. 재화가 적다는 뜻에서, 천하다, 가격이 싸다 등의 뜻이 생겼다. 용례 천대(賤待), 천민(賤民), 천시(賤視)

한자	훈음 / 획수 / 부수 / 급수	설명
薦	천거할 천 17획 | ++(艸) | 3	천거하다 · 올리다의 의미를 지닌 한자어. 풀 초(++)와 짐승 채(廌)의 결합. 자리, 거듭, 우거지다의 뜻도 있다. **용례** 추천(推薦), 공천(公薦), 낙천(落薦)
遷	옮길 천 16획 | 辶 | 3Ⅱ	옮기다 · 바꾸다의 의미를 지닌 한자어. 쉬엄쉬엄 갈 착(辶)과 옮길 천(䙴)의 결합. 양손으로 물건을 옮기는 모습을 형상화했다고 한다. **용례** 천도(遷都), 변천(變遷), 개과천선(改過遷善)
哲	밝을 철 10획 | 口 | 3Ⅱ	밝다 · 슬기롭다의 의미를 지닌 한자어. 분별할 절(折)과 입 구(口)의 결합. 사물을 명확하게 구분해내는 마음을 형상화했다고 한다. **용례** 명철(明哲), 철인(哲人), 철학(哲學)
徹	통할 철 15획 | 彳 | 3Ⅱ	통하다 · 다다르다의 의미를 지닌 한자어. 조금 걸을 척(彳)과 기를 육(育), 등글월 문(攵)의 결합. 통하다, 뚫다, 부수다의 뜻도 있다. **용례** 관철(貫徹), 투철(透徹), 철두철미(徹頭徹尾)
添	더할 첨 11획 | 氵(水) | 3	더하다 · 덧붙이다의 의미를 지닌 한자어. 물 수(氵)와 더럽힐 첨(忝)의 결합. 더하다, 보태다, 안주의 뜻을 나타낸다. **용례** 첨가(添加), 첨부(添附), 첨삭(添削)
尖	뾰족할 첨 6획 | 小 | 3	뾰족하다 · 날카롭다의 의미를 지닌 한자어. 작을 소(小)와 클 대(大)의 결합. 밑이 크고 위는 작은 물건을 형상화했다고 한다. **용례** 첨단(尖端), 첨병(尖兵), 첨예(尖銳)
妾	첩 첩 9획 | 女 | 3	첩의 의미를 지닌 한자어. 귀인을 모시는 여자를 형상화했다고 하며, 이로 인해 첩, 시비 등의 뜻이 생겼다. **용례** 천첩(賤妾), 첩실(妾室), 처첩갈등(妻妾葛藤)
晴	갤 청 12획 | 日 | 3	개다 · 날씨가 맑다의 의미를 지닌 한자어. 날 일(日)과 푸를 청(靑)의 결합. 구름이 걷힌 맑은 날씨를 형상화했다고 한다. **용례** 청천(晴天), 쾌청(快晴), 청랑(晴朗)
替	바꿀 체 12획 | 日 | 3	바꾸다 · 대신하다의 의미를 지닌 한자어. 가로되 왈(曰)과 나란할 병(竝)의 결합. 두 벼슬아치가 임무를 마치고 교대하는 모습을 형상화했다고 한다. **용례** 교체(交替), 대체(代替), 체송(替送)
滯	막힐 체 14획 | 氵(水) | 3Ⅱ	막히다 · 쌓이다의 의미를 지닌 한자어. 물 수(氵)와 띠 대(帶)의 결합. 띠를 두른 것처럼 물이 막히다, 흐르지 않다의 뜻을 나타낸다. **용례** 연체(延滯), 체납(滯納), 체증(滯症)
逮	잡을 체 12획 | 辶 | 3	잡다 · 쫓다의 의미를 지닌 한자어. 쉬엄쉬엄 갈 착(辶)과 미칠 대(隶)의 결합. 뒤에서 쫓다, 길을 따라가다 등의 뜻을 나타낸다. **용례** 체포(逮捕), 체승(逮繩)

遞	갈마들 체 14획 | 辶 | 3	갈마들다 · 교체하다의 의미를 지닌 한자어. 번갈아 교대하는 모습을 형상화했다고 한다. 용례 체신청(遞信廳), 우체국(郵遞局)
抄	뽑을 초 7획 | 扌(手) | 3	뽑다 · 베끼다 · 노략질하다의 의미를 지닌 한자어. 손 수(扌)와 적을 소(少)의 결합. 손으로 무엇인가를 베낀다는 뜻을 나타낸다. 용례 초록(抄錄), 초본(抄本), 초역(抄譯)
秒	초 초 9획 | 禾 | 3	초 · 작다의 의미를 지닌 한자어. 벼 화(禾)와 적을 소(少)의 결합. 식물의 미세한 부분의 뜻을 나타낸다. 용례 초속(秒速), 초침(秒針), 분초(分秒)
肖	닮을/같을 초 7획 | 月(肉) | 3Ⅱ	닮다 · 작다의 의미를 지닌 한자어. 작을 소(小)와 육달 월(月)의 결합. 어리고 작은 사람이란 뜻에서, 닮다 등의 뜻도 생겨났다. 용례 초상화(肖像畫), 불초(不肖)
超	뛰어넘을 초 12획 | 走 | 3Ⅱ	뛰어넘다 · 뛰어나다의 의미를 지닌 한자어. 달아날 주(走)와 뛸 소(召)의 결합. 뛰어넘다, 빠르다, 나가다 등의 뜻을 나타낸다. 용례 초월(超越), 초과(超過), 초인(超人)
礎	주춧돌 초 18획 | 石 | 3Ⅱ	주춧돌 · 기초의 의미를 지닌 한자어. 돌 석(石)과 초석 초(楚)의 결합. 주춧돌, 기초 등의 뜻을 나타낸다. 용례 초석(礎石), 정초(定礎), 기초(基礎)
促	재촉할 촉 9획 | 亻(人) | 3Ⅱ	재촉하다 · 절박하다의 의미를 지닌 한자어. 사람 인(亻)과 빠를 족(足)의 결합. 사람을 재촉하다, 다그치다의 뜻을 나타낸다. 용례 독촉(督促), 촉박(促迫), 촉진제(促進劑)
觸	닿을 촉 20획 | 角 | 3Ⅱ	닿다 · 부딪히다의 의미를 지닌 한자어. 뿔 각(角)과 찌를 촉(蜀)의 결합. 뿔이 부딪히다, 찌르다 등의 뜻을 나타낸다. 용례 촉각(觸覺), 저촉(抵觸), 촉감(觸感)
燭	촛불 촉 17획 | 火 | 3	촛불 · 밝히다의 의미를 지닌 한자어. 불 화(火)와 오랠 촉(蜀)의 결합. 초, 등불, 비치다 등의 뜻도 있다. 용례 등촉(燈燭), 촉루(燭淚), 화촉(華燭)
聰	귀밝을 총 17획 | 耳 | 3	귀가 밝다 · 총명하다의 의미를 지닌 한자어. 귀 이(耳)와 총명할 총(悤)의 결합. 귀가 밝거나 영리하다 등의 뜻도 있다. 용례 총명(聰明), 총기(聰氣), 총민(聰敏)
催	재촉할 최 13획 | 亻(人) | 3Ⅱ	재촉하다 · 열다의 의미를 지닌 한자어. 사람 인(亻)과 추진할 최(崔)의 결합. 사람을 나아가게 하다, 재촉하다의 뜻을 나타낸다. 용례 최고장(催告狀), 최면술(催眠術), 개최(開催)

한자	훈음 / 획수 · 부수 · 급수	설명
抽	뽑을 추 8획 | 扌(手) | 3	뽑다 · 빼다의 의미를 지닌 한자어. 손 수(扌)와 뽑을 유(由)의 결합. 손으로 물건을 빼내다, 당기다의 뜻을 나타낸다. 용례 추출(抽出), 추첨(抽籤), 추상(抽象)
醜	추할 추 17획 | 酉 | 3	추하다 · 더럽다의 의미를 지닌 한자어. 술 유(酉)와 도깨비 귀(鬼)의 결합. 용모가 추하다, 더럽다, 미워하다의 뜻을 나타낸다. 용례 추악(醜惡), 추잡(醜雜), 추녀(醜女)
追	쫓을 추 10획 | 辶 | 3Ⅱ	쫓다 · 따르다의 의미를 지닌 한자어. 쉬엄쉬엄 갈 착(辶)과 쌓을 퇴(𠂤)의 결합. 신에게 제사를 정성껏 지내는 모습을 형상화했다고 한다. 용례 추격(追擊), 추적(追跡), 추억(追憶)
丑	소 축 4획 | 一 | 3	소 · 둘째 지지의 의미를 지닌 한자어. 손가락에 힘을 주어 사물을 비트는 모습을 형상화했다고 한다. 용례 축시(丑時), 계축일기(癸丑日記)
畜	가축 축 10획 | 田 | 3Ⅱ	가축 · 모으다 · 쌓다의 의미를 지닌 한자어. 짐승의 머리에 끈을 매달아 기르는 모습을 형상화했다고 한다. 용례 가축(家畜), 목축(牧畜), 축산(畜産)

2 심화학습 : 기본한자 다시 익히기

1) 다음 훈과 음을 지닌 한자를 쓰시오.

아내 처 [ ]	넓힐 척/탁본할 탁 [ ]	물리칠 척 [ ]	자 척 [ ]
겨레 척 [ ]	밟을 천 [ ]	얕을 천 [ ]	옮길 천 [ ]
천거할 천 [ ]	천할 천 [ ]	밝을 철 [ ]	통할 철 [ ]
더할 첨 [ ]	뾰족할 첨 [ ]	첩 첩 [ ]	갤 청 [ ]

바꿀 체 [ ]	막힐 체 [ ]	잡을 체 [ ]	갈마들 체 [ ]
뽑을 초 [ ]	초 초 [ ]	닮을/같을 초 [ ]	뛰어넘을 초 [ ]
주춧돌 초 [ ]	재촉할 촉 [ ]	닿을 촉 [ ]	촛불 촉 [ ]
귀밝을 총 [ ]	재촉할 최 [ ]	뽑을 추 [ ]	추할 추 [ ]
쫓을 추 [ ]	소 축 [ ]	가축 축 [ ]	

2) 다음 한자의 훈과 음을 쓰시오.

❶ 替( )	❷ 戚( )	❸ 賤( )	❹ 超( )
❺ 抽( )	❻ 添( )	❼ 遷( )	❽ 聰( )
❾ 礎( )	❿ 薦( )	⓫ 肖( )	⓬ 燭( )
⓭ 醜( )	⓮ 踐( )	⓯ 促( )	⓰ 晴( )
⓱ 淺( )	⓲ 逮( )	⓳ 尖( )	⓴ 催( )
㉑ 丑( )	㉒ 尺( )	㉓ 拓( )	㉔ 秒( )
㉕ 追( )	㉖ 妾( )	㉗ 哲( )	㉘ 抄( )
㉙ 畜( )	㉚ 觸( )	㉛ 斥( )	㉜ 滯( )
㉝ 遞( )	㉞ 妻( )	㉟ 徹( )	

3) 다음 밑줄 친 한자의 독음을 쓰시오.

(1) 그는 妻子와 함께 일본으로 떠났다.

(2) 새로운 분야의 開拓者가 되고자 했던 꿈은 지금도 여전하다.

(3) 그는 신뢰가 없어서 친구들에게도 排斥되었다.

(4) 돈을 인생의 최고 尺度로 여기는 것은 그 사람 하나만으로 족하다.

(5) 우리는 설날 아침이면 親戚 어른들께 세배를 하러 다닌다.

(6) 그는 드디어 결심을 實踐으로 옮겼다.

(7) 생각이 淺薄한 그는 늘 이상한 행동만 일삼는다.

(8) 자동차 박람회에서는 특별히 자동차의 變遷 과정을 전시한다고 한다.

(9) 그는 성적이 우수하여 장학생으로 推薦받았다.

(10) 영주의 아들은 농노를 멸시하고 賤待하였다.

(11) 그는 언제나 최선을 다해야 한다는 생활哲學을 갖고 있다.

(12) 노동자들은 요구사항의 貫徹을 위해서 따로 집회를 열기로 했다.

(13) 식품에 添加된 방부제는 인체에 해롭다.

(14) 그녀는 자신이야말로 시대의 尖端을 걷는 패션리더라고 자부한다.

(15) 그녀는 슬프게도 妾室이 되고 말았다.

(16) 날씨가 快晴한 날은 개성 시내까지도 볼 수 있다.

(17) 부상 선수를 급히 다른 선수로 交替하고 있다.

(18) 반납기한이 延滯된 도서는 벌금을 과한다.

(19) 경찰은 끈질긴 추격 끝에 범인을 逮捕했다.

(20) 나는 郵遞局으로 가서 그녀에게 줄 소포를 부쳤다.

(21) 논문 抄錄은 연구에 많은 도움을 준다.

(22) 일기예보에서 내일 아침 秒速 8m의 북서풍이 분다고 한다.

(23) 사대부는 화공에게 肖像畵를 그리도록 명했다.

(24) 지출이 超過되는 바람에 적자가 생겼다.

(25) 논리적 사고는 모든 학문의 基礎가 된다.

(26) 돈을 빨리 갚으라는 督促이 불같다.

(27) 부드러운 觸感과 더불어 달콤한 맛이 정말 환상적이었다.

(28) 양가 부모는 華燭에 불을 붙였다.

(29) 아이는 하나를 가르쳐 주면 열을 알 만큼 聰明하다.

(30) 정상 회담을 성공적으로 開催했다.

(31) 이번 대회는 매회 대진표를 抽籤을 통해서 결정하기로 했다.

(32) 그의 얼굴은 정말 醜惡했다.

(33) 아군은 적군의 追擊을 잠시도 늦추지 않았다.

(34) 매번 丑時가 되면 이 동네에서는 개가 짖는다.

(35) 전염병으로 모든 家畜이 죽어 버렸다.

3 배운 한자를 활용한 고사성어(故事成語)

1 백척간두(百尺竿頭)

✤ **字句 풀이** 百: 일백 백, 尺: 자 척, 竿: 장대 간, 頭: 머리 두

✤ **해설** 백 척이나 되는 장대 위란 말로, 위태로움을 상황을 뜻한다.

2 천학비재(淺學菲才)

✤ **字句 풀이** 淺: 얕을 천, 學: 배울 학, 菲: 엷을 비, 才: 재주 재

✤ **해설** 학문이나 지식이 얕고 재주가 변변치 않다는 말로, 자신의 학식을 낮춤을 뜻한다.

3 개과천선(改過遷善)

✤ **字句 풀이** 改: 고칠 개, 過: 허물 과, 遷: 옮길 천, 善: 착할 선

✤ **해설** 잘못을 고치고 착한 것으로 옮겨간다는 말로, 자신의 죄를 뉘우치고 새로운 삶을 살아감을 비유적으로 뜻한다. 《진서(晉書)》에서 유래했다.

4 금상첨화(錦上添花)

✤ **字句 풀이** 錦: 비단 금, 上: 윗 상, 添: 더할 첨, 花: 꽃 화

✤ **해설** 비단 위에 꽃을 더한다는 말로, 좋은 일에 다시 좋은 일이 더해짐을 뜻한다. 왕안석의 《즉사(卽事)》란 시에서 유래했다.

5 화사첨족(畵蛇添足)

✤ **字句 풀이** 畵: 그림 화, 蛇: 뱀 사, 添: 더할 첨, 足: 발 족

✤ **해설** 뱀을 그리고 발을 더한다는 말로, 쓸데없는 일을 뜻한다. 《사기(史記)》에서 유래했다.

4 한자의 활용

1) 한자상식: 경제·금융과 관련된 한자어

經濟	경제	産業	산업
資本主義	자본주의	産業社會	산업사회
金融	금융	自由競爭	자유경쟁
市場原理	시장원리	經濟活動	경제활동
市場經濟	시장경제	政府規制	정부규제
獨寡占	독과점	高費用	고비용
低效率	저효율	高附加價値	고부가가치
企業	기업	勞使關係	노사관계
自由貿易	자유무역	東北亞 經濟圈	동북아 경제권
政經癒着	정경유착	特惠	특혜
景氣	경기	好況	호황
不況	불황	需要	수요
供給	공급	關稅	관세
自由貿易協定	자유무역협정	物價	물가
輸出	수출	輸入	수입
融資	융자	貸出	대출
移替	이체	現金自動支給機	현금자동지급기
引出	인출	貯金	저금
利子	이자	所得	소득
株價	주가	通貨量	통화량
貨幣	화폐	手票	수표
換錢	환전	信用度	신용도
延滯料	연체료	手數料	수수료
國際收支	국제수지	貿易赤字	무역적자
構造調整	구조조정	實名去來	실명거래
借名計座	차명계좌	金融實名制	금융실명제
雇傭	고용	減員	감원
充員	충원	財閥	재벌
破産	파산	不渡	부도
廣告	광고	消費者	소비자

2) 한자로 읽어보기

'後期産業社會'는 人間의 物化를 深化시키면서도 그 物化를 오히려 充足, 幸福, 成就로 생각하게 함으로써 物化狀態로부터의 脫出을 挫折시키는 여러 裝置, 技術, 이데올로기를 갖고 있다. 따라서 後期産業社會는 두 가지 意味에서 物化가 철저히 進行된 社會이다.

첫째는 그 社會가 人間의 삶을 구석구석 物化시킨다는 意味에서 그러하고, 둘째는 그 物件的 삶의 歪曲과 苦痛을 苦痛 아닌 즐거움으로 받아들이게 한다는 意味에서 그러하다. 이 妄覺의 工法, 苦痛을 즐거움으로 바꾸는 工學的 技術 水準이 最高度로 發達해 있는 것이 後期産業社會이다.

後期産業社會가 이 妄覺의 工學을 動員하는 곳은 無意識의 領域이다. 無意識의 攻略을 通해 後期産業社會는 그것이 現實的으로 解決할 수 없는 問題인 自由, 平等, 正義를 慾望의 無限 噴出과 所有의 無限 追求라는 方式으로 解決한다. 慾望 追求와 無限 所有의 自由를 許與함으로써, 後期産業社會는 無意識의 領域에서 物化의 苦痛을 所有의 즐거움으로 轉換시킨다. 이것이 바로 '無意識의 植民化'라는 現像이다. (中略)

後期産業社會에서의 삶을 支配하는 廣告의 效果는 슈퍼맨이 거두는 效果와 같은 性質의 것이다. 廣告가 던지는 것은 '지금 당신은 이것을 가지고 있는가'라는 質問이고, '가지고 있지 않다면 당신은 무언가 잘못되어 있다'라는 診斷書이다. 그 質問은 '缺乏'을 指摘하고 그 診斷은 缺乏이 '退治되어야 할 惡'임을 規定해 준다.

自身의 缺乏을 아는 瞬間 現代의 消費者는 슈퍼맨처럼 모든 手段과 能力을 動員하여 그 惡의 退治에 나선다. 그는 슈퍼맨처럼 날아서 슈퍼마켓과 쇼핑센터로 달려간다. 後期産業社會의 過消費란 그러므로 過消費가 아니라 모든 사람이 슈퍼맨이 되어 열심히 惡의 退治에 나서고 있는 現像일 뿐이다. 記憶의 詩學은 過消費라는 形態의 表面 現像이 아니라 그보다 좀더 깊은 地層으로 내려가 慾望의 模倣과 消費의 實踐이 어떻게 現代의 슈퍼맨에게 正義와 自由가 되는지를 觀察하는 것에 다름 아니다. 妄覺은 즐거운 것일 수 있으나 거기 죽음이 있고, 記憶은 苦痛스러울 수 있으나 삶의 喜悅이 있다. 人間의 敍事文化는 바로 그 苦痛 속의 喜悅 때문에 持續되어 온 것이 아니겠는가. (도정일, 『시인은 숲으로 가지 못한다』, 민음사, 1994)

〈영화 〈모던타임즈〉의 한 장면〉

제 17 강

1 기본학습 : ㉢·㉣·㉤음 계열 한자어의 훈과 음 익히기

한자	훈음·획수·부수·급수	설명
逐	쫓을 축 11획 | 辶 | 3	쫓다·쫓기다·물리치다의 의미를 지닌 한자어. 쉬엄쉬엄 갈 착(辶)과 돼지 시(豕)의 결합. 산돼지를 쫓는 발 모양을 형상화했다고 한다. 용례 축출(逐出), 각축(角逐), 구축(驅逐)
衝	부딪칠 충 15획 | 行 | 3Ⅱ	부딪히다의 의미를 지닌 한자어. 다닐 행(行)과 무거울 중(重)의 결합. 노상에서 부딪친다는 뜻을 나타낸다. 용례 충돌(衝突), 충격(衝擊), 상충(相衝)
臭	냄새 취 10획 | 自 | 3	냄새·썩다의 의미를 지닌 한자어. 스스로 자(自)와 개 견(犬)의 결합. 자(自)는 코의 모습을 형상화한 것으로, 냄새, 향기 등의 뜻을 나타낸다. 용례 악취(惡臭), 체취(體臭), 탈취(脫臭)
吹	불 취 7획 | 口 | 3Ⅱ	불다의 의미를 지닌 한자어. 입 구(口)와 입 벌릴 흠(欠)의 결합. 입을 크게 벌린 사람을 형상화했다고 한다. 용례 취타(吹打), 취주(吹奏), 고취(鼓吹)
醉	취할 취 15획 | 酉 | 3Ⅱ	취하다의 의미를 지닌 한자어. 술 유(酉)와 마칠 졸(卒)의 결합. 술, 취하다 등의 뜻을 나타낸다. 용례 만취(滿醉), 심취(心醉), 도취(陶醉)
側	곁 측 11획 | 亻(人) | 3Ⅱ	곁·기울이다의 의미를 지닌 한자어. 사람 인(亻)과 규칙 측(則)의 결합. 사람의 옆, 기울다 등의 뜻을 나타낸다. 용례 측면(側面), 측근(側近), 양측(兩側)
値	값 치 10획 | 인 | 3Ⅱ	값·가치의 의미를 지닌 한자어. 사람 인(亻)과 가치·가격 직(直)의 결합. 값, 만나다, 당하다의 뜻을 나타낸다. 용례 가치(價値), 수치(數値), 가중치(加重値)
恥	부끄러울 치 10획 | 心 | 3Ⅱ	부끄럽다·욕되다의 의미를 지닌 한자어. 귀 이(耳)와 마음 심(心)의 결합. 욕, 부끄러움의 뜻을 나타낸다. 용례 치욕(恥辱), 치부(恥部), 수치심(羞恥心)

한자	훈음 · 획수 · 부수 · 급수	풀이 · 용례
稚	어릴 치 13획 | 禾 | 3Ⅱ	어리다 · 어린 벼의 의미를 지닌 한자어. 벼 화(禾)와 새 추(隹)의 결합. 어린 벼의 모습, 새끼가 벼에 숨은 모습을 형상화했다고 한다. **용례** 치어(稚魚), 치졸(稚拙), 유치(幼稚)
漆	옻 칠 14획 | 氵(水) | 3Ⅱ	옻칠 · 검다의 의미를 지닌 한자어. 물 수(氵)와 옻나무 칠(桼)의 결합. 옻나무, 칠하다의 뜻을 나타낸다. **용례** 칠기(漆器), 칠판(漆板), 칠흑(漆黑)
枕	베개 침 8획 | 木 | 3	베개 · 베다의 의미를 지닌 한자어. 나무 목(木)과 베개 침(冘)의 결합. 베개의 모양을 형상화했다고 한다. **용례** 침상(枕床), 목침(木枕), 금침(衾枕)
沈	잠길 침/성 심 7획 | 氵(水) | 3Ⅱ	잠기다 · 성 심의 의미를 지닌 한자어. 물 수(氵)와 소 우(牛)의 결합. 소가 물속에 잠기는 모습을 형상화했다고 한다. **용례** 침몰(沈沒), 침묵(沈默), 격침(擊沈)
浸	잠길 침 10획 | 氵(水) | 3Ⅱ	잠기다 · 적시다의 의미를 지닌 한자어. 물에 잠김을 뜻한다. **용례** 침수(浸水), 침식(浸蝕), 침투(浸透)
墮	떨어질 타 15획 | 土 | 3	떨어지다 · 무너지다의 의미를 지닌 한자어. 떨어질 수(隋)와 흙 토(土)의 결합. 성벽에서 흙이 무너져 내린다의 뜻을 나타낸다. **용례** 타락(墮落), 타루(墮淚)
妥	온당할 타 7획 | 女 | 3	온당하다 · 편안하다의 의미를 지닌 한자어. 손톱 조(爫)와 계집 녀(女)의 결합. 손을 뻗어 가지런히 앉은 여자의 모습을 형상화했다고 한다. **용례** 타당(妥當), 타결(妥結), 타협(妥協)
托	맡길 탁 6획 | 扌(手) | 3	맡기다 · 의지하다의 의미를 지닌 한자어. 손 수(扌)와 의탁할 탁(乇)의 결합. 몸을 의탁하는 사람의 모습을 형상화했다고 한다. **용례** 의탁(依托), 탁신(托身)
濯	씻을 탁 17획 | 氵(水) | 3	씻다 · 빨래하다의 의미를 지닌 한자어. 물 수(氵)와 뛸 적(翟)의 결합. 씻다, 크다, 빛나다 등의 뜻을 나타낸다. **용례** 세탁소(洗濯所), 탁족(濯足)
濁	흐릴 탁 16획 | 氵(水) | 3	흐리다 · 더럽다의 의미를 지닌 한자어. 물 수(氵)와 흐릴 촉(蜀)의 결합. 물이 흐려지다, 더럽다의 뜻을 나타낸다. **용례** 탁류(濁流), 탁주(濁酒), 혼탁(混濁)
誕	태어날 탄 14획 | 言 | 3	태어나다 · 거짓의 의미를 지닌 한자어. 말씀 언(言)과 늘일 연(延)의 결합. 말을 사실보다 늘이다, 속이다의 뜻을 나타낸다. **용례** 탄생(誕生), 탄신일(誕辰日), 성탄절(聖誕節)

奪	빼앗을 탈 14획 | 大 | 3Ⅱ	빼앗다 · 훔치다의 의미를 지닌 한자어. 옷속에 새를 꺼내는 모습을 형상화했다고 한다. 용례 탈취(奪取), 쟁탈(爭奪), 침탈(侵奪)
貪	탐할 탐 11획 | 貝 | 3	탐내다의 의미를 지닌 한자어. 포함할 금(今)과 조개 패(貝)의 결합. 재물을 탐낸다는 뜻을 나타낸다. 용례 탐관오리(貪官汚吏), 탐욕(貪慾), 식탐(食貪)
塔	탑 탑 13획 | 土 | 3Ⅱ	탑 · 절의 의미를 지닌 한자어. 흙 토(土)와 쌓을 답(荅)의 결합. 범어의 음역으로, 흙으로 쌓은 탑의 뜻을 나타낸다. 용례 사탑(寺塔), 석탑(石塔), 첨탑(尖塔)
湯	끓일 탕 12획 | 氵(水) | 3Ⅱ	끓이다 · 끓다의 의미를 지닌 한자어. 물 수(氵)와 뛰어오를 양(昜)의 결합. 끓는 물, 물이 세차게 흐른다는 뜻을 나타낸다. 용례 탕약(湯藥), 온탕(溫湯), 냉탕(冷湯)
怠	게으를 태 9획 | 心 | 3	게으르다 · 느리다의 의미를 지닌 한자어. 머무를 태(台)와 마음 심(心)의 결합. 게으름, 마음이 멋다의 뜻을 나타낸다. 용례 태만(怠慢), 권태(倦怠), 나태(懶怠)
殆	위태로울 태 9획 | 歹 | 3Ⅱ	위태롭다 · 거의의 의미를 지닌 한자어. 뼈 앙상할 알(歹)과 조짐 태(台)의 결합. 위태로움, 위험하다의 뜻을 나타낸다. 용례 위태(危殆), 태반(殆半)
泰	클 태 10획 | 氺(水) | 3Ⅱ	크다 · 편안하다의 의미를 지닌 한자어. 클 대(大)와 물 수(水)의 결합. 유유자적하는 큰 사람의 모습을 형상화했다고 한다. 용례 태두(泰斗), 태산(泰山), 태연(泰然)
澤	연못 택 16획 | 氵(水) | 3Ⅱ	연못 · 윤택하다의 의미를 지닌 한자어. 물 수(氵)와 들일 역(睪)의 결합. 연못, 적시다, 윤기의 뜻을 나타낸다. 용례 덕택(德澤), 윤택(潤澤), 혜택(惠澤)
兎	토끼 토 8획 | 儿 | 3Ⅱ	토끼의 의미를 지닌 한자어. 토끼의 모습을 형상화했다고 한다. 용례 옥토(玉兎), 토사구팽(兎死狗烹)
吐	토할 토 6획 | 口 | 3Ⅱ	토하다 · 뱉다 · 털어놓다의 의미를 지닌 한자어. 입 구(口)와 흙 토(土)의 결합. 토하다, 입밖으로 드러내다의 뜻을 나타낸다. 용례 토로(吐露), 실토(實吐), 구토(嘔吐)
透	통할 투 11획 | 辶 | 3Ⅱ	통하다 · 꿰뚫어 보다의 의미를 지닌 한자어. 쉬엄쉬엄 갈 착(辶)과 길게 뻗을 수(秀)의 결합. 꿰뚫다, 환하다, 던지다의 뜻을 나타낸다. 용례 투과(透過), 투시(透視), 투명(透明)

把	잡을 파 7획 | 扌(手) | 3	잡다 · 쥐다의 의미를 지닌 한자어. 손 수(扌)와 꼬리 파(巴)의 결합. 손으로 움켜 쥐다, 잡다의 뜻을 나타낸다. 용례 파악(把握), 파수(把守)
罷	파할 파 15획 | 罒 | 3	파하다 · 그만두다의 의미를 지닌 한자어. 그물망(罒))과 능할 능(能)의 결합. 그치다, 고달프다, 물러나다의 뜻을 나타낸다. 용례 파면(罷免), 파직(罷職), 파업(罷業)
播	뿌릴 파 15획 | 扌(手) | 3	씨뿌리다 · 퍼뜨리다의 의미를 지닌 한자어. 손 수(扌)와 뿌릴 번(番)의 결합. 손으로 씨를 뿌리다, 퍼뜨리다의 뜻을 나타낸다. 용례 파종(播種), 전파(傳播)

2 심화학습 : 기본한자 다시 익히기

1) 다음 훈과 음을 지닌 한자를 쓰시오.

쫓을 축 [ ]	부딪칠 충 [ ]	냄새 취 [ ]	불 취 [ ]
취할 취 [ ]	곁 측 [ ]	값 치 [ ]	부끄러울 치 [ ]
어릴 치 [ ]	옻 칠 [ ]	베개 침 [ ]	잠길 침 [ ]
잠길 침/성 심 [ ]	떨어질 타 [ ]	온당할 타 [ ]	맡길 탁 [ ]
씻을 탁 [ ]	흐릴 탁 [ ]	태어날 탄 [ ]	빼앗을 탈 [ ]
탐할 탐 [ ]	탑 탑 [ ]	끓을 탕 [ ]	위태로울 태 [ ]

게으를	태	클	태	연못	택	토끼	토
토할	토	통할	투	잡을	파	파할	파
뿌릴	파						

2) 다음 한자의 훈과 음을 쓰시오.

❶ 罷( )	❷ 誕( )	❸ 側( )	❹ 澤( )
❺ 濯( )	❻ 値( )	❼ 逐( )	❽ 貪( )
❾ 殆( )	❿ 吹( )	⓫ 臭( )	⓬ 浸( )
⓭ 透( )	⓮ 托( )	⓯ 醉( )	⓰ 怠( )
⓱ 奪( )	⓲ 墮( )	⓳ 塔( )	⓴ 泰( )
㉑ 妥( )	㉒ 衝( )	㉓ 湯( )	㉔ 兎( )
㉕ 把( )	㉖ 沈( )	㉗ 濁( )	㉘ 吐( )
㉙ 播( )	㉚ 漆( )	㉛ 稚( )	㉜ 恥( )
㉝ 枕( )			

3) 다음 밑줄 친 한자의 독음을 쓰시오.

(1) 당 지도부는 뇌물죄로 사법 처리를 당한 의원들의 逐出을 결의하였다.

(2) 이 물건에 강한 衝擊을 주면 부서집니다.

(3) 개천에서 풍기는 惡臭 때문에 창문을 열 수가 없다.

(4) 사장은 사원들의 사기 鼓吹를 위하여 노력하였다.

(5) 아름다움에 대한 陶醉는 인간의 자연스러운 감정이다.

(6) 그의 그런 생각에는 또 다른 側面이 있었다.

(7) 그런 價値 없는 일에 너무 많은 시간을 낭비하지 마라.

(8) 6 · 25 전쟁은 우리 민족사에 恥辱적인 오점을 남겼다.

(9) 사람들의 시선을 끌기 위한 그의 행동은 幼稚하기 짝이 없다.

(10) 눈이 나빠져서 漆板의 글씨가 보이지 않는다.

(11) 나는 잠이 오지 않아 寢床에서 몸을 뒤척였다.

(12) 세균이 상처 부위로 浸透되지 않도록 치료를 잘해야 한다.

(13) 함체가 심하게 파손된 배는 沈沒 직전에 있다.

(14) 크게 상심한 그는 점차 墮落의 길을 걸었다.

(15) 남북 간의 문제는 대화와 妥協으로 풀어야 한다.

(16) 화재로 집을 잃는 순간, 어디에 가서 몸을 依託해야 할지 아무런 생각이 없었다.

(17) 이런 옷은 매일 洗濯을 해야 한다.

(18) 선거운동기간이 채 시작되기도 전에 이미 混濁 양상을 보이고 있다.

(19) 낡은 체제는 붕괴되고 새로운 체제가 誕生했다.

(20) 사람들이 모였다 하면 이권 爭奪에만 열을 올렸다.

(21) 그는 貪慾에 눈이 멀어 일을 그르치고 말았다.

(22) 사원 마당에는 오래되어 보이는 石塔이 서있었다.

(23) 할아버지께서는 溫湯에 30분 동안 들어가 계셨다.

(24) 환자의 생명이 危殆로워지자 의사들의 움직임이 분주해졌다.

(25) 그는 천성이 怠慢하여 무슨 일이든 자발적으로 하는 법이 없다.

(26) 아무리 어려운 일이 닥쳐도 그는 늘 泰然하기만 했다.

(27) 이번 조치로 적지 않은 사람들이 惠澤을 보게 될 전망이다.

(28) 달에 사는 토끼와 달을 일치시켜서 달빛을 兎景이라고도 하였다.

(29) 어머니에게 잘못을 實吐하고 용서를 구했다.

(30) 그의 사건 처리 방식은 透明했다.

(31) 그는 눈치가 없어 분위기 把握을 못했다.

(32) 노조 측과 회사 측의 극적인 타협으로 罷業만은 피할 수 있었다.

(33) 풍문은 꼬리에 꼬리를 물고 인근 사방에 傳播되었다.

3 배운 한자를 활용한 고사성어(故事成語)

1 후안무치(厚顔無恥)

字句 풀이 厚: 두터울 후, 顔: 낯 안, 無: 없을 무, 恥: 부끄러울 치

해설 얼굴이 두껍고 부끄러움이 없다라는 말로, 잘못을 하고도 부끄러워할 줄 모르는 사람을 뜻한다.

2 파렴치(破廉恥)

✣ **字句 풀이** 破: 깨뜨릴 파, 廉: 살필 렴, 恥: 부끄러울 치

✣ **해설** 염치와 수치가 없다는 말로, 염치와 부끄러움을 모르는 몰지각한 사람을 뜻한다.

3 환골탈태(換骨奪胎)

✣ **字句 풀이** 換: 바꿀 환, 骨: 뼈 골, 奪: 빼앗을 탈, 胎: 아이 밸 태

✣ **해설** 문학용어에서 나온 말이다. 환골은 옛사람의 시문을 본 딴 어구를 만드는 것이며, 탈태는 옛 시의 뜻을 본 따면서 원래의 시와는 다르게 짓는 것을 말한다. 요즘에는 외양이 몰라보게 변한 사람을 비유적으로 뜻한다. 《냉재야화(冷齋夜話)》에서 유래했다고 전한다.

4 토사구팽(兎死狗烹)

✣ **字句 풀이** 兎: 토끼 토, 死: 죽을 사, 狗: 개 구, 烹: 삶을 팽

✣ **해설** 교토사주구팽(狡兎死走狗烹)의 약자. 토끼가 죽으면 사냥개를 삶는다는 말로, 토끼 사냥이 끝난 후에는 사냥개가 더 이상 쓸모가 없어져서 죽여버리는 것처럼, 비정한 세상을 비유적으로 뜻하는 말이다. 《사기(史記)》에서 유래했다.

5 감탄고토(甘呑苦吐)

✣ **字句 풀이** 甘: 달 감, 呑: 삼킬 탄, 苦: 쓸 고, 吐: 토할 토

✣ **해설** 달면 삼키고 쓰면 뱉는다는 말로, 인간의 신의(信義) 없음을 비유적으로 뜻한다.

4 한자의 활용

1) 한자상식: 정치·법률과 관련된 한자어

한자어	독음	한자어	독음
政治	정치	法律	법률
國會	국회	國會議員	국회의원
比例代表	비례대표	政黨	정당
與黨	여당	野黨	야당
所屬	소속	無所屬	무소속
領袖會談	영수회담	代辯人	대변인
立法	입법	改憲	개헌
輿論	여론	國民投票	국민투표
國政調査權	국정조사권	公薦權	공천권
落選運動	낙선운동	特別檢査制度	특별검사제도
輿論收斂	여론수렴	地方自治制度	지방자치제도
檢察	검찰	檢事	검사
辯護士	변호사	被告	피고
被疑者	피의자	法院	법원
法庭	법정	裁判	재판
判決	판결	棄却	기각
勝訴	승소	敗訴	패소
抗訴	항소	上告	상고
訴訟	소송	訴狀	소장
罰金	벌금	無期懲役	무기징역
執行猶豫	집행유예	矯導所	교도소
保釋	보석	赦免	사면
證人	증인	僞證罪	위증죄
黙秘權	묵비권	犯則金	범칙금
聽聞會	청문회	輕犯罪	경범죄
民事訴訟	민사소송	刑事訴訟	형사소송
公訴時效	공소시효	追徵金	추징금
罰金	벌금	懸賞手配	현상수배
容疑者	용의자	提報者	제보자
性戱弄	성희롱	婚姻憑藉罪	혼인빙자죄
姦通罪	간통죄	誘拐事件	유괴사건
强力犯罪	강력범죄	憲法裁判所	헌법재판소

2) 한자로 읽어보기

(1) 〈憲法 前文〉

悠久한 歷史와 傳統에 빛나는 우리 大韓 國民은 3·1運動으로 建立된 大韓民國 臨時政府의 法統과 不義에 抗拒한 4·19 民主理念을 繼承하고, 祖國의 民主改革과 平和的 統一의 使命에 立脚하여 正義·人道와 同胞愛로써 民族의 團結을 鞏固히 하고, 모든 社會的 弊習과 不義를 打破하며, 自律과 調和를 바탕으로 自由民主的 基本秩序를 더욱 確固히 하여 政治·經濟·社會·文化의 모든 領域에 있어서 各人의 機會를 均等히 하고, 能力을 最高度로 發揮하게 하며, 自由와 權利에 따르는 責任과 義務를 完遂하게 하여, 안으로는 國民生活의 均等한 向上을 企하고 밖으로는 恒久的인 世界平和와 人類共榮에 이바지함으로써 우리들과 우리들의 子孫의 安全과 自由와 幸福을 永遠히 確保할 것을 다짐하면서 1948年 7月 12日에 制定되고 8次에 걸쳐 改正된 憲法을 이제 國會의 議決을 거쳐 國民投票에 依하여 改正한다.

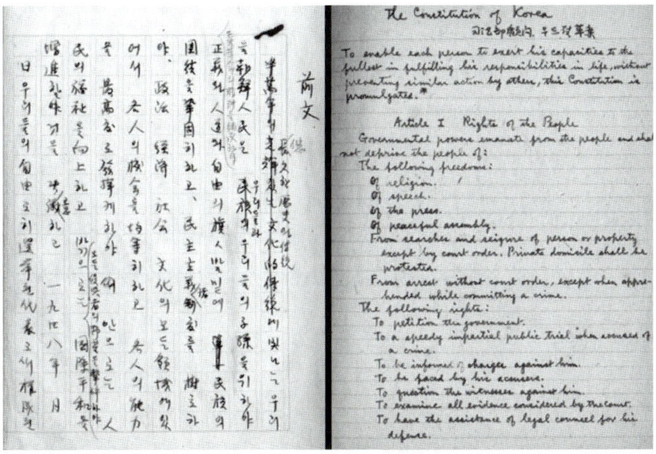

〈유진오가 만든 〈헌법〉의 초안〉

第1章 總綱

第1條

① 大韓民國은 民主共和國이다.

② 大韓民國의 主權은 國民에게 있고, 모든 權力은 國民으로부터 나온다.

第2條

① 大韓民國의 國民이 되는 要件은 法律로 定한다.
② 國家는 法律이 定하는 바에 依하여 在外國民을 保護할 義務를 진다.

第3條
大韓民國의 領土는 韓半島와 그 附屬島嶼로 한다.

第4條
大韓民國은 統一을 志向하며, 自由民主的 基本秩序에 立脚한 平和的 統一政策을 樹立하고 이를 推進한다.

第5條
① 大韓民國은 國際平和의 維持에 努力하고 侵略的 戰爭을 否認한다.
② 國軍은 國家의 安全保障과 國土防衛의 神聖한 義務를 遂行함을 使命으로 하며, 그 政治的 中立性은 遵守된다.

第6條
① 憲法에 依하여 締結·公布된 條約과 一般的으로 承認된 國際法規는 國內法과 같은 效力을 가진다.
② 外國人은 國際法과 條約이 定하는 바에 依하여 그 地位가 保障된다.

第7條
① 公務員은 國民全體에 對한 奉仕者이며, 國民에 對하여 責任을 진다.
② 公務員의 身分과 政治的 中立性은 法律이 定하는 바에 依하여 保障된다.

第8條
① 政黨의 設立은 自由이며, 複數政黨制는 保障된다.
② 政黨은 그 目的·組織과 活動이 民主的이어야 하며, 國民의 政治的 意思形成에 參與하는데 必要한 組織을 가져야 한다.
③ 政黨은 法律이 定하는 바에 依하여 國家의 保護를 받으며, 國家는 法律이 定하는 바에 依하여 政黨運營에 必要한 資金을 補助할 수 있다.
④ 政黨의 目的이나 活動이 民主的 基本秩序에 違背될 때에는 政府는 憲法裁判所에 그 解散을 提訴할 수 있고, 政黨은 憲法裁判所의 審判에 依하여 解散된다.

第9條

國家는 傳統文化의 繼承·發展과 民族文化의 暢達에 努力하여야 한다.

(2) 〈미란다 原則〉

우리는 당신이 다음과 같은 法的 權利를 갖고 있다는 것을 說明하고 警告할 義務가 있습니다.

1. 당신은 黙秘權을 갖고 있어 아무 말을 하지 않아도 됩니다.
2. 당신이 말한 것은 法庭에서 당신에게 不利하게 使用될 수 있습니다.
3. 당신은 우리가 質問하기 前에 당신이 願하는 辯護士와 相議할 權利가 있고, 우리가 質問하는 동안 辯護士를 陪席시킬 權利도 갖고 있습니다.
4. 만약 당신이 辯護士를 選任할 經濟的 能力이 없지만, 그래도 辯護士를 願한다면 우리가 質問을 始作하기 전에 公益辯護士가 選任될 것입니다.
5. 당신은 우리에게 陳述을 하더라도 언제나 願할 때에 中斷할 權利가 있습니다.

제 18 강

1 기본학습 : ㉬ ~ ㉭음 계열 한자어의 훈과 음 익히기

한자	훈음 / 획수 / 부수 / 급수	설명
頗	자못 파 14획 | 頁 | 3	자못 · 치우치다의 의미를 지닌 한자어. 가죽 피(皮)과 머리 혈(頁)의 결합. 머리가 기우는 모양에서, 치우치다의 뜻을 나타낸다. 용례 편파(偏頗), 파다(頗多)
販	팔 판 11획 | 貝 | 3	팔다 · 장사의 의미를 지닌 한자어. 조개 패(貝)와 돌이킬 반(反)의 결합. 돈으로 물건을 사고판다의 뜻을 나타낸다. 용례 판매(販賣), 판촉(販促), 가판(街販)
版	널 판 8획 | 片 | 3Ⅱ	널(판목) · 인쇄 · 책의 의미를 지닌 한자어. 조각 편(片)과 돌이킬 반(反)의 결합. 나무로 판목을 만드는 모습을 형상화했다고 한다. 용례 출판(出版), 판본(版本), 판화(版畵)
貝	조개 패 7획 | 貝 | 3	조개 · 재화 · 장신구의 의미를 지닌 한자어. 조개의 모습을 형상화한 것으로, 돈, 재화의 뜻을 나타낸다. 용례 패물(貝物), 패총(貝塚), 어패류(魚貝類)
偏	치우칠 편 11획 | 亻(人) | 3Ⅱ	치우치다 · 기울다의 의미를 지닌 한자어. 사람 인(亻)과 치우칠 편(扁)의 결합. 사람이 한 쪽으로 치우치다의 뜻을 나타낸다. 용례 편견(偏見), 편중(偏重), 편식(偏食)
編	엮을 편/땋을 변 15획 | 糸 | 3Ⅱ	엮다 · 짜다 · 책의 의미를 지닌 한자어. 실 사(糸)와 엮을 편(扁)의 결합. 죽간을 실로 얽어 책을 만든다는 뜻을 나타낸다. 용례 편성(編成), 편찬(編纂), 편집(編輯)
遍	두루 편 13획 | 辶 | 3	두루의 의미를 지닌 한자어. 쉬엄쉬엄 갈 착(辶)과 작을 편(扁)의 결합. 두루, 번의 뜻을 나타낸다. 용례 보편(普遍), 편력(遍歷), 편재(遍在)
片	조각 편 4획 | 片 | 3Ⅱ	조각의 의미를 지닌 한자어. 나무를 쪼갠 조각을 형상화한 것이다. 용례 편도(片道), 편린(片鱗), 편육(片肉)

蔽	덮을 폐 16획 | 艹(艸) | 3	덮다 · 가리다의 의미를 지닌 한자어. 풀 초(艹)와 가릴 폐(敝)의 결합. 풀로 덮어 가린다는 뜻을 나타낸다. 용례 은폐(隱蔽), 폐색(蔽塞), 엄폐(掩蔽)
弊	해질 폐 15획 | 廾 | 3Ⅱ	해지다 · 폐단의 의미를 지닌 한자어. 해질 폐(敝)와 손맞잡을 공(廾)의 결합. 나쁜 폐단이나 피곤하다의 뜻을 나타낸다. 용례 폐단(弊端), 폐해(弊害), 피폐(疲弊)
廢	폐할 폐 15획 | 广 | 3Ⅱ	폐하다 · 버리다의 의미를 지닌 한자어. 집 엄(广)과 망가질 발(發)의 결합. 망가진 집, 못쓰게 되다, 떨어지다의 뜻을 나타낸다. 용례 폐허(廢墟), 폐교(廢校), 폐기(廢棄)
肺	허파 폐 8획 | 月(肉) | 3Ⅱ	허파 · 마음의 의미를 지닌 한자어. 육달 월(月)과 나뉠 시(市)의 결합. 좌우의 둘로 나누어 있는 허파의 뜻을 나타낸다. 용례 폐결핵(肺結核), 폐렴(肺炎), 심폐(心肺)
幣	폐백 폐 15획 | 巾 | 3	폐백 · 예물 · 재화의 의미를 지닌 한자어. 절할 폐(敝)와 수건 건(巾)의 결합. 신에게 절하고 바치는 예물의 뜻을 나타낸다. 용례 폐백(幣帛), 지폐(紙幣), 화폐(貨幣)
浦	물가 포 10획 | 氵(水) | 3Ⅱ	물가 · 개펄의 의미를 지닌 한자어. 물 수(氵)와 퍼질 보(甫)의 결합. 넓은 물가, 개펄의 뜻을 나타낸다. 용례 포구(浦口), 포항(浦港), 목포(木浦)
捕	잡을 포 10획 | 扌(手) | 3Ⅱ	잡다 · 사로잡다의 의미를 지닌 한자어. 손 수(扌)와 클 보(甫)의 결합. 손으로 꼭 잡는다는 뜻을 나타낸다. 용례 포로(捕虜), 체포(逮捕), 포수(捕手)
飽	배부를 포 14획 | 飠(食) | 3	배부르다 · 가득하다의 의미를 지닌 한자어. 밥 식(食)과 안을 포(包)의 결합. 배부르게 먹다의 뜻을 나타낸다. 용례 포만(飽滿), 포식(飽食), 포화상태(飽和狀態)
抱	안을 포 8획 | 扌(手) | 3	안다 · 품다의 의미를 지닌 한자어. 손 수(扌)와 안을 포(包)의 결합. 손으로 감싸다, 안다의 뜻을 나타낸다. 용례 포옹(抱擁), 포부(抱負), 회포(懷抱)
幅	폭 폭 12획 | 巾 | 3	폭 · 너비의 의미를 지닌 한자어. 수건 건(巾)과 가득할 복(畐)의 결합. 옷감의 폭이나 너비, 족자의 폭 등의 뜻을 나타낸다. 용례 보폭(步幅), 전폭(全幅), 소폭(小幅)
漂	뜰 표 14획 | 氵(水) | 3	뜨다 · 떠돌다 · 빨래하다의 의미를 지닌 한자어. 물 수(氵)와 표 표(票)의 결합. 물 위를 떠서 떠돈다는 뜻을 나타낸다. 용례 표류(漂流), 부표(浮漂), 표백제(漂白劑)

楓	단풍 풍 13획 | 木 | 3Ⅱ	단풍나무의 의미를 지닌 한자어. 나무 목(木)과 바람 풍(風)의 결합. 단풍나무의 뜻을 나타낸다. 용례 단풍(丹楓), 풍악산(楓嶽山)
皮	가죽 피 5획 | 皮 | 3Ⅱ	가죽·껍질의 의미를 지닌 한자어. 손으로 짐승의 가죽을 벗기는 모습을 형상화했다고 한다. 용례 피부(皮膚), 모피(毛皮), 철면피(鐵面皮)
被	입을 피 10획 | 衤(衣) | 3Ⅱ	입다·당하다·미치다의 의미를 지닌 한자어. 옷 의(衤)와 가죽 피(皮)의 결합. 옷을 입다, 피해를 입다의 뜻을 나타낸다. 용례 피해(被害), 피동(被動), 피살(被殺)
彼	저 피 8획 | 彳 | 3Ⅱ	저·저기·그의 의미를 지닌 한자어. 조금걸을 척(彳)과 가죽 피(皮)의 결합. 저쪽 등의 지시대명사로 쓰인다. 용례 피안(彼岸), 피차(彼此), 지피지기(知彼知己)
畢	마칠 필 11획 | 田 | 3Ⅱ	마치다·다하다·모두의 의미를 지닌 한자어. 밭 전(田)과 마칠 필(𠦒)의 결합. 일을 마치다, 다하다, 그물 등의 뜻을 나타낸다. 용례 미필(未畢), 필경(畢竟), 필생(畢生)
匹	짝 필 4획 | 匸 | 3	짝(상대)·필의 의미를 지닌 한자어. 말의 꼬리를 형상화한 것으로, 단위, 짝 등의 뜻을 나타낸다. 용례 필적(匹敵), 배필(配匹), 필마단기(匹馬單騎)
荷	멜 하 11획 | ⺿(艸) | 3Ⅱ	메다·짐의 의미를 지닌 한자어. 사람 어깨에 짐을 멘 모양을 형상화했다고 한다. 용례 부하(負荷), 하역(荷役), 하물(荷物)
何	어찌 하 7획 | 亻(人) | 3Ⅱ	어찌·어떤·무엇의 의미를 지닌 한자어. 멜 하(苛)의 원 글자로, 사람 어깨에 짐을 멘 모양을 형상화했다고 한다. 용례 하필(何必), 여하(如何), 하여간(何如間)
賀	하례할 하 12획 | 貝 | 3Ⅱ	하례하다·축하하다의 의미를 지닌 한자어. 더할 가(加)와 조개 패(貝)의 결합. 재물을 남에게 보내 축하하다의 뜻을 나타낸다. 용례 하객(賀客), 축하(祝賀), 근하신년(謹賀新年)
鶴	학 학 21획 | 鳥 | 3Ⅱ	학·희다의 의미를 지닌 한자어. 높이 날 학(隺)과 새 조(鳥)의 결합. 흰 새인 학의 모습을 형상화했다고 한다. 용례 선학(仙鶴), 학수고대(鶴首苦待), 군계일학(群鷄一鶴)
旱	가물 한 7획 | 日 | 3	가뭄의 의미를 지닌 한자어. 날 일(日)과 가뭄 간(干)의 결합. 가뭄, 비가 내리지 않는다는 뜻을 나타낸다. 용례 한재(旱災), 한해(旱害), 대한(大旱)

汗	땀 한 6획 | 氵(水) | 3Ⅱ	땀의 의미를 지닌 한자어. 물 수(氵)와 땀 간(干)의 결합. 더워서 땀을 흘린다는 뜻을 나타낸다. 용례 한증막(汗蒸幕), 한마지로(汗馬之勞), 한우충동(汗牛充棟)
割	나눌 할 12획 | 刂(刀) | 3Ⅱ	나누다·가르다·쪼개다의 의미를 지닌 한자어. 끊을 할(害)과 칼 도(刂)의 결합. 칼로 나누다, 가르다의 뜻을 나타낸다. 용례 분할(分割), 역할(役割), 할인(割引)
咸	다 함 9획 | 口 | 3	다·모두의 의미를 지닌 한자어. 도끼 월(戉)과 입 구(口)의 결합. 한 목소리로 소리를 지르는 모습을 형상화했다고 한다. 용례 함지(咸池), 함흥차사(咸興差使)

2 심화학습 : 기본한자 다시 익히기

1) 다음 훈과 음을 지닌 한자를 쓰시오.

자못 파	팔 판	널 판	조개 패
치우칠 편	엮을 편/땋을 변	두루 편	조각 편
덮을 폐	해질 폐	폐할 폐	허파 폐
폐백 폐	물가 포	배부를 포	안을 포
잡을 포	폭 폭	뜰 표	단풍 풍
가죽 피	입을 피	저 피	마칠 필

짝	필		멜	하		어찌	하		하례할	하	
학	학		가물	한		땀	한		나눌	할	
다	함										

2) 다음 한자의 훈과 음을 쓰시오.

❶ 貝(　　　) ❷ 版(　　　) ❸ 販(　　　) ❹ 何(　　　)
❺ 廢(　　　) ❻ 編(　　　) ❼ 飽(　　　) ❽ 匹(　　　)
❾ 抱(　　　) ❿ 咸(　　　) ⓫ 浦(　　　) ⓬ 畢(　　　)
⓭ 漂(　　　) ⓮ 遍(　　　) ⓯ 偏(　　　) ⓰ 賀(　　　)
⓱ 汗(　　　) ⓲ 弊(　　　) ⓳ 幅(　　　) ⓴ 鶴(　　　)
㉑ 楓(　　　) ㉒ 幣(　　　) ㉓ 蔽(　　　) ㉔ 旱(　　　)
㉕ 被(　　　) ㉖ 頗(　　　) ㉗ 肺(　　　) ㉘ 彼(　　　)
㉙ 割(　　　) ㉚ 片(　　　) ㉛ 捕(　　　) ㉜ 荷(　　　)
㉝ 皮(　　　)

3) 다음 밑줄 친 한자의 독음을 쓰시오.

(1) 신문 기사가 우리에게 지나치게 <u>偏頗</u>적이다.

(2) 이번 세일 기간에는 특별히 한정 물품만을 선정하여 소비자에게 <u>販賣</u>하기로 했다.

(3) 이번에 <u>出版</u>된 그의 소설은 각계각층에 큰 반향을 불러일으켰다.

(4) 콜레라는 <u>魚貝類</u>의 생식만으로도 일어날 수 있다.

(5) 항상 <u>偏見</u>에서 벗어나는 노력이 필요하다.

(6) 그는 이번에 교내 신문을 <u>編輯</u>하는 편집장이 되었다.

(7) 이 옷은 현재 普遍적인 유행을 반영한다.

(8) 어렸을 적 기억의 片鱗들이 친구들과 함께 공유되었으면 합니다.

(9) 침묵한다고 해서 이 일을 隱蔽할 수 없다.

(10) 우리의 정신적 疲弊는 어디서 보상받아야 하는가.

(11) 건물의 廢墟에는 잡초만이 무성했다.

(12) 그의 아들은 肺炎에 걸려서 위독한 상황이다.

(13) 시장이 활성화 되면서 물물교환의 방식에서 벗어나 貨幣가 사용되기 시작했다.

(14) 그의 고향은 남해안 조그만 浦口이다.

(15) 저녁을 飽食하고 나서야 비로소 정신을 차릴 수 있었다.

(16) 그는 부모님께 자신의 抱負를 당당히 밝혔다.

(17) 두 나라는 협정을 통해서 捕虜를 즉시 송환하기로 했다.

(18) 그는 그녀를 따라잡기 위하여 步幅을 넓히며 걸어갔다.

(19) 배는 정처 없이 바다를 漂流하였다.

(20) 가을이 되자 온 산에 丹楓이 곱게 물들었다.

(21) 皮膚관리를 꾸준히 해야만 피부의 노화를 막을 수 있다.

(22) 간밤에 내린 우박으로 인해 과수원은 큰 被害를 입었다.

(23) 그들은 彼此 말은 없지만 서로의 생각을 잘 알고 있다.

(24) 이러한 속사정을 모르는 사람은 畢竟 그를 오해할 수 밖에 없다.

(25) 그 여자는 너에게 훌륭한 配匹이 될 것이다.

(26) 화물선이 도착하자 인부들은 화물을 荷役하기 시작했다.

(27) 다른 사람도 많은데 왜 何必 제가 외국에 가야 합니까?

(28) 그는 공연을 마치고 사람들에게 많은 祝賀를 받았다.

(29) 그는 집에서 그녀의 편지가 오기만을 鶴首苦待했다.

(30) 비가 내리지 않는 지독한 旱災로 농작물이 모두 말라 죽었다.

(31) 창고 안은 汗蒸幕처럼 무더웠다.

(32) 그는 회사에서 중요한 役割을 하고 있다.

(33) 咸興差使로 유명한 그곳은 이젠 영원히 갈 수 없는 곳이 되고 말았다.

3 배운 한자를 활용한 고사성어(故事成語)

1 위편삼절(韋編三絶)

字句 풀이 韋: 가죽 위, 編: 엮을 편, 三: 석 삼, 絶: 끊을 절

해설 가죽으로 맨 책 끈이 세 번이나 끊어졌다는 말로, 열심히 독서나 학문에 정진하는 모습을 뜻한다. 《사기(史記)》에서 유래했다.

2 일편단심(一片丹心)

✧ **字句 풀이** 一: 한 일, 片: 조각 편, 丹: 붉을 단, 心: 마음 심

✧ **해설** 한 조각의 붉은 마음이란 말로, 진정한 마음에서 우러나오는 충성을 뜻한다.

3 지피지기(知彼知己)

✧ **字句 풀이** 知: 알 지, 彼: 저 피, 知: 알 지, 己: 몸 기

✧ **해설** 지피지기(知彼知己) 백전불태(百戰不殆)에서 나온 말. 저를 알고 나를 안다는 말로, 적세와 나를 자세히 알면 싸움에서 이김을 뜻한다. 《손자(孫子)》에서 유래했다.

4 필부지용(匹夫之勇)

✧ **字句 풀이** 匹: 짝 필, 夫: 지아비 부, 之: 갈 지, 勇: 날랠 용

✧ **해설** 보잘 것 없는 남자의 용기라는 말로, 깊은 생각 없이 혈기만을 믿고 용기를 내는 사람을 뜻한다. 《맹자(孟子)》에서 유래했다.

5 학수고대(鶴首苦待)

✧ **字句 풀이** 鶴: 학 학, 首: 머리 수, 苦: 쓸 고, 待: 기다릴 대

✧ **해설** 학처럼 목을 길게 빼고 기다린다는 말로, 몹시 기다림을 뜻한다.

6 군계일학(群鷄一鶴)

✧ **字句 풀이** 群: 무리 군, 鷄: 닭 계, 一: 한 일, 鶴: 학 학

✧ **해설** 무리 지어 있는 닭 가운데 있는 한 마리의 학이라는 말로, 평범한 사람들 가운데 있는 뛰어난 한 사람을 뜻한다. 《진서(晉書)》에서 유래했다.

4 한자의 활용

1) 한자상식: 교통과 관련된 한자어

飛行機	비행기	滑走路	활주로
汽車	기차	鐵道	철도
自動車	자동차	乘用車	승용차
乘合車	승합차	二輪車	이륜차
地下鐵	지하철	地下道	지하도
高架道路	고가도로	交叉路	교차로
步道	보도	陸橋	육교
車道	차도	人道	인도
信號違反	신호위반	信號燈	신호등
橫斷步道	횡단보도	全用車線	전용차선
交通事故	교통사고	警察車	경찰차
雙方過失	쌍방과실	接觸事故	접촉사고
交通滯症	교통체증	交通混雜	교통혼잡
空港	공항	停留場	정류장
待合室	대합실	離陸場	이륙장
着陸場	착륙장	搭乘場	탑승장
駐車料金	주차요금	駐車禁止	주차금지
不法駐車	불법주차	牽引	견인
注油所	주유소	充電所	충전소
操縱士	조종사	乘務員	승무원
運轉士	운전사	乘客	승객

2) 한자로 읽기보기

〈大韓每日申報〉 1910年 7月 15日 外報란에는 興味있는 記事가 하나 실려 있다. 題目이 '自動車 數爻'라고 붙어 있다. 프랑스의 自動車 雜誌에 나와 있는 世界 各國의 自動車 代數를 引用 報道한 것이다. 그 內容을 보면, 美國은 13萬代, 英國은 8萬 4841代, 法國(프랑

스)은 4萬 6114代, 德國(獨逸)은 2萬 4600餘代다. 東洋에서 日本에만 10餘代의 自動車가 있다는 것이다. 우리나라에는 한 代의 自動車도 없던 때였다.

勿論 外國의 거리를 疾走하는 自動車에 關한 消息은 훨씬 以前부터 눈에 띈다. 〈皇城新聞〉은 '파리의 自動車'(1907. 6. 19)라는 記事는, 프랑스 파리에 自動車가 가장 流行하고 있는데, 繁華한 거리에서는 30分 內에 自動車가 40臺 以上 通行하는 것을 볼 수 있다고 傳한다. 그 價格도 한 代의 2萬~5萬法(프랑)으로 아주 비싸다고 한다. 〈申報〉는 프랑스에서 開催된 自動車 競走大會에서 獨逸의 멀쎄트스(메르세데스)에서 製造한 自動車가 優勝했다는 消息(1908. 7. 15)를 傳하기도 하고, 獨逸에서 開催된 自動車 競走大會에서 原動力을 傳達하는 그릇(엔진)이 터져서 네 名이 死亡하고 많은 사람들이 重傷을 입었다는 消息(1907. 7. 27)도 報道한다.

自動車의 機能과 模型에 對한 消息도 이어진다. 歐羅巴의 몇몇 나라들은 自動車를 軍士用으로 使用하기 위해 研究 中이라는 消息과 함께 日本 陸軍도 2萬 3000元으로 軍用自動車 2代를 購入하여 그 使用方法을 研究 中이라는 消息(〈皇城新聞〉, 1910. 3. 2)도 있다. 自動車의 速度를 높이기 위해 空氣抵抗을 줄이도록 물고기 模樣으로 自動車를 製造하게 되었다는 記事(〈大韓每日申報〉, 1919. 6. 15)도 나온다.

〈런던 그래픽 뉴스〉에서 보도했던 조선의 '자동차 소동'

우리나라에 自動車가 처음 들어온 것은 1903年이라고 하지만 確認할 수 없다. 大韓帝國 出帆 直後 高宗의 皇帝 格上을 紀念하기 위한 '稱慶禮式'을 準備하면서 高宗皇帝를 모실 自動車를 輸入하였다는 것이다. 그렇지만 美國 公使에게 特別히 付託해 美國으로부터 들여왔다는 이 乘用車가 어떤 車種이었는지 分明치 않다. 이 새로운 文明 利器의 導入에 關한 어떤 公式的인 記錄도 찾아볼 수 없고, 그 自動車마저 傳해오지 않는다. 1908年 프랑스 公使가 自動車를 타고 서울 거리에 登場하여 百姓들을 모두 놀라게 만들었다는 이야기는 실제로 있었던 일이다. 당시 〈大韓每日申報〉에서 寫眞記者로 일했던 英國人 알프레드 맨험이 1909年 2月 20日 英國 畵報紙인 '런던 그래픽 뉴스'에 실었던 寫眞이 이를 잘 說明해 준다.

日本 强占 直後 데라우치가 朝鮮總督府 初代 總督으로 赴任한 後, 1911年 自動車 2臺를 輸入하였다는 事實이 처음 公式文件(朝鮮總攬)에 登場한다. 高宗이 타다가 純宗에게 물려주었다는 이 御車가 지금까지 傳해오고 있다. 當時 全國에 荷牛車가 3萬 337臺, 荷馬車가 1804臺, 人力車가 1217臺뿐이었다고 하니, 거리 風景을 짐작할 만하다.

(권영민, 〈제국의 황혼, '100년 전 우리는'〉, 자동차에 놀란 서울 시민들, 조선일보, 2010. 1. 30일자)

제 19 강

1 기본학습 : ㉭음 계열 한자어의 훈과 음 익히기

含	머금을 함 7획 | 口 | 3Ⅱ	머금다 · 품다 · 포함하다의 의미를 지닌 한자어. 머금을 금(今)과 입 구(口)의 결합. 입 속에 무엇인가를 넣은 모습을 형상화했다고 한다. 용례 함축(含蓄), 함량(含量), 함유(含有)
陷	빠질 함 11획 | 阝(阜) | 3Ⅱ	빠지다 · 무너지다의 의미를 지닌 한자어. 좌부 변(阝)과 구덩이 함(臽)의 결합. 구덩이에 빠지다, 함정 등의 뜻을 나타낸다. 용례 함정(陷穽), 모함(謀陷), 함락(陷落)
巷	거리 항 9획 | 己 | 3	마을 · 거리 · 골목의 의미를 지닌 한자어. 함께 공(共)과 마을 읍(邑)의 결합. 마을이나 거리의 뜻을 나타낸다. 용례 항간(巷間), 여항(閭巷), 가담항설(街談巷說)
項	목 항 12획 | 頁 | 3Ⅱ1	목 · 항목 · 사항의 의미를 지닌 한자어. 장인 공(工)과 머리 혈(頁)의 결합. 목, 목덜미, 크다의 뜻을 나타낸다. 용례 항목(項目), 사항(事項), 조항(條項)
恒	항상 항 9획 | 忄(心) | 3Ⅱ	항상 · 떳떳함의 의미를 지닌 한자어. 마음 심(忄)과 항상 긍(亘)의 결합. 마음이 변하지 않다, 늘의 뜻을 나타낸다. 용례 항상(恒常), 항시(恒時), 항구적(恒久的)
響	울릴 향 22획 | 音 | 3Ⅱ	울리다 · 명성 · 소식의 의미를 지닌 한자어. 시골 향(鄕)과 소리 음(音)의 결합. 사방으로 전해지는 소리, 울리다의 뜻을 나타낸다. 용례 영향(影響), 반향(反響), 음향(音響)
該	갖출 해 13획 | 言 | 3	그 · 갖추다 · 모두의 의미를 지닌 한자어. 말씀 언(言)과 돼지 해(亥)의 결합. 대체로 미루어서 말하다, 마땅히, 모두의 뜻을 나타낸다. 용례 해당(該當), 해박(該博)
亥	돼지 해 6획 | 亠 | 3	돼지 · 열두 번째 지지의 의미를 지닌 한자어. 멧돼지의 모양을 형상화했다고 한다. 용례 해시(亥時), 신해혁명(辛亥革命)

한자	훈음 / 획수 · 부수 · 급수	설명
奚	어찌 해 10획 | 大 | 3	어찌의 의미를 지닌 한자어. 머리 땋은 사람의 모습을 형상화했다고 하며, 의문사 이외에 종 · 노비 등의 뜻도 있다. **용례** 해금(奚琴), 해동(奚童)
享	누릴 향 8획 | 亠 | 3	누리다 · 올리다 · 제사의 의미를 지닌 한자어. 종묘에서 제사지내는 모습을 형상화했다고 한다. **용례** 향락(享樂), 향유(享有), 제향(祭享)
獻	바칠 헌 20획 | 犬 | 3Ⅱ	바치다 · 받들다의 의미를 지닌 한자어. 솥 권(鬳)과 개 견(犬)의 결합. 신에게 물건을 바치다의 뜻을 나타낸다. **용례** 헌금(獻金), 헌납(獻納), 헌정(獻呈)
玄	검을 현 5획 | 玄 | 3Ⅱ	검다 · 깊다 · 하늘의 의미를 지닌 한자어. 검은 실타래를 형상화했다고 하며, 우주, 빛나다의 뜻도 있다. **용례** 현미(玄米), 현묘(玄妙), 현손(玄孫)
軒	처마 헌 10획 | 車 | 3	처마 · 난간 · 집의 의미를 지닌 한자어. 수레 거(車)와 기둥 간(干)의 결합. 건물의 처마, 난간의 뜻을 나타낸다. **용례** 헌등(軒燈), 고헌(高軒), 헌앙(軒昂)
縣	고을 현 16획 | 糸 | 3	고을 · 매달다의 의미를 지닌 한자어. 나무에서 목을 거꾸로 매단 모습을 형상화했다고 한다. **용례** 현감(縣監), 현령(縣令), 군현(郡縣)
懸	매달 현 20획 | 心 | 3Ⅱ	매달다 · 걸다의 의미를 지닌 한자어. 고을 현(縣)과 마음 심(心)의 결합. 매달다, 차이, 멀리의 뜻을 나타낸다. **용례** 현판(懸板), 현안(懸案), 현상금(懸賞金)
絃	줄 현 11획 | 糸 | 3	악기 · 악기 줄의 의미를 지닌 한자어. 실 사(糸)와 줄 현(玄)의 결합. 팽팽하게 걸린 악기줄, 연주하다의 뜻을 나타낸다. **용례** 관현악(管絃樂), 현악기(絃樂器)
穴	굴 혈 5획 | 穴 | 3Ⅱ	구멍 · 동굴의 의미를 지닌 한자어. 땅속을 파헤쳐서 만든 굴의 모습을 형상화했다고 한다. **용례** 혈거(穴居), 동혈(洞穴), 암혈(巖穴)
嫌	싫어할 혐 13획 | 女 | 3	싫어하다 · 의심하다 · 미워하다의 의미를 지닌 한자어. 계집 녀(女)와 겸할 겸(兼)의 결합. 마음이 두 가지 일에 걸쳐 있어 편하지 않다는 뜻을 나타낸다. **용례** 혐오(嫌惡), 혐의(嫌疑)
脅	위협할 협 10획 | 月(肉) | 3Ⅱ	위협하다 · 옆구리의 의미를 지닌 한자어. 합할 협(劦)과 육달 월(月)의 결합. 팔과 겨드랑이 사이에 낀 모습을 형상화했다고 한다. **용례** 협박(脅迫), 위협(威脅)

한자	훈음·획수·부수·급수	설명
螢	반딧불 형 16획 | 虫 | 3	반딧불의 의미를 지닌 한자어. 빛날 형(熒)과 벌레 충(虫)의 결합. 개똥벌레의 모습을 형상화했다고 한다. **용례** 형광(螢光), 형설지공(螢雪之功)
亨	형통할 형 7획 | 亠 | 3	형통하다의 의미를 지닌 한자어. 조상신을 모신 장소를 형상화했다고 한다. 누리다, 잔치 등이 뜻도 있다. **용례** 만사형통(萬事亨通), 길형(吉亨)
衡	저울대 형 16획 | 行 | 3Ⅱ	저울·균형의 의미를 지닌 한자어. 균형을 이룬 저울의 모습을 형상화했다고 한다. **용례** 균형(均衡), 평형(平衡), 도량형(度量衡)
慧	지혜 혜 15획 | 心 | 3Ⅱ	지혜·슬기롭다·총명하다의 의미를 지닌 한자어. 지혜 혜(彗)와 마음 심(心)의 결합. 슬기롭다, 영리하다의 뜻을 나타낸다. **용례** 지혜(智慧), 혜안(慧眼), 혜민(慧敏)
兮	어조사 혜 4획 | 八 | 3	강조·감탄의 의미를 지닌 한자어. 숨을 고르고 발성하는 모습을 형상화했다고 한다. **용례** 귀거래혜(歸去來兮)
浩	넓을 호 10획 | 氵(水) | 3Ⅱ	넓다·크다의 의미를 지닌 한자어. 물 수(氵)와 좋을 고(告)의 결합. 넉넉한 물, 넉넉한 마음의 뜻을 나타낸다. **용례** 호탕(浩蕩), 호연지기(浩然之氣)
胡	오랑캐 호 9획 | 月(肉) | 3Ⅱ	오랑캐·어찌의 의미를 지닌 한자어. 옛 고(古)와 육달 월(月)의 결합. 오랑캐를 뜻하며 어찌라는 어조사로도 쓰인다. **용례** 호로(胡虜), 병자호란(丙子胡亂)
虎	범 호 8획 | 虍 | 3Ⅱ	범·호랑이·용맹의 의미를 지닌 한자어. 호랑이 모습을 형상화했다고 한다. **용례** 맹호(猛虎), 호환(虎患), 호사유피(虎死留皮)
乎	어조사 호 5획 | 丿 | 3	어조사의 의미를 지닌 한자어. 호각판의 모습을 형상화했다고 하며, 부르다, 감탄의 뜻을 나타낸다. **용례** 차호(嗟乎), 단호(斷乎)
互	서로 호 4획 | 二 | 3	서로·함께의 의미를 지닌 한자어. 새끼줄을 감는 도구의 모습을 형상화했다고 한다. **용례** 호환(互換), 상호(相互), 호각지세(互角之勢)
毫	터럭 호 11획 | 毛 | 3	터럭(가는 털)·붓·적은 양의 의미를 지닌 한자어. 높을 고(高)와 터럭 모(毛)의 결합. 길고 뾰족한 털의 뜻을 나타낸다. **용례** 호발(毫髮), 호리(毫釐), 휘호(揮毫)

豪	호걸 호 14획 | 豕 | 3Ⅱ	호걸·웅대·왕성하다의 의미를 지닌 한자어. 높을 고(高)와 돼지 시(豕)의 결합. 굳세고 호협한 사람의 뜻을 나타낸다. **용례** 호걸(豪傑), 호화(豪華), 집중호우(集中豪雨)

2 심화학습 : 기본한자 다시 익히기

1) 다음 훈과 음을 지닌 한자를 쓰시오.

머금을	함	빠질	함	거리	항	목	항
항상	항	울릴	향	갖출	해	돼지	해
어찌	해	누릴	향	바칠	헌	검을	현
처마	헌	고을	현	매달	현	줄	현
굴	혈	싫어할	혐	위협할	협	반딧불	형
형통할	형	저울대	형	지혜	혜	어조사	혜
넓을	호	오랑캐	호	범	호	어조사	호
서로	호	터럭	호	호걸	호		

2) 다음 한자의 훈과 음을 쓰시오.

❶ 乎(　　　　　)　❷ 項(　　　　　)　❸ 陷(　　　　　)　❹ 獻(　　　　　)
❺ 螢(　　　　　)　❻ 巷(　　　　　)　❼ 響(　　　　　)　❽ 慧(　　　　　)
❾ 恒(　　　　　)　❿ 懸(　　　　　)　⓫ 亥(　　　　　)　⓬ 兮(　　　　　)
⓭ 毫(　　　　　)　⓮ 奚(　　　　　)　⓯ 亨(　　　　　)　⓰ 脅(　　　　　)
⓱ 絃(　　　　　)　⓲ 軒(　　　　　)　⓳ 縣(　　　　　)　⓴ 浩(　　　　　)
㉑ 嫌(　　　　　)　㉒ 穴(　　　　　)　㉓ 該(　　　　　)　㉔ 互(　　　　　)
㉕ 虎(　　　　　)　㉖ 衡(　　　　　)　㉗ 含(　　　　　)　㉘ 胡(　　　　　)
㉙ 豪(　　　　　)　㉚ 玄(　　　　　)　㉛ 享(　　　　　)

3) 다음 밑줄 친 한자의 독음을 쓰시오.

(1) 이 시는 묘한 含蓄이 무엇보다도 압권이다.

(2) 그는 노루를 잡기 위해서 陷穽을 파 놓았다.

(3) 이 노래가 요즘 巷間에서 유행한다.

(4) 계획안의 다섯 번째 項目은 문제가 있어서 삭제하기로 합니다.

(5) 그는 恒常 최선을 다하는 학생이다.

(6) 공연 준비를 모두 마쳤는데 그만 音響기기가 고장나 버렸다.

(7) 이 문제에 該當되는 사람은 아무도 없다.

(8) 辛亥革命을 통하여 쑨원을 대총통으로 하는 중화민국이 탄생하였다.

(9) 대금 소리와 함께 奚琴 소리가 무대에 울려 퍼졌다.

(10) 그는 일 대신 享樂만을 생각했다.

(11) 화가는 자신이 지닌 모든 소장품을 국가에 獻納하기로 결심하였다.

(12) 우리 집은 늘 밥에다가 玄米를 섞어 먹는다.

(13) 강원도 강릉에는 율곡선생이 태어난 烏竹軒이 있다.

(14) 신라 때부터 조선 시대까지 縣을 다스리는 縣令을 두었다.

(15) 건물 앞에 있는 懸板을 보았지만 한자가 많아서 이해하지 못했다.

(16) 연주할 때 이 부분은 絃樂器 선율에 주의해야 한다.

(17) 도망자는 추격자를 피하기 위해서 巖穴로 숨었다.

(18) 그는 세상에 대한 嫌惡로 가득 차 있다.

(19) 핵무기는 인류에게 큰 威脅이 된다.

(20) 시계의 바늘이 螢光이라고 했지만 밤에 잘 볼 수가 없었다.

(21) 그녀는 매일 운수가 亨通하기를 기원한다.

(22) 그는 平衡을 잃고 넘어졌다.

(23) 문화재는 조상들의 얼과 智慧가 담겨 있다.

(24) 歸去來兮란 구절은 도연명의 〈귀거래사〉에서 나온다.

(25) 산을 넘자 浩然한 바다가 보였다.

(26) 중국에서 304년에서부터 439년까지의 시기를 일컬어 五胡十六國시대라고 한다.

(27) 그는 나에게 마치 猛虎와 같은 위세로 덤벼들었다.

(28) 그의 생각은 斷乎했다.

(29) 기종이 다른 휴대폰 제품 간에는 互換이 되지 않아서 이에 대한 대책이 요구된다.

(30) 백범 서거 4개월 전 揮毫를 새로 발견함으로써, 그에 대한 새로운 해석이 가능하게 되었다.

(31) 별장에는 온갖 豪華로운 장식품들로 꾸며져 있었다.

3 배운 한자를 활용한 고사성어(故事成語)

1 함포고복(含哺鼓腹)

字句 풀이 含: 머금을 함, 哺: 먹일 포, 鼓: 북 고, 腹: 배 복

해설 음식을 배불리 먹고 배를 두드린다는 말로, 백성들이 살기 좋은 태평한 세상을 뜻한다. 《십팔사략(十八史略)》에서 유래했다.

2 가담항설(街談巷說)

字句 풀이 街: 거리 가, 談: 말씀 담, 巷: 거리 항, 說: 말씀 설

해설 거리와 항간의 말이란 말로, 세상에 떠도는 소문을 말한다. 《한서(漢書)》에서 유래했다.

3 형설지공(螢雪之功)

字句 풀이 螢: 반딧불 형, 雪: 눈 설, 之: 갈 지, 功: 공 공

해설 반딧불과 눈빛으로 이룬 공이라는 말로, 가난과 고생을 겪으며 공부하여 마침내 꿈을 이룸을 뜻한다. 《진서(晉書)》에서 유래했다.

4 호연지기(浩然之氣)

字句 풀이 浩: 넓을 호, 然: 그럴 연, 之: 갈 지, 氣: 기운 기

해설 하늘과 땅에 넘치는 큰 기운이란 말로, 유가(儒家)에서 말하는 최고의 경지이자 어떠한 일에도 흔들림이 없는 용기나 자유로운 마음을 뜻한다. 《맹자(孟子)》에서 유래했다.

5 호가호위(狐假虎威)

字句 풀이 狐: 여우 호, 假: 거짓 가, 虎: 범 호, 威: 위엄 위

해설 여우가 범의 위세를 빌린다는 말로, 남의 세력을 빌어 위세를 부림을 뜻한다. 《전국책(戰國策)》에서 유래했다.

6 호사유피(虎死留皮)

字句 풀이 虎: 범 호, 死: 죽을 사, 留: 남을 유, 皮: 가죽 피

해설 범이 죽으면 가죽을 남긴다는 말로, 범은 죽으면 가죽을 남기듯이, 사람은 후세에 이름을 남겨야 함을 뜻한다. 《오대사(五代史)》에서 유래했다.

4 한자의 활용

1) 한자상식: 의료와 관련된 한자어

綜合病院	종합병원	個人病院	개인병원
醫師	의사	看護師	간호사
應急室	응급실	病棟	병동
入院	입원	退院	퇴원
診療	진료	診察	진찰

診斷書	진단서	處方箋	처방전
感染	감염	痲醉	마취
病名	병명	病勢	병세
發熱	발열	解熱	해열
腦死狀態	뇌사상태	呼吸困難	호흡곤란
輸血	수혈	獻血	헌혈
治療	치료	救急車	구급차
手術	수술	解毒	해독
內科	내과	外科	외과
産婦人科	산부인과	神經精神科	신경정신과
家庭醫學科	가정의학과	小兒青少年科	소아청소년과
齒科	치과	泌尿器科	비뇨기과
耳鼻咽喉科	이비인후과	胸部外科	흉부외과
眼科	안과	放射線科	방사선과
韓醫院	한의원	韓醫師	한의사
韓方治療	한방치료	鍼術	침술
醫療酬價	의료수가	醫療保險	의료보험

2) 한자 읽어보기

(1) 싸이코, 人格의 未成熟과 解離 現狀

日常에서 "그 사람 完全히 싸이코야"라고 非難하는 境遇를 본다. 싸이코(psycho)는 精神病(psychosis)이란 뜻인데, 이런 境遇는 뭔가 豫測不可能하거나, 수수께끼 같다거나, 가까이 하기엔 좀 危險한 것 같은 否定的인 意味로 쓰이고 있다. 精神科와 精神病에 대한 偏見의 單面이기도 하다.

알프레드 히치콕 監督의 映畫 '싸이코'는 解離障碍의 一種인 多重人格障碍를 다루고 있다. 이것은 解離性 正體感 障碍라고도 하며, 精神病의 範疇에 속하지는 않는다. 恐怖스럽고 급작스런 反轉 때문에 '싸이코'라는 題目을 붙인 것 같다. 특히 主人公 마리온의 浴室 內 殺害 場面은 센세이셔널한 恐怖와 衝擊的인 場面으로 有名하다.

會社員 마리온은 公金 4만 달러를 갖고 潛跡한다. 며칠이 지나도 消息이 없자 私設探偵이 그녀의 行蹟을 뒤쫓는다. 마침내 그녀가 첫날 밤 묵었던 모텔을 찾아낸다. 모텔 主人인

〈영화 〈싸이코〉의 포스터〉

노먼은 잘 생긴 靑年으로 매우 親切한 사람이었다. 그는 모텔 옆의 邸宅에서 몸이 불편한 어머니와 단둘이 산다고 했다.

그러나 왠지 凡常치 않은 이 靑年이 미심쩍었던 探偵은 그의 어머니를 만나려고 하지만, 노먼이 許諾을 하지 않는다. 몰래 邸宅으로 숨어 들어간 探偵은 正體不明의 노파에게 죽임을 當한다. 노먼과 노파의 正體는 무엇이란 말인가?

노먼은 밤중에 閑寂한 모텔로 찾아든 미모의 마리온에게 마음을 빼앗긴다. 샤워하는 模襲을 훔쳐본 노먼은 瞬間 欲情에 사로잡힌다. 그때 노먼은 갑자기 野獸처럼 攻擊的인 모습으로 突變한다. 노파 차림을 한 노먼은 샤워 中이던 마리온을 無慈悲하게 殺害한다. 잠시 後 悽慘하게 죽은 마리온을 보며 노먼은 어쩔 줄을 모른다.

노먼은 원래 착하고 숫기가 없고 依存的인 性格이었다. 그러나 받아들일 수 없는 强한 感情的 刺戟을 받으면, 人格의 解離를 일으킨다. 원래 人格인 靑年 노먼과 二次的 人格인 攻擊的인 어머니 人格을 가진 '多重人格障碍者'였다. 어린 시절 身體的, 性的으로 虐待를 當하거나, 父母의 죽음 같은 衝擊的인 事件도 原因이 될 수 있다.

노먼의 發病 原因은 무엇일까. 8年 前, 어머니는 死別의 외로움을 이기지 못하고, 다른 男子와 사랑에 빠진다. 어머니의 사랑을 빼앗긴 노먼은 두 사람을 殺害했다. 어머니에게 매우 依存的이었던 노먼은 어머니의 死體를 剝製하여 함께 살았다. 剝製人間인 어머니와 對話를 하고, 어머니가 부르거나 命令하는 소리를 듣기도 하였다. 解離性 正體感 障碍 患者들은 一時的 幻聽을 經驗할 수 있다. 아들의 가장 자연스런 벗은 어머니라고 여기며 노먼은 正常的인 對人關係를 끊고 隱遁生活을 해왔다.

그런 노먼이 마리온에게 欲情을 느끼는 것은 어머니에 대한 背信이므로, 받아들일 수 없는 刺戟이었다. 그 순간 노먼의 統制를 벗어난 二次的 人格이 優勢해지며 끔찍한 殺人을 저지른 것이다. 마리온의 殺害者는 노먼이라고 할 수 있을까, 아닐까.

勘當할 수 없는 아픔을 當할 때 人格은 解離現狀을 일으킨다. 이 病은 現實的인 苦痛도 原因이 되지만, 더 根本的인 原因은 人格의 未成熟이다. 苦痛을 참아내고 處理할 만큼 成熟하지 못한 사람이 큰 苦痛에 直面했을 때 發病하는 것이다.

마음을 편치 않게 하는 性格의 일부가 그 사람의 統制를 벗어나서 하나의 다른 性格인 것처럼 行動하는 境遇를 解離라고 한다. 夢遊病, 二重人格 等이 그 例이다. 無秩序하고 亂雜한 生活을 하며, 藥物을 사용하거나, 모호한 頭痛, 腹痛, 全身痲痺 등의 身體症狀이 심하고, 自殺 試圖가 잦은 思春期 女子에게서 發見되는 境遇가 많다. 男子의 境遇는 法的인 問題로 矯導所에 가는 境遇가 있다.

(김성미, 〈김성미의 영화 속 정신의학〉, 매일신보(대구), 2005년 9월 1일자)

(2) 히포크라테스 宣誓

이제 醫業에 從事할 許諾을 받으매, 나의 生涯를 人類奉仕에 바칠 것을 嚴肅히 誓約하노라.

나의 恩師에 對하여 尊敬과 感謝를 드리겠노라.

나의 良心과 威嚴으로서 醫術을 베풀겠노라.

나는 患者의 健康과 生命을 첫째로 생각하노라.

나는 患者가 알려준 모든 內情의 秘密을 지키겠노라.

나는 醫業에 高貴한 傳統과 名譽를 지키겠노라.

나는 同業者를 兄弟처럼 여기겠노라.

나는 人種, 宗敎, 國籍, 政黨, 政派 또는 社會的 地位如何를 超越하여 오직 患者에 對한 나의 義務를 지키겠노라.

〈히포크라테스〉의 모습

나는 人間의 生命을 그 受胎된 때로부터 至上의 것으로 尊重히 여기겠노라.

비록 威脅을 當할지라도 나의 知識을 人道에 어긋나게 쓰지 않겠노라.

以上의 誓約을 나의 自由意思로 나의 名譽를 받들어 하노라.

제 20 강

1 기본학습 : ㉭음 계열 한자어의 훈과 음 익히기

한자	훈음 / 획수 / 부수 / 급수	설명
惑	미혹할 혹 12획 | 心 | 3Ⅱ	미혹하다·빠지다의 의미를 지닌 한자어. 자주 혹(或)과 마음 심(心)의 결합. 여러 생각이 마음을 어지럽힌다는 뜻을 나타낸다. **용례** 유혹(誘惑), 미혹(迷惑), 혹세무민(惑世誣民)
魂	넋 혼 14획 | 鬼 | 3Ⅱ	혼·혼령·정신의 의미를 지닌 한자어. 구름 운(云)과 귀신 귀(鬼)의 결합. 눈에 보이지 않는 넋이나 정신 등의 뜻을 나타낸다. **용례** 혼령(魂靈), 진혼곡(鎭魂曲), 혼비백산(魂飛魄散)
昏	어두울 혼 8획 | 日 | 3	어둡다·어리석다의 의미를 지닌 한자어. 사람의 발 밑으로 해가 떨어지는 모습을 형상화했다고 한다. **용례** 혼란(昏亂), 혼미(昏迷), 황혼(黃昏)
忽	갑자기 홀 8획 | 心 | 3Ⅱ	갑자기·소홀히 하다의 의미를 지닌 한자어. 없을 물(勿)과 마음 심(心)의 결합. 마음 속에 아무 것도 없다는 뜻을 나타내며, 소홀히, 갑자기 등의 뜻이 파생되었다. **용례** 홀연(忽然), 소홀(疏忽), 홀대(忽待)
鴻	큰 기러기 홍 17획 | 鳥 | 3	큰 기러기·크다의 의미를 지닌 한자어. 강 강(江)과 새 조(鳥)의 결합. 큰 물새, 큰 기러기의 뜻을 나타낸다. **용례** 홍곡지지(鴻鵠之志), 홍모(鴻毛), 홍덕(鴻德)
弘	넓을 홍 5획 | 弓 | 3	넓다·크다의 의미를 지닌 한자어. 활 궁(弓)과 넓을 홍(厶)의 결합. 활을 세게 튕겨서 소리가 가득찬 모양을 형상화했다고 한다. **용례** 홍보(弘報), 홍익(弘益), 홍문관(弘文館)
洪	넓을 홍 9획 | 氵(水) | 3Ⅱ	넓다·크다·홍수의 의미를 지닌 한자어. 물 수(氵)와 클 공(共)의 결합. 넓고 큰 물의 뜻을 나타낸다. **용례** 홍수(洪水), 홍범(弘範)
禾	벼 화 5획 | 禾 | 3	벼·곡식의 의미를 지닌 한자어. 고개 숙인 익은 벼의 모습을 형상화했다고 한다. **용례** 화곡(禾穀), 만화(晩禾)

한자	훈음 · 획수 · 부수 · 급수	설명
禍	재앙 화 14획 | 示 | 3Ⅱ	재앙·재난의 의미를 지닌 한자어. 보일 시(示)와 없앨 와(咼)의 결합. 행복이 다하다, 재앙 등의 뜻을 나타낸다. 용례 화근(禍根), 화복(禍福)
穫	거둘 확 19획 | 禾 | 3	벼를 거두다·얻다의 의미를 지닌 한자어. 벼 화(禾)와 잡을 확(蒦)의 결합. 벼를 거두어 들이다, 새를 잡다의 뜻을 나타낸다. 용례 수확(收穫), 추확(秋穫)
擴	넓힐 확 18획 | 扌(手) | 3	넓히다·늘리다의 의미를 지닌 한자어. 손 수(扌)와 넓을 광(廣)의 결합. 넓히다, 개척하다의 뜻을 나타낸다. 용례 확대(擴大), 확산(擴散), 확성기(擴聲器)
丸	둥글 환 3획 | 丶 | 3	둥글다·환·탄환의 의미를 지닌 한자어. 둥근 알의 모습을 형상화했다고 한다. 용례 탄환(彈丸), 환약(丸藥), 우황청심환(牛黃淸心丸)
還	돌아올 환 17획 | 辶 | 3Ⅱ	돌아오다·물러나다의 의미를 지닌 한자어. 쉬엄쉬엄 갈 착(辶)과 돌 환(睘)의 결합. 갔다 돌아오다, 갚다 등의 뜻을 나타낸다. 용례 반환(返還), 환급(還給), 환갑(還甲)
換	바꿀 환 12획 | 扌(手) | 3Ⅱ	바꾸다·고치다의 의미를 지닌 한자어. 손 수(扌)와 바꿀 환(奐)의 결합. 바꾸다, 교환하다 등의 뜻을 나타낸다. 용례 교환(交換), 환전(換錢), 환절기(換節期)
荒	거칠 황 10획 | 艹(艸) | 3Ⅱ	거칠다·흉년의 의미를 지닌 한자어. 풀 초(艹)와 없을 황(巟)의 결합. 땅이 황폐하다, 아무 것도 없다 등의 뜻을 나타낸다. 용례 황무지(荒蕪地), 황폐화(荒廢化), 구황작물(救荒作物)
皇	임금 황 9획 | 白 | 3Ⅱ	임금·크다의 의미를 지닌 한자어. 햇빛에 빛나는 도끼의 모습을 형상화했다고 하며, 이후 황제의 뜻으로 변이되었다. 용례 황제(皇帝), 황후(皇后), 교황(敎皇)
悔	뉘우칠 회 10획 | 忄(心) | 3Ⅱ	뉘우치다의 의미를 지닌 한자어. 마음 심(忄)과 어두울 매(每)의 결합. 마음이 어두워지다, 뉘우치다의 뜻을 나타낸다. 용례 후회(後悔), 회개(悔改), 회한(悔恨)
懷	품을 회 19획 | 忄(心) | 3Ⅱ	품다·생각의 의미를 지닌 한자어. 마음 심(忄)과 품을 회(褱)의 결합. 마음에 품다, 그리워하다의 뜻을 나타낸다. 용례 회포(懷抱), 회유(懷柔), 회의(懷疑)
劃	그을 획 14획 | 刂(刀) | 3Ⅱ	긋다·나누다의 의미를 지닌 한자어. 그을 획(畫)과 칼 도(刂)의 결합. 칼로 나누다, 쪼개다의 뜻을 나타낸다. 용례 획일(劃一), 계획(計劃), 구획(區劃)

한자	훈음 / 획수·부수·급수	풀이
獲	얻을 획 17획 | 犭(犬) | 3Ⅱ	얻다·잡다의 의미를 지닌 한자어. 개 견(犭)과 잡을 확(蒦)의 결합. 개를 풀어 새나 짐승을 잡는다는 뜻을 나타낸다. 용례 획득(獲得), 남획(濫獲), 포획(捕獲)
橫	가로 횡 16획 | 木 | 3Ⅱ	가로·옆의 의미를 지닌 한자어. 나무 목(木)과 가로지를 황(黃)의 결합. 문의 빗장, 가로지르다의 뜻을 나타낸다. 용례 횡단(橫斷), 횡령(橫領), 횡재(橫財)
曉	새벽 효 16획 | 日 | 3	새벽·밝다·깨닫다의 의미를 지닌 한자어. 날 일(日)과 높을 요(堯)의 결합. 해가 높이 뜰 무렵, 새벽의 뜻을 나타낸다. 용례 효성(曉星), 효계(曉鷄)
侯	제후 후 9획 | 亻(人) | 3	제후·임금의 의미를 지닌 한자어. 과녁을 보고 활시위를 당기는 모습을 형상화했다고 한다. 용례 왕후(王侯), 제후(諸侯), 후작(侯爵)
毁	헐 훼 13획 | 殳 | 3	헐다·비방하다의 의미를 지닌 한자어. 쌀을 절구에 넣고 빻는 모습을 형상화했다고 한다. 용례 훼손(毁損), 훼방(毁謗), 훼절(毁節)
輝	빛날 휘 15획 | 車 | 3	빛나다·빛의 의미를 지닌 한자어. 빛 광(光)과 군사 군(軍)의 결합. 찬란한 빛, 광채의 뜻을 나타낸다. 용례 휘황(輝煌), 휘영(輝暎)
携	가질 휴 13획 | 扌(手) | 3	가지다·이끌다의 의미를 지닌 한자어. 손 수(扌)와 맬 휴(巂)의 결합. 손으로 사물을 잡다, 잇다의 뜻을 나타낸다. 용례 휴대(携帶), 제휴(提携)
胸	가슴 흉 10획 | 月(肉) | 3Ⅱ	가슴·마음의 의미를 지닌 한자어. 육달 월(月)과 가슴 흉(匈)의 결합. 가슴, 중요한 곳(내용)의 뜻을 나타낸다. 용례 흉부(胸部), 흉금(胸襟), 흉상(胸像)
戲	놀 희 17획 | 戈 | 3Ⅱ	놀다·희롱하다·놀이의 의미를 지닌 한자어. 빌 허(虛)와 창 과(戈)의 결합. 놀이, 연극, 장난 등의 뜻을 나타낸다. 용례 희롱(戲弄), 유희(遊戲), 희곡(戲曲)
稀	드물 희 12획 | 禾 | 3Ⅱ	드물다·적다의 의미를 지닌 한자어. 벼 화(禾)와 드물 희(希)의 결합. 성기게 심은 볏모의 모양을 형상화했다고 한다. 용례 희귀(稀貴), 희박(稀薄), 희석(稀釋)

2 심화학습 : 기본한자 다시 익히기

1) 다음 훈과 음을 지닌 한자를 쓰시오.

훈	음		훈	음		훈	음		훈	음	
미혹할	혹		넋	혼		어두울	혼		갑자기	홀	
큰 기러기	홍		넓을	홍		넓을	홍		벼	화	
재앙	화		거둘	확		넓힐	확		둥글	환	
돌아올	환		바꿀	환		거칠	황		임금	황	
뉘우칠	회		품을	회		그을	획		얻을	획	
가로	횡		새벽	효		제후	후		헐	훼	
빛날	휘		가질	휴		가슴	흉		놀	희	
드물	희										

2) 다음 한자의 훈과 음을 쓰시오.

❶ 悔(　　　) ❷ 昏(　　　) ❸ 惑(　　　) ❹ 皇(　　　)

❺ 荒(　　　) ❻ 洪(　　　) ❼ 鴻(　　　) ❽ 橫(　　　)

❾ 換(　　　) ❿ 忽(　　　) ⓫ 魂(　　　) ⓬ 侯(　　　)

⓭ 穫(　　　) ⓮ 擴(　　　) ⓯ 輝(　　　) ⓰ 懷(　　　)

⓱ 携(　　　) ⓲ 還(　　　) ⓳ 弘(　　　) ⓴ 獲(　　　)

㉑ 戲(　　　) ㉒ 劃(　　　) ㉓ 禾(　　　) ㉔ 毁(　　　)

㉕ 稀(　　　　　)　㉖ 丸(　　　　　)　㉗ 禍(　　　　　)　㉘ 曉(　　　　　)
㉙ 胸(　　　　　)

3) 다음 밑줄 친 한자의 독음을 쓰시오.

(1) 목표 달성을 위해서는 많은 誘惑에 빠지지 않게 신중해야 한다.

(2) 조문객들은 위령탑 앞에서 죽은 魂靈을 위하여 묵념을 올렸다.

(3) 그는 정신이 昏亂했다.

(4) 이번 붕괴 사건은 관리 疏忽로 생긴 인재이다.

(5) 역사상 많은 영웅들은 자신들의 鴻業을 위해 최선을 다했다.

(6) 소비자들에게 신제품을 弘報하기 위하여 신촌거리는 북적였다.

(7) 洪水가 나서 수재민이 많이 생겼다.

(8) 오래도록 비가 오지 않아서 禾穀은 다 죽었고, 이로 인해 백성들은 굶주리고 있습니다.

(9) 그들은 禍根을 없애기 위하여 다시 그 사건을 조사했다.

(10) 가을철은 비가 적게 와야 농작물의 결실과 收穫에 유리하다고 한다.

(11) 생산 설비를 지나치게 擴大한 것이 가장 큰 문제다.

(12) 전쟁터에서 彈丸이 비 퍼붓듯이 머리 위로 쏟아졌다.

(13) 경기가 취소되자 관람객들은 입장료의 返還을 요구했다.

(14) 그는 은행에서 외화를 원화로 바꿔 주는 換錢 업무를 담당하고 있다.

(15) 전쟁으로 인하여 마을이 폐허가 되었고 농토는 荒蕪地로 변했다.

(16) 그는 皇帝에게 충성을 다할 것을 맹세했다.

(17) 지나간 일을 後悔한들 무슨 소용이 있겠는가.

(18) 조정에서는 왜구를 懷柔하는 정책을 고안해냈다.

(19) 그 일은 그만 計劃에 그치고 말았다.

(20) 그는 사업을 하면서 국내시장보다는 외화 獲得을 더 많이 얻을 수 있는 해외시장에 눈을 돌렸다.

(21) 그는 부푼 기대감으로 대륙 橫斷열차에 올라탔다.

(22) 그는 무리 중에서 曉星과 같은 사내였다.

(23) 동맹을 위하여 각 나라의 諸侯들이 한자리에 모였다.

(24) 환경 毁損이 심각하다.

(25) 거리에는 온갖 네온싸인으로 輝煌 찬란했다.

(26) 이 우산은 쉽게 접을 수 있고 携帶 또한 간편하다.

(27) 그는 胸部에 강한 압박을 느꼈다.

(28) 설날에 할 수 있는 대표적인 遊戱로는 윷놀이가 있다.

(29) 그는 양주를 물에 稀釋해서 마셨다.

3 배운 한자를 활용한 고사성어(故事成語)

1 혹세무민(惑世誣民)

字句 풀이 惑: 미혹할 혹, 世: 인간 세, 誣: 속일 무, 民: 백성 민

해설 세상을 어지럽히고 백성을 속인다는 말로, 세상 사람들을 말이나 사상 등으로 현혹함을 뜻한다.

2 전화위복(轉禍爲福)

字句 풀이 轉: 구를 전, 禍: 재앙 화, 爲: 될 위, 福: 복 복

해설 화가 바뀌어 복이 된다는 말로, 세상의 끊임없는 변화를 뜻한다.

3 금의환향(錦衣還鄕)

字句 풀이 錦: 비단 금, 衣: 옷 의, 還: 돌아올 환, 鄕: 시골 향

해설 비단 옷을 입고 고향에 돌아온다는 말로, 출세를 뜻한다.

4 파천황(破天荒)

字句 풀이 破: 깨뜨릴 파, 天: 하늘 천, 荒: 거칠 황

해설 천지개벽 이전의 혼돈한 상태를 깨뜨린다는 말로, 아무도 하지 않은 일을 행함을 뜻한다. 《북몽쇄언(北夢瑣言)》에서 유래했다.

5 망운지회(望雲之懷)

字句 풀이 望: 바랄 망, 雲: 구름 운, 之: 갈 지, 懷: 품을 회

해설 구름을 보며 떠오르는 감회란 말로, 부모를 생각함을 뜻한다. 《당서(唐書)》에서 유래했다.

4 한자의 활용

1) 한자상식: 문화·예술·스포츠와 관련된 한자어

博物館	박물관	展示室	전시실
有形文化財	유형문화재	無形文化財	무형문화재
人間文化財	인간문화재	國寶	국보
寶物	보물	史蹟	사적
古書	고서	古文書	고문서
遺蹟	유적	踏査	답사
地域祝祭	지역축제	名勝古蹟	명승고적
鑑賞	감상	骨董品	골동품
音樂會	음악회	美術館	미술관
文化觀光府	문화관광부	復元事業	복원사업
選手	선수	監督	감독
審判	심판	觀衆	관중
競技	경기	練習	연습
勝負	승부	無勝負	무승부
乘勝長驅	승승장구	連敗	연패
逆轉勝	역전승	逆轉敗	역전패
野球	야구	排球	배구
蹴球	축구	籠球	농구
卓球	탁구	足球	족구
水泳	수영	體操	체조
競步	경보	力道	역도
柔道	유도	跆拳道	태권도
五輪競技	오륜경기	制覇	제패
連覇	연패	連勝	연승

2) 한자로 읽어보기

高校野球의 追憶

野球가 韓國에 導入된 것은 103年前 乙巳條約이 체결된 1905年입니다. 美國人 宣教師 필립 질레트가 日本 侵略期에 韓國青年들에게 希望을 주기 위해 皇城 YMCA 野球團을 組織한 것이 契機였다고 합니다. 以後 서울의 보성學校, 경신學校, 培材學堂이 속속 野球團을 創團하면서 오늘날 韓國野球의 礎石이 됐습니다.

韓國野球가 올림픽에서 優勝하게 된 決定的인 契機는 1970年代 高校野球의 全盛期에 힘입은 것이 아닌가합니다. 그 當時 高校野球가 단연 人氣였습니다. 東亞日報의 黃金獅子旗, 朝鮮日報의 青龍旗, 韓國日報의 鳳凰旗 高校大會가 그것입니다.

〈우리나라 최초의 야구시합〉
(1910년 2월 26일 황성 YMCA와 한성학교의 경기)

그때는 참 대단했습니다. 高校野球를 보기위해 全國에서 東大門 野球場으로 몰려들었고 母校의 競技가 있는 날이면 그 學校 同門들은 어김없이 三三五五 모여들었습니다. 高校野球 덕분에 저희같은 조무래기 사이에도 野球붐이 일었습니다. 野球 글러브나 나무배트가 너무 貴했던 時節이었기 때문에 이것을 가진 아이들은 王처럼 君臨했습니다. 試合을 하거나 서로 편을 가르는데도 글러브나 배트를 가진 아이들의 影響力은 絕對的이었습니다. 資本力이 重要하다는 것을 이때 切感했습니다.

골목길에서 野球를 하다 옆집 琉璃窓을 깨는 것이 茶飯事였습니다. 글러브와 헬멧 대신 아버지의 가죽掌匣과 三寸 安全帽가 使用되기도 하고, 야구배트 대신 집에 있는 다듬이방망이나 빨래방망이로 한창 競技를 하다보면 화가 난 할머니가 부지깽이를 들고 좇아오는 바람에 沒收敗를 當하기도 했습니다.

初等學生이던 저는 野球試合이 열리는 날이면 女高生이던 작은 누나 손을 잡고 東大門野球場을 찾곤 했습니다. 하지만 누나가 每番 함께 갈 수는 없는 노릇이었습니다. 그럴 때면 5元하던 버스費를 모아서 동네친구들과 野球場을 찾아 고래고래 소리를 지르곤 했습니다.

(백경학, 〈백경학 칼럼〉, 코카뉴스, 2008년 8월 27일자)

부록

1 모양이 비슷한 한자

2 잘못 읽기 쉬운 한자

3 두 음과 뜻을 가진 한자

4 반대어와 상대어

5 유의어(유의결합어)

6 8급~4급 배정한자

1 모양이 비슷한 한자

- 矯(교) 바로잡다 : 矯導 矯正
- 橋(교) 다리 : 橋梁 橋脚

- 積(적) 쌓다 : 蓄積 積金
- 績(적) 길쌈하다 : 成績 業績
- 蹟(적) 자취 : 古蹟 奇蹟

- 經(경) 날실 : 經費 經緯
- 徑(경) 길 : 直徑 半徑

- 格(격) 자격 : 缺格
- 洛(락) 지명 : 洛東江 洛陽
- 絡(락) 이어지다 : 脈絡 連絡

- 儉(검) 검소하다 : 儉約 儉素
- 劍(검) 칼 : 劍術 劍道
- 檢(검) 검사하다 : 檢査 點檢
- 險(험) 험하다 : 險難 險路

- 度(도) 법도 : 度外視
- 渡(도) 건너다 : 過渡期

- 票(표) 쪽지 : 郵票 投票
- 漂(표) 떠돌다 : 漂流
- 標(표) 표시 : 標準 里程標

- 讀(독) 읽다 : 朗讀 黙讀
- 續(속) 잇다 : 繼續 續刊

- 付(부) 주다 : 給付 還付
- 符(부) 부신(符信) : 符號 符合
- 附(부) 붙다 : 附和雷同 阿附

- 謹(근) 삼가하다 : 謹愼 謹嚴
- 僅(근) 겨우 : 僅少 僅僅

- 原(원) 근원 : 原則 原子
- 源(원) 원천 : 資源 源泉
- 願(원) 바라다 : 民願 願書

- 淺(천) 얕다 : 淺薄 深淺
- 踐(천) 밟다 : 實踐 踐言
- 賤(천) 천하다 : 貴賤 貧賤
- 殘(잔) 남다 : 殘額 衰殘

- 僧(승) 승려 : 僧舞
- 憎(증) 미워하다 : 憎惡

- 薄(박) 엷다 : 薄弱 薄利多賣
- 簿(부) 장부 : 簿記 出席簿
- 博(박) 넓다 : 博愛 博士

• 釋(석) 풀다 놓다 : 解釋 手不釋卷
• 譯(역) 옮기다 : 誤譯 意譯

• 滴(적) 물방울 : 硯滴
• 適(적) 마침 : 適性 適用
• 摘(적) 뽑다 : 摘發

• 波(파) 물결 : 萬頃滄波
• 被(피) 입다 : 被擊 被襲
• 疲(피) 피로 : 疲困 疲勞
• 彼(피) 저 : 彼岸 彼我

• 成(성) 이루다 : 編成 構成
• 盛(성) 가득차다 : 繁盛 興亡盛衰
• 城(성) 성곽 : 城壁 牙城

• 幕(막) 장막 : 幕後交涉
• 墓(묘) 무덤 : 墓碑 墓域
• 慕(모) 사모하다 : 追慕 戀慕
• 募(모) 모으다 : 募集 應募

• 隣(린) 이웃 : 隣接 隣近
• 憐(련) 가련하다 : 同病相憐

• 板(판) 널빤지 : 漆板
• 版(판) 인쇄하다 : 銅版
• 販(판) 팔다 : 販賣 販路

• 綱(강) 벼리 : 綱領 紀綱
• 鋼(강) 강철 : 鋼鐵

• 澤(택) 윤택, 은택 : 潤澤 惠澤
• 擇(택) 가리다 : 取捨選擇 採擇

• 痛(통) 아프다 : 痛憤 痛症
• 誦(송) 외다 : 朗誦 愛誦
• 通(통) 통하다 : 疎通 貫通

• 逃(도) 달아나다 : 逃亡 逃避
• 挑(도) 치다 : 挑發 挑戰
• 桃(도) 복숭아 : 武陵桃源
• 跳(도) 뛰다 : 跳躍

• 卑(비) 낮다 : 卑賤 卑劣
• 婢(비) 여자종 : 奴婢 侍婢
• 碑(비) 비석 : 墓碑 碑銘

• 監(감) 살피다 : 監獄 監司
• 藍(람) 푸르다 : 藍色 靑藍
• 濫(람) 넘치다 : 濫用 濫獲
• 鑑(감) 거울 : 鑑賞 龜鑑

• 妄(망) 망령되다 : 輕擧妄動
• 忘(망) 잊다 : 健忘症 忘却

• 栽(재) 심다 : 栽培
• 裁(재) 마름질하다 : 裁斷 決裁
• 載(재) 싣다 : 記載 積載

• 竟(경) 마침내 : 畢竟 究竟
• 境(경) 경계 : 境域 環境

• 剛(강) 굳세다 : 剛柔兼全

• 列(렬) 줄 : 竝列 直列
• 烈(렬) 매섭다 : 先烈 猛烈
• 裂(렬) 찢어지다 : 分裂 龜裂

• 蘭(란) 난초 : 金蘭之交
• 爛(란) 문드러지다 : 爛漫 爛熟
• 欄(란) 난간 칸막이 : 欄干 空欄

• 培(배) 북돋우다 : 栽培 培養
• 倍(배) 갑절 : 倍加 倍前

• 搖(요) 흔들다 : 搖動
• 遙(요) 멀다 : 遙遠

• 租(조) 조세 : 租稅
• 組(조) 짜다 : 組版 組閣
• 祖(조) 할아버지 : 先祖 鼻祖

• 惱(뇌) 괴로워하다 : 煩惱 苦惱
• 腦(뇌) 두뇌 : 頭腦 腦裏

• 辨(변) 나누다 : 辨別
• 辯(변) 말 잘하다 : 懸河之辯

• 綠(록) 녹색 : 草綠同色
• 祿(록) 복록, 녹봉 : 國祿 福祿

• 該(해) 갖추다 : 該博

• 鏡(경) 거울 : 鏡臺 明鏡止水

• 峯(봉) 봉우리 : 孤峯 上峯
• 逢(봉) 만나다 : 逢着 逢變
• 蜂(봉) 벌 : 養蜂 蜂起

• 復(복) 회복 : 復籍 克己復禮
• 腹(복) 배 : 心腹 腹案
• 複(복) 거듭하다 : 複寫 重複

• 捉(착) 붙잡다 : 捕捉
• 促(촉) 가깝다, 재촉 : 促迫 促進

• 浸(침) 잠기다 : 浸透 浸水
• 侵(침) 침노하다 : 侵攻 侵害

• 援(원) 돕다 : 援護 救援
• 緩(완) 느리다 : 緩衝 緩慢
• 暖(난) 따뜻하다 : 溫暖

• 絃(현) 줄 : 絃樂
• 弦(현) 활 : 上弦 下弦

• 堤(제) 제방 : 防波堤
• 提(제) 끌다 : 提携

• 墳(분) 무덤 : 墳墓 古墳
• 憤(분) 분하다 : 憤氣衝天 憤痛

• 許(허) 허락하다 : 許諾 免許

• 核(핵) 씨 : 核心 核實驗

• 漸(점) 차츰 : 漸層 漸次
• 暫(잠) 잠시 : 暫定 暫時
• 慙(참) 부끄러워하다 : 無慙 慙悔

• 級(급) 등급 : 等級 特級
• 吸(흡) 들이마시다 : 吸收 呼吸

• 占(점) 점치다 차지하다 : 占卜 占據
• 店(점) 가게 : 商店

• 聽(청) 듣다 : 聽衆 聽覺
• 廳(청) 관청 : 廳舍 官廳

• 操(조) 잡다 : 操縱 志操
• 燥(조) 메마르다 : 無味乾燥

• 漫(만) 산만하다 : 漫評 漫畵
• 慢(만) 게으르다 : 緩慢 怠慢

• 植(식) 심다 : 植物 移植
• 値(치) 값 : 價値 數値

• 昭(소) 밝다 : 昭詳 昭明
• 照(조) 비추다 : 照準 照明

• 需(수) 구하다 : 需要 特需
• 儒(유) 선비 : 儒學 儒林

• 計(계) 계산하다 : 計略 累計

• 侯(후) 제후 : 諸侯
• 候(후) 날씨, 기미 : 氣候 徵候
• 喉(후) 목 : 咽喉 喉頭

• 曆(력) 책력 : 陽曆 冊曆
• 歷(력) 지내다 : 遍歷 履歷

• 坐(좌) 앉다 : 連坐 坐禪
• 座(좌) 자리 : 座席 座右銘

• 署(서) 관청 : 署名 部署
• 暑(서) 더위 : 避暑 暴暑

• 貫(관) 뚫다 : 貫徹 貫通
• 慣(관) 익숙하다 : 慣例 慣習

• 盾(순) 방패 : 矛盾
• 循(순) 돌다 : 循環

• 側(측) 옆 : 側面 側近
• 測(측) 헤아리다 : 豫測 測雨器

• 職(직) 임무 : 就職 職務
• 織(직) 짜다 : 織物 組織

• 義(의) 의롭다 : 義理 義務
• 儀(의) 의식 : 葬儀

• 頃(경) 잠시 : 頃刻 食頃
• 傾(경) 기울다 : 傾斜 傾向

• 妻(처) 아내 : 妻家
• 悽(처) 슬퍼하다 : 悽慘

• 東(동) 동녘 : 東奔西走
• 凍(동) 얼다 : 凍土

• 巷(항) 고을 : 巷說 巷間
• 港(항) 항구 : 港口 空港

• 賞(상) 상주다 : 賞罰 懸賞金
• 償(상) 갚다 : 償還 補償

• 泳(영) 헤엄치다 : 水泳
• 詠(영) 읊조리다 : 詠歎 吟詠

• 州(주) 고을 : 州縣
• 洲(주) 섬 : 三角洲

• 荷(하) 짐지다 : 負荷 荷役
• 何(하) 어찌 : 何等 何必

2 잘못 읽기 쉬운 한자

*( ) 안은 잘못 읽은 한자.

ㄱ

◇ 可矜 가긍(가금) ◇ 恪別 각별(격별) ◇ 姦慝 간특(간약) ◇ 看做 간주(간고)
◇ 減殺 감쇄(감살) ◇ 間歇 간헐(간흘) ◇ 甘蔗 감자(감서) ◇ 改悛 개전(개준)
◇ 槪括 개괄(개활) ◇ 坑道 갱도(항도) ◇ 醵出 갹출(거출) ◇ 更迭 경질(갱질)
◇ 揭示 게시(계시) ◇ 膏肓 고황(고맹) ◇ 汨沒 골몰(일몰) ◇ 誇示 과시(교시)
◇ 刮目 괄목(활목) ◇ 乖離 괴리(승리) ◇ 攪亂 교란(각란) ◇ 敎唆 교사(교준)
◇ 句讀 구두(구독) ◇ 拘碍 구애(구득) ◇ 救恤 구휼(구혈) ◇ 軌道 궤도(구도)
◇ 詭辯 궤변(위변) ◇ 龜鑑 귀감(구감) ◇ 糾明 규명(사명) ◇ 矜持 긍지(긍대)
◇ 喫煙 끽연(결연) ◇ 驚蟄 경칩(경첩) ◇ 誇張 과장(오장) ◇ 壞滅 괴멸(회멸)
◇ 口腔 구강(구공) ◇ 口碑 구비(구패) ◇ 龜裂 균열(구열) ◇ 近況 근황(근항)

ㄴ

◇ 懦弱 나약(난약) ◇ 拿捕 나포(합포) ◇ 烙印 낙인(각인) ◇ 難澁 난삽(난습)
◇ 捺印 날인(나인) ◇ 拉致 납치(입치) ◇ 狼藉 낭자(낭적) ◇ 鹿皮 녹비(녹피)
◇ 鹿茸 녹용(녹이) ◇ 賂物 뇌물(각물) ◇ 漏泄 누설(누세) ◇ 凜然 늠연(품연)
◇ 內人 나인(내인) ◇ 凌駕 능가(준가) ◇ 來往 내왕(내주)

ㄷ

◇ 茶菓 다과(차과) ◇ 茶店 다점(차점) ◇ 團欒 단란(단락) ◇ 撞着 당착(동착)
◇ 對峙 대치(대시) ◇ 陶冶 도야(도치) ◇ 篤志 독지(마지) ◇ 瀆職 독직(속직)
◇ 獨擅 독천(독단) ◇ 憧憬 동경(동영) ◇ 鈍濁 둔탁(돈탁) ◇ 登攀 등반(등거)
◇ 冬眠 동면(동민) ◇ 杜撰 두찬(사찬)

ㅁ

◇ 滿腔 만강(만공) ◇ 罵倒 매도(마도) ◇ 邁進 매진(만진) ◇ 萌芽 맹아(붕아)
◇ 明澄 명징(명증) ◇ 木瓜 모과(목과) ◇ 冒瀆 모독(목독) ◇ 牧丹 모란(모단)
◇ 矛盾 모순(여순) ◇ 木鐸 목탁(목택) ◇ 杳然 묘연(향연) ◇ 拇印 무인(모인)
◇ 未洽 미흡(미합) ◇ 驀進 맥진(막진) ◇ 蔓延 만연(만정) ◇ 巫覡 무격(무현)

ㅂ

◇ 剝奪 박탈(녹탈) ◇ 反駁 반박(반효) ◇ 頒布 반포(분포) ◇ 潑剌 발랄(발자)
◇ 拔萃 발췌(발치) ◇ 拔擢 발탁(발요) ◇ 幇助 방조(봉조) ◇ 拜謁 배알(배갈)
◇ 兵站 병참(병첨) ◇ 報酬 보수(보주) ◇ 布施 보시(포시) ◇ 補塡 보전(보진)
◇ 敷衍 부연(부행) ◇ 分泌 분비(분필) ◇ 不朽 불후(불구) ◇ 沸騰 비등(불등)
◇ 比喩 비유(벽유) ◇ 憑藉 빙자(빙적) ◇ 撲滅 박멸(복멸) ◇ 撲殺 박살(복살)

ㅅ

◇ 些少 사소(차소) ◇ 使嗾 사주(사족) ◇ 奢侈 사치(사다) ◇ 撒布 살포(산포)
◇ 三昧 삼매(삼미) ◇ 祥瑞 상서(상단) ◇ 常套 상투(상장) ◇ 逝去 서거(절거)
◇ 棲息 서식(처식) ◇ 羨望 선망(차망) ◇ 先塋 선영(선형) ◇ 閃光 섬광(염광)
◇ 洗滌 세척(세조) ◇ 遡及 소급(삭급) ◇ 甦生 소생(갱생) ◇ 騷擾 소요(소우)
◇ 贖罪 속죄(독죄) ◇ 殺到 쇄도(살도) ◇ 睡眠 수면(수민) ◇ 羞恥 수치(차심)
◇ 數爻 수효(차심) ◇ 猜忌 시기(청기) ◇ 示唆 시사(시준) ◇ 諡號 시호(익호)
◇ 十方 시방(십방) ◇ 辛辣 신랄(신극) ◇ 迅速 신속(빈속) ◇ 詐欺 사기(사취)
◇ 數數 삭삭(수수) ◇ 索漠 삭막(색한) ◇ 相殺 상쇄(상살) ◇ 省略 생략(성략)
◇ 書簡 서간(서한) ◇ 水洗 수세(수선)

ㅇ

◇ 阿諂 아첨(하첨) ◇ 齷齪 악착(악족) ◇ 安堵 안도(안자) ◇ 軋轢 알력(알륵)
◇ 斡旋 알선(간선) ◇ 謁見 알현(알견) ◇ 愛玩 애완(애원) ◇ 隘路 애로(익로)

◇ 惹起 야기(약기)
◇ 掠奪 약탈(경탈)
◇ 濾過 여과(노과)
◇ 厭世 염세(압세)
◇ 誤謬 오류(오묘)
◇ 傲慢 오만(방만)
◇ 役割 역할(역활)
◇ 嗚咽 오열(명인)
◇ 汚辱 오욕(오진)
◇ 渦中 와중(과중)
◇ 訛傳 와전(화전)
◇ 緩和 완화(난화)
◇ 穩健 온건(은건)
◇ 頑固 완고(원고)
◇ 玩賞 완상(원상)
◇ 歪曲 왜곡(의곡)
◇ 凹凸 요철(요돌)
◇ 樂山 요산(악산)
◇ 窯業 요업(질업)
◇ 容喙 용훼(용탁)
◇ 韻律 운율(음률)
◇ 雨雹 우박(우포)
◇ 雲刻 운각(운핵)
◇ 遊說 유세(유설)
◇ 流暢 유창(유탕)
◇ 吟味 음미(금미)
◇ 凝結 응결(의결)
◇ 義捐 의연(의손)
◇ 弛緩 이완(치완)
◇ 移徙 이사(이도)
◇ 罹患 이환(나환)
◇ 溺死 익사(약사)
◇ 湮滅 인멸(연멸)
◇ 一括 일괄(일활)
◇ 一切 일체(일절)
◇ 剩餘 잉여(승도)

ㅈ

◇ 自矜 자긍(자금)
◇ 孜孜 자자(고고)
◇ 箴言 잠언(함언)
◇ 自刎 자문(자물)
◇ 暫定 잠정(참정)
◇ 將帥 장수(장사)
◇ 裝塡 장전(장진)
◇ 咀呪 저주(조주)
◇ 沮止 저지(조지)
◇ 傳播 전파(전번)
◇ 銓衡 전형(금형)
◇ 截斷 절단(재단)
◇ 正鵠 정곡(정고
◇ 奠幣 전폐(존폐)
◇ 點睛 점정(점청)
◇ 措置 조치(차치)
◇ 稠密 조밀(주밀)
◇ 造詣 조예(조지)
◇ 拙劣 졸렬(출렬)
◇ 奏請 주청(진정)
◇ 躊躇 주저(수저)
◇ 酒肴 주효(주육)
◇ 櫛比 즐비(절비)
◇ 憎惡 증오(증악)
◇ 支撑 지탱(지탕)
◇ 眞摯 진지(진집)
◇ 叱責 질책(힐책)
◇ 桎梏 질곡(지고)
◇ 斟酌 짐작(심작)
◇ 執拗 집요(집유)

ㅊ

◇ 斬新 참신(점신)
◇ 懺悔 참회(섬회)
◇ 暢達 창달(장달)
◇ 漲溢 창일(장익)
◇ 喘息 천식(단식)
◇ 闡明 천명(단명)
◇ 尖端 첨단(연단)
◇ 涕泣 체읍(제읍)
◇ 諦念 체념(제념)
◇ 招聘 초빙(소빙)
◇ 寵愛 총애(용애)
◇ 撮影 촬영(최영)
◇ 追悼 추도(추탁)
◇ 抽象 추상(유상)
◇ 忖度 촌탁(촌도)
◇ 秋毫 추호(추모)
◇ 衷心 충심(애심)
◇ 脆弱 취약(위약)
◇ 熾烈 치열(식열)
◇ 鍼術 침술(함술)
◇ 浸透 침투(침수)
◇ 蟄居 칩거(집거)
◇ 捉來 착래(촉래)

ㅌ

◇ 拓本 탁본(척본) ◇ 度支 탁지(도지) ◇ 綻露 탄로(정로) ◇ 彈劾 탄핵(탄효)
◇ 耽溺 탐닉(탐익) ◇ 攄得 터득(여득) ◇ 慟哭 통곡(동곡) ◇ 洞察 통찰(동찰)
◇ 堆敲 퇴고(추고) ◇ 堆積 퇴적(추적)

ㅍ

◇ 破綻 파탄(파정) ◇ 跛立 피립(파립) ◇ 辦得 판득(변득) ◇ 敗北 패배(패북)
◇ 霸權 패권(파권) ◇ 稗官 패관(비관) ◇ 膨脹 팽창(팽장) ◇ 平坦 평탄(평단)
◇ 捕捉 포착(포촉) ◇ 褒賞 포상(보상) ◇ 輻輳 폭주(복주) ◇ 風味 풍미(풍마)
◇ 標識 표지(표식)

ㅎ

◇ 割引 할인(활인) ◇ 陜川 합천(협천) ◇ 肛門 항문(홍문) ◇ 行列 항렬(행렬)
◇ 降將 항장(강장) ◇ 解弛 해이(해지) ◇ 偕老 해로(개로) ◇ 楷書 해서(개서)
◇ 諧謔 해학(개학) ◇ 享樂 향락(형락) ◇ 饗宴 향연(향안) ◇ 現況 현황(현항)
◇ 絢爛 현란(순란) ◇ 荊棘 형극(형자) ◇ 忽然 홀연(총연) ◇ 花瓣 화판(화변)
◇ 廓然 확연(곽연) ◇ 滑走 활주(골주) ◇ 黃疸 황달(황단) ◇ 恍惚 황홀(광홀)
◇ 嚆矢 효시(고시) ◇ 嗅覺 후각(취각) ◇ 麾下 휘하(마하) ◇ 恤兵 휼병(혈병)
◇ 欣快 흔쾌(흠쾌) ◇ 恰似 흡사(합사) ◇ 毁損 훼손(훼원) ◇ 詰難 힐난(길난)

3 두 음과 뜻을 가진 한자

覺 깨달을 (각) 覺醒(각성)
꿈깰 (교) 覺眼(교안)

乾 하늘 (건) 乾坤(건곤)
마를 (건) 乾物(건물)

見 볼 (견) 見學(견학)
드러날 (현) 謁見(알현)

龜 거북 (귀) 龜趺(귀부)
땅이름 (구) 龜浦(구포)
터질 (균) 龜裂(균열)

內 안 (내) 室內(실내)
궁궐 (나) 內人(나인)

丹 붉을 (단) 丹靑(단청)
꽃이름 (란) 牡丹(모란)

單 홀로 (단) 簡單(간단)
오랑캐임금 (선) 單于氏(선우씨)

讀 읽을 (독) 讀書(독서)
귀절 (두) 句讀(구두)

樂 즐길 (락) 娛樂(오락)
좋아할 (요) 樂山(요산)
풍류 (악) 音樂(음악)

木 나무 (목) 草木(초목)
모과 (모) 木瓜(모과)

復 회복할 (복) 復舊(복구)
다시 (부) 復活(부활)

降 내릴 (강) 降等(강등)
항복할 (항) 降伏(항복)

更 다시 (갱) 更新(갱신)
고칠 (경) 變更(변경)

句 글귀 (구) 文句(문구)
글귀 (귀) 句節(귀절)

洞 동리 (동) 洞里(동리)
구멍 (동) 洞窟(동굴)
밝을 (통) 洞察(통찰)

金 쇠 (금) 金庫(금고)
성씨 (김) 金氏(김씨)

宅 집 (댁) 宅內(댁내)
집 (택) 住宅(주택)

度 법도 (도) 制度(제도)
헤아릴 (탁) 度計(탁계)

率 비례 (율, 률) 比率(비율)
거느릴 (솔) 統率(통솔)

說 말씀 (설) 說明(설명)
달랠 (세) 遊說(유세)
기쁠 (열) 說樂(열락)

反 돌이킬 (반) 反擊(반격)
뒤침 (번) 反畓(번답)

否 아닐 (부) 否定(부정)
막힘 (비) 否運(비운)

한자	뜻	음	예
北	북녘	(북)	南北(남북)
	패할	(배)	敗北(패배)
狀	형상	(상)	狀態(상태)
	문서	(장)	賞狀(상장)
塞	막을	(색)	閉塞(폐색)
	변방	(새)	要塞(요새)
食	먹을	(식)	食事(식사)
	밥	(사)	簞食(단사)
什	열사람	(십)	什長(십장)
	세간	(집)	什器(집기)
宿	잘	(숙)	宿泊(숙박)
	별	(수)	星宿(성수)
識	알	(식)	識見(식견)
	기록할	(지)	標識(표지)
惡	악할	(악)	惡魔(악마)
	미워할	(오)	憎惡(증오)
於	어조사	(어)	於乎(어호)
	탄식할	(오)	於乎(오호)
葉	잎	(엽)	落葉(낙엽)
	성	(섭)	葉氏(섭씨)
咽	목구멍	(인)	咽喉(인후)
	목멜	(열)	嗚咽(오열)
刺	찌를	(자)	刺客(자객)
	찌를	(척)	刺殺(척살)
	수라	(라)	水刺(수라)

한자	뜻	음	예
寺	절	(사)	寺刹(사찰)
	내관	(시)	寺人(시인)
索	찾을	(색)	搜索(수색)
	적막할	(삭)	索莫(삭막)
誓	서약	(서)	宣誓(선서)
	맹세	(세)	盟誓(맹세)
殺	죽일	(살)	殺人(살인)
	빠를, 감할	(쇄)	相殺(상쇄)
省	살필	(성)	反省(반성)
	덜	(생)	省略(생략)
拾	주울	(습)	拾得(습득)
	열	(십)	拾萬(십만)
辰	때	(신)	生辰(생신)
	별	(진)	辰宿(진수)
若	같을	(약)	若干(약간)
	땅이름	(야)	般若(반야)
厭	싫어할	(염)	厭世(염세)
	누를	(엽)	厭然(엽연)
易	쉬울	(이)	容易(용이)
	바꿀	(역)	貿易(무역)
抵	막을	(저)	抵抗(저항)
	칠	(지)	抵掌(지장)
著	지을	(저)	著述(저술)
	나타날	(저)	顯著(현저)
	붙을	(착)	附着(부착)

한자	뜻	음	예
切	끊을	(절)	切斷(절단)
	모두	(체)	一切(일체)
提	끌	(제)	提携(제휴)
	깨달을	(리)	菩提樹(보리수)
車	수레	(차)	自動車(자동차)
	수레	(거)	車馬費(거마비)
沈	잠길	(침)	沈沒(침몰)
	성씨	(심)	沈氏(심씨)
跛	절뚝임	(파)	跛行(파행)
	기울	(피)	跛立(피립)
皮	가죽	(피)	皮革(피혁)
	가죽	(비)	鹿皮(녹비)
暴	드러날	(폭)	暴露(폭로)
	사나울	(폭)	暴風(폭풍)
	사나울	(포)	暴惡(포악)
參	참여할	(참)	參加(참가)
	석	(삼)	參拾(삼십)
拓	열	(척)	開拓(개척)
	박을	(탁)	拓本(탁본)
則	법칙	(칙)	規則(규칙)
	곧	(즉)	然則(연즉)
推	밀	(퇴)	推敲(퇴고)
	밀	(추)	推進(추진)
便	편할	(편)	便利(편리)
	오줌	(변)	便所(변소)
合	합할	(합)	合同(합동)
	홉	(홉)	五合(오홉)
行	갈	(행)	行軍(행군)
	항렬	(항)	行列(항렬)

4 반대어와 상대어

ㄱ

可決(가결) ↔ 否決(부결)
架空(가공) ↔ 實際(실제)
假象(가상) ↔ 實在(실재)
加熱(가열) ↔ 冷却(냉각)
却下(각하) ↔ 受理(수리)
干涉(간섭) ↔ 放任(방임)
減少(감소) ↔ 增加(증가)
剛健(강건) ↔ 柔弱(유약)
强硬(강경) ↔ 柔和(유화)
開放(개방) ↔ 閉鎖(폐쇄)
巨大(거대) ↔ 微小(미소)
巨富(거부) ↔ 極貧(극빈)
拒絕(거절) ↔ 承諾(승낙)
乾燥(건조) ↔ 濕潤(습윤)
傑作(걸작) ↔ 拙作(졸작)
儉約(검약) ↔ 浪費(낭비)
缺乏(결핍) ↔ 豊富(풍부)
謙遜(겸손) ↔ 傲慢(오만)
經度(경도) ↔ 緯度(위도)
輕蔑(경멸) ↔ 尊敬(존경)
輕率(경솔) ↔ 愼重(신중)
輕視(경시) ↔ 重視(중시)
高潔(고결) ↔ 低俗(저속)
高雅(고아) ↔ 卑俗(비속)
高調(고조) ↔ 低調(저조)
困難(곤란) ↔ 容易(용이)
功給(공급) ↔ 需要(수요)
空想(공상) ↔ 現實(현실)
公的(공적) ↔ 私的(사적)
空虛(공허) ↔ 充實(충실)
過激(과격) ↔ 穩健(온건)
屈服(굴복) ↔ 抵抗(저항)
屈辱(굴욕) ↔ 雪辱(설욕)
歸納(귀납) ↔ 演繹(연역)
勤勉(근면) ↔ 懶怠(나태)
僅少(근소) ↔ 過多(과다)
急性(급성) ↔ 慢性(만성)
急行(급행) ↔ 緩行(완행)
奇拔(기발) ↔ 平凡(평범)
奇數(기수) ↔ 偶數(우수)
飢餓(기아) ↔ 飽食(포식)
緊密(긴밀) ↔ 疏遠(소원)
緊張(긴장) ↔ 弛緩(이완)
急進的(급진적) ↔ 漸進的(점진적)
錦上添花(금상첨화) ↔ 雪上加霜(설상가상)

ㄴ

懦弱(나약) ↔ 强勇(강용)
樂天(낙천) ↔ 厭世(염세)
暖流(난류) ↔ 寒流(한류)
濫讀(남독) ↔ 精讀(정독)

朗讀(낭독) ↔ 默讀(묵독)
老練(노련) ↔ 未熟(미숙)
濃厚(농후) ↔ 稀薄(희박)
訥辯(눌변) ↔ 能辯(능변)
凌蔑(능멸) ↔ 崇仰(숭앙)

ㄷ

短縮(단축) ↔ 延長(연장)
唐慌(당황) ↔ 沈着(침착)
貸邊(대변) ↔ 借邊(차변)
獨創(독창) ↔ 模倣(모방)
冬眠(동면) ↔ 夏眠(하면)
杜絕(두절) ↔ 連絡(연락)

ㅁ

漠然(막연) ↔ 確然(확연)
忘却(망각) ↔ 記憶(기억)
埋沒(매몰) ↔ 發掘(발굴)
名譽(명예) ↔ 恥辱(치욕)
微官(미관) ↔ 顯官(현관)
敏感(민감) ↔ 鈍感(둔감)
敏速(민속) ↔ 遲鈍(지둔)
密接(밀접) ↔ 疏遠(소원)
密集(밀집) ↔ 散在(산재)

ㅂ

反目(반목) ↔ 和睦(화목)
跋文(발문) ↔ 序文(서문)
放心(방심) ↔ 操心(조심)
白髮(백발) ↔ 紅顔(홍안)
繁榮(번영) ↔ 衰退(쇠퇴)
普遍(보편) ↔ 特殊(특수)
敷衍(부연) ↔ 省略(생략)
富裕(부유) ↔ 貧困(빈곤)
否認(부인) ↔ 是認(시인)
分擔(분담) ↔ 全擔(전담)
分離(분리) ↔ 統合(통합)
紛爭(분쟁) ↔ 和解(화해)
卑怯(비겁) ↔ 勇敢(용감)
悲劇(비극) ↔ 喜劇(희극)
卑語(비어) ↔ 敬語(경어)

ㅅ

奢侈(사치) ↔ 儉素(검소)
削減(삭감) ↔ 添加(첨가)
散文(산문) ↔ 韻文(운문)
喪失(상실) ↔ 獲得(획득)
詳述(상술) ↔ 略述(약술)
生家(생가) ↔ 養家(양가)
消極(소극) ↔ 積極(적극)
所得(소득) ↔ 損失(손실)
騷亂(소란) ↔ 靜肅(정숙)
疏遠(소원) ↔ 親近(친근)
守勢(수세) ↔ 攻勢(공세)
純粹(순수) ↔ 不純(불순)
順坦(순탄) ↔ 險難(험난)
勝利(승리) ↔ 敗北(패배)
相對的(상대적) ↔ 絕對的(절대적)

ㅇ

曖昧(애매) ↔ 明瞭(명료)

愛護(애호) ↔ 虐待(학대)
逆境(역경) ↔ 順境(순경)
連敗(연패) ↔ 連勝(연승)
永劫(영겁) ↔ 刹那(찰나)
榮轉(영전) ↔ 左遷(좌천)
靈魂(영혼) ↔ 肉體(육체)
愚昧(우매) ↔ 賢明(현명)
優勢(우세) ↔ 劣勢(열세)
偶然(우연) ↔ 必然(필연)
憂鬱(우울) ↔ 明朗(명랑)
優越(우월) ↔ 劣等(열등)
恩惠(은혜) ↔ 怨恨(원한)
陰氣(음기) ↔ 陽氣(양기)
裏面(이면) ↔ 表面(표면)

ㅈ

自動(자동) ↔ 手動(수동)
自律(자율) ↔ 他律(타율)
低俗(저속) ↔ 高尙(고상)
敵對(적대) ↔ 友好(우호)
嫡子(적자) ↔ 庶子(서자)
絶對(절대) ↔ 相對(상대)
正當(정당) ↔ 不當(부당)
精密(정밀) ↔ 粗雜(조잡)
正常(정상) ↔ 異常(이상)
定着(정착) ↔ 漂流(표류)
弔客(조객) ↔ 賀客(하객)
增進(증진) ↔ 減退(감퇴)
直系(직계) ↔ 傍系(방계)
直線(직선) ↔ 曲線(곡선)
直接(직접) ↔ 間接(간접)
進步(진보) ↔ 退步(퇴보)
眞實(진실) ↔ 虛僞(허위)
質疑(질의) ↔ 應答(응답)

ㅊ

斬新(참신) ↔ 陳腐(진부)
創造(창조) ↔ 模倣(모방)
聰明(총명) ↔ 愚鈍(우둔)

ㅋ

快樂(쾌락) ↔ 苦痛(고통)
快勝(쾌승) ↔ 慘敗(참패)

ㅌ

脫黨(탈당) ↔ 入黨(입당)
脫色(탈색) ↔ 染色(염색)
投手(투수) ↔ 捕手(포수)

ㅍ

破婚(파혼) ↔ 約婚(약혼)
閉幕(폐막) ↔ 開幕(개막)
暴露(폭로) ↔ 隱蔽(은폐)

ㅎ

合理(합리) ↔ 矛盾(모순)
許多(허다) ↔ 稀少(희소)
好轉(호전) ↔ 逆轉(역전)
厚待(후대) ↔ 薄待(박대)
興奮(흥분) ↔ 鎭靜(진정)

5 유의어(유의결합어)

ㄱ

가요(歌謠)
각오(覺悟)
간격(間隔)
감시(監視)
건강(健康)
견인(牽引)
계산(計算)
계속(繼續)
고려(考慮)
고용(雇傭)
공포(恐怖)
공경(恭敬)
공격(攻擊)
공헌(貢獻)
과실(果實)
과오(過誤)
관철(貫徹)
교훈(敎訓)
구비(具備)
구제(救濟)
극단(極端)
기예(技藝)
기아(飢餓)

ㄷ

단절(斷絕)
도달(到達)
도당(徒黨)
도피(逃避)
도적(盜賊)
도화(圖畫)
돈독(敦篤)

ㄹ

륭(융)성(隆盛)

ㅁ

면려(勉勵)
모발(毛髮)
모범(模範)
무성(茂盛)

ㅂ

반환(返還)
보고(報告)
부속(附屬)
부차(副次)
분묘(墳墓)
비평(批評)
빈궁(貧窮)

ㅅ

사려(思慮)
사상(思想)
사설(辭說)
상념(想念)
석방(釋放)
선별(選別)
선택(選擇)
세탁(洗濯)
순결(純潔)
시설(施設)
시험(試驗)

ㅇ

애도(哀悼)
연구(硏究)
연계(連繫)
염려(念慮)
영원(永遠)
영특(英特)
온난(溫暖)
우수(憂愁)
원한(怨恨)
은혜(恩惠)
의논(議論)
인자(仁慈)

ㅈ

자태(姿態)
재화(災禍)
저축(貯蓄)
전투(戰鬪)
정결(淨潔)
정류(停留)
정성(精誠)
정치(政治)
제작(製作)
제조(製造)
조화(調和)
존중(尊重)
준걸(俊傑)
지극(至極)
진보(珍寶)
진취(進就)

ㅊ

참여(參與)
창고(倉庫)
채소(菜蔬)
척도(尺度)
청결(淸潔)
청문(聽聞)
축적(蓄積)
취의(趣意)
층계(層階)
칭송(稱頌)

ㅌ

타격(打擊)
투쟁(鬪爭)

ㅍ

포획(捕獲)
필경(畢竟)

ㅎ

화목(和睦)
환희(歡喜)
희원(希願)

6 8급~4급 배정 한자

1) 8급 배정 한자

한자	部首	획수	訓音	한자	部首	획수	訓音
校	木	10획	학교 교	先	儿	6획	먼저 선
教	攵	11획	가르칠 교	小	小	3획	작을 소
九	乙	2획	아홉 구	水	水	4획	물 수
國	口	11획	나라 국	室	宀	9획	집 실
軍	車	9획	군사 군	十	十	2획	열 십/시
金	金	8획	쇠 금	五	二	4획	다섯 오
南	十	9획	남녘 남	王	王	4획	임금 왕
女	女	3획	계집 녀	外	夕	5획	바깥 외
年	干	6획	해/나이 년	月	月	4획	달 월
大	大	3획	큰 대	二	二	2획	두 이
東	木	8획	동녘 동	人	人	2획	사람 인
六	八	4획	여섯 륙	一	一	1획	한 일
萬	艹(艸)	13획	일만 만	日	日	4획	날 일
母	毋	5획	어미 모	長	長	8획	길 장
木	木	4획	나무 목	弟	弓	7획	아우 제
門	門	8획	문 문	中	丨	4획	가운데 중
民	氏	5획	백성 민	青	青	8획	푸를 청
白	白	5획	흰 백	寸	寸	3획	마디 촌
父	父	4획	아비 부	七	一	2획	일곱 칠
北	匕	5획	북녘 북/달아날 배	土	土	3획	흙 토
四	口	5획	넉 사	八	八	2획	여덟 팔
山	山	3획	메 산	學	子	16획	배울 학
三	一	3획	석 삼	韓	韋	17획	나라 한
生	生	5획	날 생	兄	儿	5획	맏 형
西	襾	6획	서녘 서	火	火	4획	불 화

2) 7급 배정 한자

한자	部首	획수	訓音	한자	部首	획수	訓音
家	宀	10획	집 가	林	木	8획	수풀 림
歌	欠	14획	노래 가	立	立	5획	설 립
間	門	12획	사이 간	每	母	7획	매양 매
江	氵(水)	6획	강 강	面	面	9획	얼굴 면
車	車	7획	수레 거/차	名	口	6획	이름 명
工	工	3획	장인 공	命	口	8획	목숨 명
空	穴	8획	빌 공	文	文	4획	글월 문
口	口	3획	입 구	問	口	11획	물을 문
旗	方	14획	깃발 기	物	牛	8획	물건 물
氣	气	10획	기운 기	方	方	4획	모 방
記	言	10획	기록할 기	百	白	6획	일백 백
男	田	7획	사내 남	夫	大	4획	지아비 부
內	入	4획	안 내	不	一	4획	아닐 불/부
農	辰	13획	농사 농	事	亅	8획	일 사
答	竹	12획	대답할 답	算	竹	14획	셈할 산
道	辶	13획	길 도	上	一	3획	위 상
冬	冫	5획	겨울 동	色	色	6획	빛 색
動	力	11획	움직일 동	夕	夕	3획	저녁 석
同	口	6획	같을 동	姓	女	8획	성씨 성
洞	氵(水)	9획	고을 동/밝을 통	世	一	5획	세상 세
登	癶	12획	오를 등	少	小	4획	적을/젊을 소
來	人	8획	올 래	所	户	8획	바 소
力	力	2획	힘 력	手	手	4획	손 수
老	老	6획	늙을 로	數	攵	15획	셈 수/자주 삭/촘촘할 촉
里	里	7획	마을 리	市	巾	5획	시장 시
時	日	10획	때 시	住	亻(人)	7획	살 주
食	食	9획	밥 식/사	重	里	9획	무거울 중
植	木	12획	심을 식	地	土	6획	땅 지
心	心	4획	마음 심	紙	糸	10획	종이 지
安	宀	6획	편안할 안	直	目	8획	곧을 직
語	言	14획	말씀 어	千	十	3획	일천 천
然	灬(火)	12획	그럴 연	天	大	4획	하늘 천

한자	部首	획수	訓音	한자	部首	획수	訓音
午	十	4획	낮 오	川	巛	3획	내 천
右	口	5획	오른쪽 우	草	艹(艸)	10획	풀 초
有	月(肉)	6획	있을 유	村	木	7획	마을 촌
育	肉	8획	기를 육	秋	禾	9획	가을 추
邑	邑	7획	고을 읍	春	日	9획	봄 춘
入	入	2획	들 입	出	凵	5획	날 출
子	子	3획	아들 자	便	亻(人)	9획	편할 편/오줌 변
字	子	6획	글자 자	平	干	5획	평평할 평
自	自	6획	스스로 자	下	一	3획	아래 하
場	土	12획	마당 장	夏	夊	10획	여름 하
全	入	6획	온전할 전	漢	氵(水)	14획	한나라 한
前	刀	9획	앞 전	海	氵(水)	10획	바다 해
電	雨	13획	번개 전	花	艹(艸)	8획	꽃 화
正	止	5획	바를 정	話	言	13획	말씀 화
祖	示	10획	조상 조	活	氵(水)	9획	살 활/물소리 괄
足	足	7획	발 족	孝	子	7획	효도 효
左	工	5획	왼쪽 좌	後	彳	9획	뒤 후
主	丶	5획	주인 주	休	亻(人)	6획	쉴 휴

3) 6급 배정 한자

한자	部首	획수	訓音	한자	部首	획수	訓音
角	角	7획	뿔 각	級	糸	10획	등급 급
各	口	6획	각각 각	多	夕	6획	많을 다
感	心	13획	느낄 감	短	矢	12획	짧을 단
強	弓	11획	강할 강	堂	土	11획	집 당
開	門	12획	열 개	代	亻(人)	5획	대신할 대
京	亠	8획	서울 경	對	寸	14획	대할 대
界	田	9획	지경 계	待	彳	9획	기다릴 대
計	言	9획	셀 계	圖	囗	14획	그림 도
高	高	10획	높을 고	度	广	9획	법도 도/헤아릴 탁
苦	艹(艸)	9획	쓸 고	讀	言	22획	읽을 독
古	口	5획	옛 고	童	立	12획	아이 동

한자	部首	획수	訓音	한자	部首	획수	訓音
公	入	4획	공변될 공	頭	頁	16획	머리 두
功	力	5획	힘쓸 공	等	艹(艸)	12획	무리 등
共	入	6획	함께 공	樂	木	15획	즐길 락/노래 악/좋아할 요
科	禾	9획	과목 과	例	亻(人)	8획	법식 례
果	木	8획	과실 과	禮	示	18획	예절 례
光	儿	6획	빛 광	路	足	13획	길 로
交	亠	6획	사귈 교	綠	糸	14획	푸를 록
球	玉	11획	구슬/공 구	理	王	11획	다스릴 리
區	匸	11획	구분할 구	利	刂(刀)	7획	이로울 리
郡	阝(邑)	10획	고을 군	李	木	7획	오얏나무/성 리
根	木	10획	뿌리 근	明	日	8획	밝을 명
近	辶	8획	가까울 근	目	目	5획	눈 목
今	人	4획	이제 금	聞	耳	14획	들을 문
急	心	9획	급할 급	米	米	6획	쌀 미
美	羊	9획	아름다울 미	速	辶	11획	빠를 속
朴	木	6획	순박할/성 박	孫	子	10획	손자 손
反	又	4획	돌아올 반	樹	木	16획	나무 수
半	十	5획	반 반	術	行	11획	재주 술
班	王	10획	나눌 반	習	羽	11획	익힐 습
發	癶	12획	필 발	勝	力	12획	이길 승
放	攵	8획	놓을 방	始	女	8획	비로소 시
番	田	12획	차례 번	式	弋	6획	법 식
別	刀	7획	다를 별	信	亻(人)	9획	믿을 신
病	疒	10획	질병 병	身	身	7획	몸 신
服	月	8획	옷 복	新	斤	13획	새로울 신
本	木	5획	근본 본	神	示	10획	귀신 신
部	阝(邑)	11획	부분 부	失	大	5획	잃을 실
分	刂(刀)	4획	나눌 분	愛	心	13획	사랑 애
社	示	8획	모일 사	野	里	11획	들 야
使	人	8획	부릴 사	夜	夕	8획	밤 야
死	歹	6획	죽을 사	弱	弓	10획	약할 약
書	曰	10획	글 서	藥	艹(艸)	19획	약 약

한자	部首	획수	訓音	한자	部首	획수	訓音
石	石	5획	돌 석	洋	氵(水)	9획	큰바다 양
席	巾	10획	자리 석	陽	阝(阜)	12획	볕 양
線	糸	15획	줄 선	言	言	7획	말씀 언
雪	雨	11획	눈 설	業	木	13획	업 업
成	戈	7획	이룰 성	英	艹(艸)	9획	꽃부리 영
省	目	9획	살필 성/덜 생	永	水	5획	길 영
消	氵(水)	10획	사라질 소	溫	氵(水)	13획	따뜻할 온
勇	力	9획	날랠 용	族	方	11획	겨레 족
用	用	5획	쓸 용	注	氵(水)	8획	부을 주
運	辶	13획	옮길 운	晝	日	11획	낮 주
園	口	13획	동산 원	集	隹	12획	모을 집
遠	辶	14획	멀 원	窓	穴	11획	창 창
由	田	5획	말미암을 유	淸	氵(水)	11획	맑을 청
油	氵(水)	8획	기름 유	體	骨	23획	몸 체
銀	金	14획	은 은	親	見	16획	친할 친
音	音	9획	소리 음	太	大	4획	클 태
飮	食	13획	마실 음	通	辶	11획	통할 통
意	心	13획	뜻 의	特	牛	10획	특별할 특
醫	酉	18획	의원 의	表	衣	8획	겉 표
衣	衣	6획	옷 의	風	風	9획	바람 풍
者	老	9획	놈 자	合	口	6획	합할 합
作	亻(人)	7획	지을 작	幸	干	8획	다행 행
昨	日	9획	어제 작	行	行	6획	다닐 행/항렬 항
章	立	11획	글 장	向	口	6획	향할 향
才	手	3획	재주 재	現	王	11획	나타날 현
在	土	6획	있을 재	形	彡	7획	모양 형
戰	戈	16획	싸움 전	號	虍	13획	이름 호
庭	广	10획	뜰 정	和	口	8획	화할 화
定	宀	8획	정할 정	畫	田	13획	그림 화/그을 획
第	(竹)	11획	차례 제	黃	黃	12획	누를 황
題	頁	18획	제목 제	會	曰	13획	모일 회
朝	月	12획	아침 조	訓	言	10획	가르칠 훈

4) 5급 배정 한자

한자	部首	획수	訓音	한자	部首	획수	訓音
價	亻(人)	15획	값 가	觀	見	25획	볼 관
可	口	5획	옳을 가	廣	广	15획	넓을 광
加	力	5획	더할 가	橋	木	16획	다리 교
改	攵	7획	고칠 개	舊	臼	18획	옛 구
客	宀	9획	손 객	具	八	8획	갖출 구
擧	手	18획	들 거	救	攵	11획	구원할 구
去	厶	5획	갈 거	局	尸	7획	판 국
建	廴	9획	세울 건	貴	貝	12획	귀할 귀
件	亻(人)	6획	물건 건	規	見	11획	법 규
健	亻(人)	11획	튼튼할 건	給	糸	12획	줄 급
格	木	10획	격식 격	己	己	3획	몸 기
見	見	7획	볼 견/뵐 현	基	土	11획	터 기
決	氵(水)	7획	결단할 결	技	扌(手)	7획	재주 기
結	糸	12획	맺을 결	汽	氵(水)	7획	수증기 기
敬	攵	13획	공경할 경	期	月	12획	기약할 기
景	日	12획	볕 경	吉	口	6획	길할 길
輕	車	14획	가벼울 경	念	心	8획	생각 념
競	立	20획	다툴 경	能	肉	10획	능할 능
告	口	7획	알릴 고	團	囗	14획	둥글 단
考	老	6획	생각할 고	壇	土	16획	단 단
固	囗	8획	굳을 고	談	言	15획	말씀 담
曲	曰	6획	굽을 곡	當	田	13획	마땅할 당
課	言	15획	과정 과	德	彳	15획	덕 덕
過	辶	13획	지날 과	到	刂(刀)	8획	이를 도
關	門	19획	관계할 관	島	山	10획	섬 도
都	阝(邑)	12획	도읍 도	法	氵(水)	8획	법 법
獨	犭(犬)	16획	홀로 독	變	言	23획	변할 변
落	艹(艸)	13획	떨어질 락	兵	八	7획	군사 병
朗	月	11획	밝을 랑	福	示	14획	복 복
冷	冫	7획	찰 랭	奉	大	8획	받들 봉

한자	部首	획수	訓音	한자	部首	획수	訓音
良	艮	7획	어질 량	比	比	4획	견줄 비
量	里	12획	헤아릴 량	鼻	鼻	14획	코 비
旅	方	10획	나그네 려	費	貝	12획	쓸 비
歷	止	16획	지날 력	氷	水	5획	얼음 빙
練	糸	15획	익힐 련	仕	亻(人)	5획	섬길 사
領	頁	14획	거느릴 령	士	士	3획	선비 사
令	人	5획	하여금 령	史	口	5획	역사 사
勞	力	12획	일할 로	思	心	9획	생각할 사
料	斗	10획	헤아릴 료	寫	宀	15획	베낄 사
類	頁	19획	무리 류	査	木	9획	조사할 사
流	氵(水)	10획	흐를 류	産	生	11획	낳을 산
陸	阝(阜)	11획	육지 륙	相	目	9획	서로 상
馬	馬	10획	말 마	商	口	11획	장사 상
末	木	5획	끝 말	賞	貝	15획	상줄 상
望	月	11획	바랄 망	序	广	7획	차례 서
亡	亠	3획	망할 망	仙	亻(人)	5획	신선 선
賣	貝	15획	팔 매	船	舟	11획	배 선
買	貝	12획	살 매	善	口	12획	착할 선
無	火	12획	없을 무	選	辶	16획	가릴 선
倍	亻(人)	10획	곱 배	鮮	魚	17획	고울 선
說	言	14획	말씀 설/기쁠 열/달랠 세	曜	日	18획	빛날 요
性	忄(心)	8획	성질 성	浴	氵(水)	10획	목욕할 욕
歲	止	13획	해 세	友	又	4획	벗 우
洗	氵(水)	9획	씻을 세	牛	牛	4획	소 우
束	木	7획	묶을 속	雨	雨	8획	비 우
首	首	9획	머리 수	雲	雨	12획	구름 운
宿	宀	11획	잘 숙/별자리 수	雄	隹	12획	수컷 웅
順	頁	12획	순할 순	元	儿	4획	으뜸 원
示	示	5획	보일 시	原	厂	10획	언덕 원
識	言	19획	알 식/기록할 지	院	阝(邑)	10획	집 원
臣	臣	6획	신하 신	願	頁	19획	원할 원
實	宀	14획	열매 실	位	亻(人)	7획	자리 위

한자	部首	획수	訓音	한자	部首	획수	訓音
兒	儿	8획	아이 아	偉	亻(人)	11획	위대할 위
惡	心	12획	악할 악/미워할 오	以	人	5획	써 이
案	木	10획	책상 안	耳	耳	6획	귀 이
約	糸	9획	대략 약	因	口	6획	인할 인
養	食	15획	기를 양	任	人	6획	맡길 임
魚	魚	11획	고기 어	再	冂	6획	다시 재
漁	氵(水)	14획	고기잡을 어	材	木	7획	재목 재
億	亻(人)	15획	억 억	災	火	7획	재앙 재
熱	灬(火)	15획	더울 열	財	貝	10획	재물 재
葉	艹(艸)	13획	나뭇잎 엽	爭	爫	8획	다툴 쟁
屋	尸	9획	집 옥	貯	貝	12획	쌓을 저
完	宀	7획	완전할 완	的	白	8획	과녁 적
要	襾	9획	요긴할 요	赤	赤	7획	붉을 적
典	八	8획	법 전	最	曰	12획	가장 최
傳	亻(人)	13획	전할 전	祝	示	10획	빌 축
展	尸	10획	펼 전	充	儿	6획	가득할 충
切	刀	4획	끊을 절/모두 체	致	至	10획	이를 치
節	竹	15획	마디 절	則	刂(刀)	9획	법칙 칙/곧 즉
店	广	8획	가게 점	打	手	5획	칠 타
停	亻(人)	11획	머무를 정	他	亻(人)	5획	다를 타
情	忄(心)	11획	뜻 정	卓	十	8획	높을 탁
調	言	15획	고를 조	炭	火	9획	숯 탄
操	扌(手)	16획	잡을 조	宅	宀	6획	집 택/댁
卒	十	8획	군사/마칠 졸	板	木	8획	널 판
種	禾	14획	씨 종	敗	攵	11획	패할 패
終	糸	11획	마칠 종	品	口	9획	물건 품
罪	罒	13획	허물 죄	必	心	5획	반드시 필
州	川	6획	고을 주	筆	竹	12획	붓 필
週	辶	12획	주일 주	河	氵(水)	8획	물 하
止	止	4획	그칠 지	寒	宀	12획	찰 한
知	矢	8획	알 지	害	宀	10획	해할 해
質	貝	15획	바탕 질	許	言	11획	허락할 허
着	目	12획	붙을 착	湖	氵(水)	12획	호수 호

한자	部首	획수	訓音	한자	部首	획수	訓音
參	厶	11획	참여할 참/석 삼	化	匕	4획	화할 화
唱	口	11획	부를 창	患	心	11획	근심 환
責	貝	11획	꾸짖을 책	效	攵	10획	본받을 효
鐵	金	21획	쇠 철	凶	凵	4획	흉할 흉
初	刀	7획	처음 초	黑	黑	12획	검을 흑

5) 4급Ⅱ 배정 한자

한자	部首	획수	訓音	한자	部首	획수	訓音
假	亻(人)	11획	거짓 가	器	口	16획	그릇 기
街	行	12획	거리 가	起	走	10획	일어날 기
監	皿	14획	볼/살필 감	暖	日	13획	따뜻할 난
減	水	12획	덜 감	難	隹	19획	어려울 난
康	广	11획	편안할 강	努	力	7획	힘쓸 노
講	言	17획	익힐 강/화해할 구	怒	心	9획	성낼 노
個	亻(人)	10획	낱 개	斷	斤	18획	끊을 단
檢	木	17획	조사할 검	端	立	14획	끝/바를 단
潔	氵(水)	15획	깨끗할 결	單	口	12획	홑 단
缺	缶	10획	이지러질 결	檀	木	17획	박달나무 단
經	糸	13획	날 경	達	辶	13획	통달할 달
境	土	14획	지경 경	擔	扌(手)	16획	멜/맡을 담
慶	心	15획	경사 경	黨	黑	20획	무리 당
警	言	20획	경계할 경	帶	巾	11획	띠 대
係	亻(人)	9획	맬 계	隊	阝(邑)	12획	무리 대
故	攵	9획	까닭 고	導	寸	16획	이끌 도
攻	攵	7획	칠 공	督	目	13획	살펴볼 독
官	宀	8획	벼슬 관	毒	毋	8획	독할 독
求	水	7획	구할 구	銅	金	14획	구리 동
句	口	5획	글귀 구	豆	豆	7획	콩 두
究	穴	7획	궁구할 구	斗	斗	4획	말 두
宮	宀	10획	집 궁	得	彳	11획	얻을 득
權	木	22획	권세 권	燈	火	16획	등잔 등
極	木	13획	지극할 극	羅	罒	19획	비단 라

한자	部首	획수	訓音	한자	部首	획수	訓音
禁	示	13획	금할 금	兩	入	8획	두 량/양 냥
麗	鹿	19획	고울 려/ 붙을 리	壁	土	16획	벽 벽
連	辶	11획	이을 련	邊	辶	19획	끝 변
列	刂(刀)	6획	벌일 렬	保	亻(人)	9획	지킬 보
錄	金	16획	기록할 록	寶	宀	20획	보배 보
論	言	15획	논의할 론	報	土	12획	갚을 보
留	田	10획	머무를 류	步	止	7획	걸음 보
律	彳	9획	법 률	婦	女	11획	며느리 부
滿	氵(水)	14획	찰 만	副	刂(刀)	11획	버금 부
脈	肉	10획	맥 맥	富	宀	12획	부유할 부
毛	毛	4획	털 모	復	彳	12획	다시 부/회복할 복
牧	牛	8획	칠 목	府	广	8획	마을 부
武	止	8획	무관 무	佛	亻(人)	7획	부처 불
務	力	11획	힘쓸 무	備	亻(人)	12획	갖출 비
味	口	8획	맛 미	悲	心	12획	슬플 비
未	木	5획	아닐 미	非	非	8획	아닐 비
密	宀	11획	빽빽할 밀	飛	飛	9획	날 비
博	十	12획	넓을 박	貧	貝	11획	가난할 빈
房	户	8획	방 방	寺	寸	6획	절 사/내관 시
防	阜	7획	막을/둑 방	師	巾	10획	스승 사
訪	言	11획	찾을 방	舍	舌	8획	집 사
拜	手	9획	절 배	謝	言	17획	감사할 사
背	肉	9획	등 배	殺	殳	11획	죽일 살/감할 쇄
配	酉	10획	짝 배	常	巾	11획	항상 상
伐	亻(人)	6획	칠 벌	床	广	7획	평상 상
罰	罒	14획	벌 벌	狀	犬	8획	형상 상/문서 장
想	心	13획	생각할 상	試	言	13획	시험할 시
設	言	11획	베풀 설	詩	言	13획	시 시
城	土	10획	성 성	施	方	9획	베풀 시/옮길 이
星	日	9획	별 성	是	日	9획	옳을 시
盛	皿	12획	성할/담을 성	息	心	10획	숨쉴 식
聖	耳	13획	성인 성	申	田	5획	납/펼 신
聲	耳	17획	소리 성	深	氵(水)	11획	깊을 심

한자	部首	획수	訓音	한자	部首	획수	訓音
誠	言	14획	정성 성	眼	目	11획	눈 안
勢	力	13획	기세 세	暗	日	13획	어두울 암
稅	禾	12획	세금 세	壓	土	17획	누를 압
細	糸	11획	가늘 세	液	氵(水)	11획	진 액
掃	手	11획	쓸 소	羊	羊	6획	양 양
笑	竹	10획	웃을 소	餘	食	16획	남을 여
素	糸	10획	흴 소	如	女	6획	같을 여
俗	亻(人)	9획	풍속 속	逆	辶	10획	거스를 역
續	糸	21획	이을 속	煙	火	13획	연기 연
送	辶	10획	보낼 송	演	水	14획	펼 연
修	亻(人)	10획	닦을 수	研	石	11획	갈/벼루 연
受	又	8획	받을 수	榮	木	14획	영화 영
守	宀	6획	지킬 수	藝	艹(艸)	19획	재주 예
收	攵	6획	거둘 수	誤	言	14획	그르칠 오
授	扌(手)	11획	줄 수	玉	玉	5획	구슬 옥
純	糸	10획	순수할 순	往	彳	8획	갈/향할 왕
承	扌(手)	8획	이을 승	謠	言	17획	노래 요
視	見	12획	볼 시	容	宀	10획	얼굴 용
員	口	10획	인원 원	制	刂(刀)	8획	마를/법도 제
圓	口	13획	둥글 원	提	扌(手)	12획	끌 제
爲	爪	12획	할 위	祭	示	11획	제사 제
衛	行	16획	지킬 위	製	衣	14획	지을 제
肉	肉	6획	고기 육	濟	氵(水)	17획	건널 제
恩	心	10획	은혜 은	際	阜	14획	사이 제
陰	阜	11획	그늘 음	除	阜	10획	덜 제
應	心	17획	응할 응	助	力	7획	도울 조
義	羊	13획	옳을 의	早	日	6획	이를 조
議	言	20획	의논할 의	造	辶	11획	지을 조
移	禾	11획	옮길 이	鳥	鳥	11획	새 조
益	皿	10획	더할 익	尊	寸	12획	높을 존/술통 준
印	卩	6획	도장 인	宗	宀	8획	마루 종
引	弓	4획	끌 인	走	走	7획	달릴 주
認	言	14획	인정할 인	竹	竹	6획	대 죽

한자	部首	획수	訓音	한자	部首	획수	訓音
將	寸	11획	장수 장	準	氵(水)	13획	준할 준
障	阝(阜)	14획	막을 장	衆	血	12획	무리 중
低	亻(人)	7획	낮을 저	增	土	15획	더할 증
敵	攵	15획	원수 적	至	至	6획	이를 지
田	田	5획	밭 전	志	心	7획	뜻 지
絶	糸	12획	끊을 절	支	支	4획	가지 지
接	扌(手)	11획	사귈 접	指	扌(手)	9획	가리킬 지
政	攵	9획	정사/구실 정	職	耳	18획	벼슬 직
程	禾	12획	법/법도 정	眞	目	10획	참 진
精	米	14획	정교할 정	進	辶	12획	나아갈 진
次	欠	6획	버금 차	砲	石	10획	대포 포
察	宀	14획	살필 찰	暴	日	15획	사나울 포/폭
創	刂(刀)	12획	비롯할 창	票	示	11획	쪽지 표
處	虍	11획	곳 처	豊	豆	13획	풍년 풍
請	言	15획	청할 청	限	阝(阜)	9획	한계 한
銃	金	14획	총 총	港	氵(水)	12획	항구 항
總	糸	17획	거느릴 총	航	舟	10획	건널 항
築	竹	16획	쌓을 축	解	角	13획	풀 해
蓄	艹(艸)	14획	모을 축	香	香	9획	향기 향
蟲	虫	18획	벌레 충	鄕	阝(邑)	13획	시골 향
忠	心	8획	충성 충	虛	虍	12획	빌 허
取	又	8획	취할 취	驗	馬	23획	증험할 험
測	氵(水)	12획	잴 측	賢	貝	15획	어질 현
置	罒	13획	둘 치	血	血	6획	피 혈
齒	齒	15획	이 치	協	十	8획	화할 협
治	氵(水)	8획	다스릴 치	惠	心	12획	은혜 혜
侵	亻(人)	9획	침노할 침	呼	口	8획	부를 호
快	心	7획	쾌할 쾌	戶	戶	4획	지게 호
態	心	14획	모양 태	護	言	21획	보호할 호
統	糸	12획	거느릴 통	貨	貝	11획	재화 화
退	辶	10획	물러날 퇴	確	石	15획	굳을 확
波	氵(水)	8획	물결 파/방죽 피	回	囗	6획	돌아올 회
破	石	10획	깨뜨릴 파/무너질 비	吸	口	7획	숨들이쉴 흡

한자	部首	획수	訓音	한자	部首	획수	訓音
包	勹	5획	쌀 포	興	臼	16획	일 흥
布	巾	5획	베/펼 포	希	巾	7획	바랄 희

6) 4급 배정 한자

한자	部首	획수	訓音	한자	部首	획수	訓音
暇	日	13획	겨를 가	季	子	8획	계절 계
刻	刂(刀)	8획	새길 각	戒	戈	7획	경계할 계
覺	見	20획	깨달을 각	階	阝(阜)	12획	섬돌 계
干	干	3획	방패 간	繼	糸	20획	이을 계
看	目	9획	볼 간	鷄	鳥	21획	닭 계
簡	竹	18획	편지 간	孤	子	8획	외로울 고
甘	甘	5획	달 감	庫	广	10획	창고(곳집) 고
敢	攵	12획	감히 감	穀	禾	15획	곡식 곡
甲	田	5획	갑옷 갑	困	口	7획	곤할 곤
降	阝(阜)	9획	내릴 강/항복할 항	骨	骨	10획	뼈 골
巨	工	5획	클 거	孔	子	4획	구멍 공
拒	扌(手)	8획	막을 거	管	竹	14획	대롱 관
據	扌(手)	16획	근거 거	鑛	金	23획	쇳돌 광
居	尸	8획	살 거	構	木	14획	얽을 구
傑	亻(人)	12획	뛰어날 걸	君	口	7획	임금 군
儉	亻(人)	15획	검소할 검	群	羊	13획	무리 군
擊	手	17획	칠 격	屈	尸	8획	굽을 굴
激	氵(水)	16획	격할 격	窮	穴	15획	다할 궁
堅	土	11획	굳을 견	券	刀	8획	문서 권
犬	犬	4획	개 견	卷	卩	8획	책 권
傾	亻(人)	13획	기울 경	勸	力	20획	권할 권
更	曰	7획	고칠 경/다시 갱	歸	止	18획	돌아갈 귀
鏡	金	19획	거울 경	均	土	7획	고를 균
驚	馬	23획	놀랄 경	劇	刀	15획	심할 극
系	糸	7획	이을 계	筋	竹	12획	힘줄 근
勤	力	13획	부지런할 근	妙	女	7획	묘할 묘

한자	部首	획수	訓音	한자	部首	획수	訓音
奇	大	8획	기이할 기	墓	土	14획	무덤 묘
機	木	16획	틀 기	舞	舛	14획	춤출 무
紀	糸	9획	벼리 기	拍	扌(手)	8획	칠 박
寄	宀	11획	부칠 기	髮	髟	15획	터럭 발
納	糸	10획	들일 납	妨	女	7획	방해할 방
段	殳	9획	계단 단	犯	犭	5획	범할 범
徒	彳	10획	무리 도	範	竹	15획	규범 범
盜	皿	12획	도둑 도	辯	辛	21획	말잘할 변
逃	辶	10획	달아날 도	普	日	12획	넓을 보
亂	乙	13획	어지러울 란	伏	亻(人)	6획	엎드릴 복
卵	卩	7획	알 란	複	衤	14획	겹칠 복
覽	見	21획	볼 람	否	口	7획	아닐 부/막힐 비
略	田	11획	생략할 략	負	貝	9획	짐질 부
糧	米	18획	양식 량	憤	忄(心)	15획	분할 분
慮	心	15획	생각할 려	粉	米	10획	가루 분
烈	灬(火)	10획	세찰 렬	批	扌(手)	7획	비평할 비
龍	龍	16획	용 룡	秘	禾	10획	숨길 비
柳	木	9획	버들 류	碑	石	13획	비석 비
輪	車	15획	바퀴 륜	射	寸	10획	쏠 사
離	隹	19획	떠날 리	私	禾	7획	개인 사
妹	女	8획	손아랫누이 매	絲	糸	12획	실 사
勉	力	9획	힘쓸 면	辭	辛	19획	말씀 사
鳴	鳥	14획	울 명	散	攵	12획	흩어질 산
模	木	15획	법 모	象	豕	12획	코끼리 상
傷	亻(人)	13획	다칠 상	豫	豕	16획	미리 예
宣	宀	9획	베풀 선	優	亻(人)	17획	넉넉할 우
舌	舌	6획	혀 설	遇	辶	13획	만날 우
屬	尸	21획	붙을 속/부탁할 촉	郵	阝(阜)	11획	우편 우
損	扌(手)	13획	덜 손	怨	心	9획	원망할 원
松	木	8획	소나무 송	援	扌(手)	12획	도울 원
頌	頁	13획	기릴 송	源	氵(水)	13획	근원 원
秀	禾	7획	빼어날 수	危	卩	6획	위태할 위
叔	又	8획	아재비 숙	圍	口	12획	둘레 위

한자	部首	획수	訓音	한자	部首	획수	訓音
肅	聿	12획	엄숙할 숙	委	女	8획	맡길 위
崇	山	11획	높을 숭	威	女	9획	위엄 위
氏	氏	4획	각시 씨/나라이름 지	慰	心	15획	위로할 위
額	頁	18획	이마 액	乳	乙	8획	젖 유
樣	木	15획	모양 양	遊	辶	13획	놀 유
嚴	口	20획	엄할 엄	遺	辶	16획	남길 유
與	臼	14획	줄 여	儒	亻(人)	16획	선비 유
易	日	8획	바꿀 역/쉬울 이	隱	阝(阜)	17획	숨을 은
域	土	11획	지경 역	依	亻(人)	8획	의지할 의
延	廴	7획	늘일 연	儀	亻(人)	15획	거동 의
緣	糸	15획	인연 연	疑	疋	14획	의심할 의
鉛	金	13획	납 연	異	田	11획	다를 이
燃	火	16획	사를 연	仁	亻(人)	4획	어질 인
營	火	17획	경영할 영	姉	女	8획	손위누이 자
迎	辶	8획	맞을 영	姿	女	9획	맵시 자
映	日	9획	비칠 영	資	貝	13획	자원 자
殘	歹	12획	남을 잔	組	糸	11획	짤 조
雜	隹	18획	섞일 잡	潮	氵(水)	15획	조수 조
壯	士	7획	씩씩할 장	存	子	6획	있을 존
獎	大	14획	권면할 장	從	彳	11획	좇을 종
帳	巾	11획	휘장 장	鐘	金	20획	쇠북 종
張	弓	11획	베풀 장	座	广	10획	자리 좌
腸	肉	13획	창자 장	周	口	8획	두루 주
裝	衣	13획	꾸밀 장	朱	木	6획	붉을 주
底	广	8획	밑 저	酒	酉	10획	술 주
積	禾	16획	쌓을 적	證	言	19획	증거 증
籍	竹	20획	문서 적	智	日	12획	지혜 지
績	糸	17획	길쌈 적	持	扌(手)	9획	가질 지
賊	貝	13획	도둑 적	誌	言	14획	기록할 지
適	辶	15획	맞을 적	織	糸	18획	짤 직
專	寸	11획	오로지 전	盡	皿	14획	다할 진
轉	車	18획	구를/돌릴 전	珍	王	9획	보배 진
錢	金	16획	돈 전	陣	阝(阜)	10획	진칠 진

한자	部首	획수	訓音	한자	部首	획수	訓音
折	扌(手)	7획	꺾을 절	差	工	10획	다를 차
點	黑	17획	점 점	讚	言	26획	기릴 찬
占	卜	5획	차지할 점	採	扌(手)	11획	캘 채
丁	一	2획	고무래 정	冊	冂	5획	책 책
整	攵	16획	가지런할 정	泉	水	9획	샘 천
靜	靑	16획	고요할 정	聽	耳	22획	들을 청
帝	巾	9획	임금 제	廳	广	25획	관청 청
條	木	11획	조항 조	招	扌(手)	8획	부를 초
推	扌(手)	11획	옮길 추/밀 퇴	疲	疒	10획	피곤할 피
縮	糸	17획	오그라들 축	避	辶	17획	피할 피
就	尢	12획	이룰 취	恨	忄(心)	9획	한할 한
趣	走	15획	달릴 취/재촉할 촉	閑	門	12획	한가할 한
層	尸	15획	층 층	抗	扌(手)	7획	막을 항
寢	宀	14획	잠잘 침	核	木	10획	씨 핵
針	金	10획	바늘 침	憲	心	16획	법 헌
稱	禾	14획	일컬을 칭	險	阝(阜)	16획	험할 험
彈	弓	15획	탄환 탄	革	革	9획	가죽 혁
歎	欠	15획	탄식할 탄	顯	頁	23획	나타날 현
脫	月(肉)	11획	벗을 탈	刑	刂(刀)	6획	형벌 형
探	扌(手)	11획	찾을 탐	好	女	6획	좋을 호
擇	扌(手)	16획	가릴 택	或	戈	8획	혹 혹
討	言	10획	칠 토	混	氵(水)	11획	섞일 혼
痛	疒	12획	아플 통	婚	女	11획	혼인할 혼
鬪	鬥	20획	싸움 투	紅	糸	9획	붉을 홍
投	扌(手)	7획	던질 투	華	艹(艸)	12획	빛날 화
派	氵(水)	9획	갈래 파	環	玉	17획	고리 환
判	刂(刀)	7획	판별할 판	歡	欠	22획	기뻐할 환
篇	竹	15획	책 편	況	氵(水)	8획	하물며 황
評	言	12획	평할 평	灰	火	6획	재 회
閉	門	1획	닫을 폐	候	亻(人)	10획	절기 후
胞	肉	9획	태보 포	厚	厂	9획	두터울 후
爆	火	19획	터질 폭/포	揮	扌(手)	12획	휘두를 휘
標	木	15획	표식 표	喜	口	12획	기쁠 희

참고문헌

▪ 본문에서 제시한 일부 사진은 『민족문화대백과사전』, 〈구글〉·〈네이버〉·〈네이트〉 등에서 인용했다. 이때 그대로 게재한 것이 아니라 알맞게 가공하였음을 밝힌다.

▪ 본문에서 제시하지 않은 참고문헌은 다음과 같다.

강민구, 『살아있는 생활한자』, 보고사, 2009.

岡野秀夫 著, 『漢字檢定 3級』, 高橋書店(日本), 2008.

고려대학교 한자한문연구소편, 『한자의 이해』, 고려대학교출판부, 2008.

기태완 외, 『부수따라 익히는 1800자』, 보고사, 2007.

김기창 외, 『교양인을 위한 한자 한문』, 전통문화연구회, 2002.

김경수, 『취업한자』, 동인, 2007.

김병헌, 『한자능력검정시험 3급』, 조선일보사, 2009(5판).

김성동, 『김성동 천자문』, 청년사, 2004.

김언종, 『한자의 뿌리 1~2』, 문학동네, 2001.

김욱동, 『우리가 정말 알아야 할 한국고전』, 현암사, 2007.

김종혁, 『부수로 한자 정복하기』, 학민사, 2006.

남궁양석 외, 『중국의 언어와 문화』, 학고방, 2006.

명문당 편집부, 『가정보감』, 명문당, 1979.

박원길, 『한자박사 만들기 1~3권』, 동양문고, 2003.

송원찬 외, 『한자콘서트』, 차이나하우스, 2007.

심경호 역, 『漢字學』, 이회, 1996.

안대회, 『7일간의 한자여행』, 한겨레신문사, 1999.

안재우 외, 『상식예절』, 경남, 1996.

염정삼, 『설문해자주 부수자 역해』, 서울대출판부, 2007.
이건창, 『교양한문』, 열린교육, 2005.
이기형 옮김, 『한자의 수수께끼』, 학민사, 1994.
이규갑, 『한자가 궁금하다: 재미있는 한자 이야기 50편』, 학민사, 2000.
이명학, 『교양인을 위한 한문의 세계』, 성균관대출판부, 2004.
이순태, 『필수 시사한자 5000』, 인터북스, 1999.
이충구 편저, 『한자부수 해설』, 전통문화연구회, 1998.
장충개, 『2350 字源漢字』, 느낌이 있는 책, 2009.
정민 외, 『살아있는 한자 교과서 1~2권』, 휴머니스트, 2004.
정석원, 『문화가 흐르는 한자』, 동아일보사, 2000.
정종수, 『사람의 한평생』, 학고재, 2008.
조선일보사편, 『사진으로 보는 가정의례』, 조선일보사, 1990.
하영삼, 『연상한자』, 예담, 2004.
한국고문서학회, 『조선시대 생활사2』, 역사비평사, 2002.

저 | 자 | 약 | 력

■ 허 경 진

1952년 목포 출생. 연세대 국문과를 졸업하면서 〈요나서〉로 연세문학상을 받고, 연세대 대학원에서 문학석사와 문학박사를 받았다. 목원대학교 국어교육과를 거쳐, 연세대학교 국문과 교수로 있다. 『삼국유사』, 『서유견문』과 한국의 한시 50권의 번역이 있으며, 『허균평전』, 『사대부 소대헌 호연재 부부의 한평생』, 『하버드대학 옌칭도서관의 한국 고서들』 등 5권의 저서가 있다.

■ 유 춘 동

1973년 생. 강원도 원주에서 줄곧 성장했다. 연세대학교 대학원에서 문학박사를 받았다. 선문대학교 한국언어문화학과의 조교수이면서, 연세대학교와 한국방송통신대학교에서도 강의하고 있다.

–제2판–

대학생이 알아야 할 한자(漢字)

지은이 허경진 · 유춘동
펴낸곳 연세대학교 대학출판문화원
주 소 서울특별시 서대문구 연세로 50
http://www.press.yonsei.ac.kr
e-mail : ysup@yonsei.ac.kr
전 화 02) 2123-3380~2
팩 스 02) 2123-8673
등 록 1955년 10월 13일 제9-60호
인 쇄 (주) 동국문화

2010년 2월 28일 1판 1쇄
2014년 2월 28일 2판 1쇄
2019년 3월 4일 2판 5쇄
ISBN 978-89-6850-056-5 (93720)

값 24,000원

제2판

대학생이 알아야 할 한자 漢字 쓰기 연습장

허경진·유춘동 공저

학과 ____________________

학번 ____________________

이름 ____________________

연세대학교 대학출판문화원

차례

한자를 쓰는 순서

※한자는 일반적으로, 다음과 같은 순서에 따라 쓴다.

1. 위에서부터 아래로 쓴다.

三	一	二	三		工	一	丅	工	

2. 왼쪽에서부터 오른쪽으로 쓴다.

川	丿	丿丨	川		心	丶	心	心	心

3. 가로획을 먼저 쓸 경우, 가로에서 세로 순서로 쓴다.

土	一	十	土		不	一	丆	不	不

4. 세로획을 먼저 쓸 경우, 세로에서 가로 순서로 쓴다.

日	丨	冂	月	日	口	丨	冂	口	

5. 가로획과 세로획이 겹칠 때에는 가로획을 먼저 쓴다.

木	一	十	才	木	千	丿	二	千	

6. 삐침이 들어갈 경우, 삐침을 먼저 쓴다.

文	丶	亠	方	文	人	丿	人		

7. 좌우가 대칭될 때에는 가운데를 먼저 쓴다.

小	亅	小	小		水	亅	水	水	水

8. 둘러싼 모양으로 된 글자는 바깥쪽을 먼저 쓴다.

國	丨	冂	冂	冂	同	同	同	國	國	國	國

風	丿	几	几	凡	凬	凬	風	風	風

9. 글자를 꿰뚫는 획은 맨 마지막에 쓴다.

中	丨	冂	口	中	母	𠃋	毋	毋	毋	母

10. 글자의 점은 맨 마지막에 쓴다.

玉	一	二	干	王	玉	犬	一	ナ	大	犬

11. 받침이 있을 경우, 맨 마지막에 쓴다.

道	丶	丷	䒑	䒑	产	首	首	首	首	首	道	道	道

建	ㄱ	⺕	彐	彐	聿	聿	律	建	建

※단, 예외적으로 받침으로 쓰이는 글자 중에서 '走' 나 '是' 등은 먼저 쓴다.

제1강

佳 아름다울 가									
架 시렁 가									
却 물리칠 각									
脚 다리 각									
閣 집 각									
刊 새길 간									
肝 간 간									
姦 간사할 간									
幹 줄기 간									
懇 간절할 간									

漢字									
渴 목마를 갈									
鑑 거울 감									
剛 굳셀 강									
鋼 강철 강									
綱 벼리 강									
介 낄 개									
皆 다 개									
槪 대개 개									
蓋 덮을 개									
慨 슬퍼할 개									

距									
떨어질 거									
乾									
하늘/마를 건									
乞									
빌 걸									
劍									
칼 검									
隔									
사이 뜰 격									
遣									
보낼 견									
絹									
비단 견									
肩									
어깨 견									
牽									
이끌 견									
兼									
겸할 겸									

謙

겸손할 겸

訣

이별할 결

硬

굳을 경

竟

마칠 경

耕

밭갈 경

卿

벼슬 경

庚

별 경

頃

잠깐 경

徑

지름길 경

桂

계수나무 계

癸									
북방/천간 계									
繫									
맬 계									
契									
맺을 계									
啓									
열 계									
械									
기계 계									
溪									
시내 계									

제2강

한자									
顧									
돌아볼 고									
枯									
마를 고									
姑									
시어머니 고									
鼓									
북 고									
稿									
원고/볏짚 고									
谷									
골 곡									
哭									
울 곡									
坤									
땅 곤									
供									
이바지할 공									
恭									
공손할 공									

貢									
바칠 공									
恐									
두려울 공									
誇									
자랑할 과									
寡									
적을 과									
郭									
둘레/외성 곽									
冠									
갓 관									
貫									
꿸 관									
慣									
익숙할 관									
寬									
너그러울 관									
館									
집 관									

한자	훈음
狂	미칠 광
掛	걸 괘
怪	괴이할 괴
壞	무너질 괴
愧	부끄러울 괴
塊	흙덩이 괴
巧	공교할 교
郊	들 교
矯	바로잡을 교
較	비교/견줄 교

鷗									
갈매기 구									
狗									
개 구									
苟									
구차할 구									
懼									
두려워할 구									
丘									
언덕 구									
久									
오랠 구									
拘									
잡을 구									
俱									
함께 구									
龜									
거북 구(귀)/터질 균									
菊									
국화 국									

弓
활 궁
拳
주먹 권
厥
그 궐
軌
바퀴자국 궤
叫
부르짖을 규

糾									
얽힐 규									
菌									
버섯 균									
鬼									
귀신 귀									
克									
이길 극									
僅									
겨우 근									
謹									
삼갈 근									
斤									
근/날 근									
禽									
새 금									
琴									
거문고 금									
錦									
비단 금									

及									
미칠 급									
肯									
즐길 긍									
忌									
꺼릴 기									
企									
꾀할 기									
其									
그 기									
騎									
말탈 기									
幾									
몇 기									
棄									
버릴 기									
祈									
빌 기									
畿									
경기 기									

欺									
속일 기									
豈									
어찌 기/ 즐길 개									
旣									
이미 기									
飢									
주릴 기									
緊									
긴할 긴									
那									
어찌 나/ 어조사 내									
諾									
허락할 낙									
娘									
계집 낭									
耐									
견딜 내									
乃									
이에 내									

奈									
어찌 내/ 나락 나									
寧									
편안할 녕									
奴									
종 노									
腦									
골/뇌수 뇌									
惱									
번뇌할 뇌									
泥									
진흙 니									
茶									
차 다/차									
丹									
붉을 단									
旦									
아침 단									
但									
다만 단									

淡
맑을 담

畓
논 답

踏
밟을 답

唐
당나라 당

糖
엿 당

제4강

臺									
돈대 대									
貸									
빌릴 대									
渡									
건널 도									
刀									
칼 도									
途									
길 도									
倒									
넘어질 도									
陶									
질그릇 도/사람이름 요									
塗									
칠할 도									
挑									
돋을 도									
跳									
뛸 도									

桃	복숭아 도
稻	벼 도
篤	도타울 독
豚	돼지 돈
敦	도타울 돈
突	갑자기 돌
凍	얼 동
屯	모일 둔
鈍	둔할 둔
騰	오를 등

絡 이을 락									
欄 난간 란									
蘭 난초 란									
濫 넘칠 람									
浪 물결 랑									
郎 사내 랑									
廊 행랑 랑									
掠 노략질할 략									
涼 서늘할 량									
諒 살필 량									

梁									
들보 량									
勵									
힘쓸 려									
曆									
책력 력									
戀									
사모할 련									
憐									
불쌍히여길 련									
鍊									
단련할 련									
蓮									
연꽃 련									
聯									
잇달을 련									
劣									
못할 렬									
裂									
찢어질 렬									

廉
청렴할 렴

獵
사냥 렵

嶺
고개 령

零
떨어질 령

靈
신령 령

隷 종 례									
露 이슬 로									
爐 화로 로									
祿 녹 록									
鹿 사슴 록									
弄 희롱할 롱									
雷 우레 뢰									
賴 의지할 뢰									
了 마칠 료									
僚 동료 료									

淚									
눈물 루									
樓									
다락 루									
漏									
샐 루									
屢									
자주 루									
累									
여러 루									
倫									
인륜 륜									
栗									
밤 률									
率									
비율 률/ 거느릴 솔									
隆									
높을 륭									
陵									
언덕 릉									

한자	훈음
吏	관리/ 벼슬아치 리
履	밟을 리
梨	배 리
裏	속 리
隣	이웃 린
臨	임할 림
磨	갈 마
麻	삼 마
漠	넓을 막
莫	없을 막

幕									
장막 막									
晩									
늦을 만									
慢									
게으를 만									
漫									
흩어질 만									
妄									
망녕될 망									
茫									
아득할 망									
忙									
바쁠 망									
罔									
없을 망									
忘									
잊을 망									
梅									
매화 매									

埋									
묻을 매									
媒									
중매 매									
麥									
보리 맥									
孟									
맏 맹									
盟									
맹세 맹									

제6강

猛									
사나울 **맹**									
盲									
소경 **맹**									
免									
면할 **면**									
綿									
솜 **면**									
眠									
잘 **면**									
滅									
멸할/꺼질 **멸**									
銘									
새길 **명**									
冥									
어두울 **명**									
慕									
그리워할 **모**									
某									
아무 **모**									

謀									
꾀 모									
貌									
모양 모									
侮									
업신여길 모									
冒									
가릴 모									
募									
모을 모									
暮									
저물 모									
睦									
화목할 목									
沒									
빠질 몰									
夢									
꿈 몽									
蒙									
어두울 몽									

苗									
모 묘									
廟									
사당 묘									
卯									
토끼 묘									
茂									
무성할 무									
戊									
천간 무									
貿									
무역할 무									
霧									
안개 무									
墨									
먹 묵									
默									
잠잠할 묵									
紋									
무늬 문									

勿									
말 물									
尾									
꼬리 미									
眉									
눈썹 미									
迷									
미혹할 미									
微									
작을 미									
憫									
근심할 민									
敏									
민첩할 민									
蜜									
꿀 밀									
泊									
머무를 박									
迫									
핍박할 박									

薄									
엷을 박									
般									
옮길 반									
返									
돌이킬 반									
飯									
밥 반									
伴									
짝 반									

제7강

叛									
배반할 반									
盤									
소반 반									
拔									
뽑을 발									
傍									
곁 방									
芳									
꽃다울 방									
邦									
나라 방									
倣									
본뜰 방									
輩									
무리 배									
排									
밀칠 배									
培									
북돋울 배									

杯									
잔 배									
伯									
맏 백									
煩									
번거로울 번									
飜									
뒤집을 번									
繁									
번성할 번									
凡									
무릇 범									
碧									
푸를 벽									
辨									
분별할 변									
竝									
아우를 병									
丙									
셋째 천간 병									

屛									
병풍 병									
補									
도울 보									
譜									
족보 보									
腹									
배 복									
卜									
점 복									
蜂									
벌 봉									
峯									
봉우리 봉									
逢									
만날 봉									
封									
봉할 봉									
鳳									
새 봉									

赴									
달릴 부									
扶									
도울 부									
浮									
뜰 부									
簿									
문서 부									
付									
줄 부									
附									
붙을 부									
符									
부신 부									
賦									
조세 부									
腐									
썩을 부									
覆									
덮을 부/ 엎어질 복									

奔									
달아날 분									
奮									
떨칠 분									
墳									
무덤 분									
紛									
어지러울 분									
拂									
떨칠 불									

朋									
벗 붕									
崩									
무너질 붕									
卑									
낮을 비									
婢									
계집종 비									
肥									
살찔 비									
妃									
왕비 비									
賓									
손 빈									
頻									
자주 빈									
聘									
부를 빙									
邪									
간사할 사/ 어조사 야									

蛇									
뱀 사									
似									
닮을 사									
司									
맡을 사									
詞									
말 사									
沙									
모래 사									
巳									
뱀 사									
捨									
버릴 사									
斜									
비낄 사									
詐									
속일 사									
斯									
이 사									

한자	훈음
賜	줄 사
祀	제사 사
削	깎을 삭
朔	초하루 삭
森	수풀 삼
償	갚을 상
嘗	맛볼 상
像	모양 상
桑	뽕나무 상
祥	상서로울 상

한자	훈음
尙	오히려 상
霜	서리 상
喪	잃을 상
詳	자세할 상
裳	치마 상
塞	변방 새/ 막을 색
索	새끼줄 삭/ 찾을 색
暑	더울 서
署	관청 서
緖	실마리 서

庶									
여러 서									
恕									
용서할 서									
徐									
천천할 서									
敍									
차례 서									
逝									
갈 서									

제9강

한자	훈음
誓	맹세할 서
昔	옛 석
惜	애석할 석
析	쪼갤 석
釋	풀 석
旋	돌 선
禪	고요할 선
涉	건널 섭
攝	당길 섭
疏	성길 소

蔬									
나물 소									
召									
부를 소									
昭									
밝을 소									
燒									
불사를 소									
騷									
떠들 소									
蘇									
깨어날 소									
訴									
송사할 소									
粟									
조 속									
訟									
송사할 송									
誦									
월 송									

鎖									
쇠사슬 **쇄**									
刷									
인쇄할 **쇄**									
衰									
쇠할 **쇠**/ 상복 **최**									
搜									
찾을 **수**									
垂									
드리울 **수**									
囚									
가둘 **수**									
誰									
누구 **수**									
愁									
근심 **수**									
殊									
다를 **수**									
隨									
따를 **수**									

遂									
이룰 수									
須									
모름지기 수									
壽									
목숨 수									
輸									
보낼 수									
雖									
비록 수									
需									
구할 수									
帥									
장수 수									
獸									
짐승 수									
睡									
졸음 수									
淑									
맑을 숙									

孰									
누구 숙									
熟									
익을 숙									
瞬									
눈깜짝할 순									
循									
돌 순									
巡									
순행할 순									

제10강

殉									
따라죽을 순									
脣									
입술 순									
旬									
열흘 순									
戌									
열한 번째 지지 술									
述									
지을 술									
拾									
열 십/ 주을 습									
襲									
엄습할 습									
濕									
젖을 습									
昇									
오를 승									
僧									
중 승									

乘									
탈 승									
侍									
모실 시									
矢									
화살 시									
飾									
꾸밀 식									
辛									
매울 신									
愼									
삼갈 신									
晨									
새벽 신									
伸									
펼 신									
審									
살필 심									
甚									
심할 심									

尋									
찾을 심									
雙									
두/쌍 쌍									
我									
나 아									
雅									
우아할 아									
亞									
버금 아									
牙									
어금니 아									
芽									
싹 아									
阿									
언덕 아									
餓									
굶주릴 아									
岳									
큰 산 악									

雁									
기러기 안									
顔									
낯 안									
岸									
언덕 안									
謁									
아뢸 알									
巖									
바위 암									
押									
누를 압									
央									
가운데 앙									
殃									
재앙 앙									
仰									
우러를 앙									
涯									
물가 애									

哀									
슬플 애									
厄									
재앙 액									
若									
반야 야/ 같을 약									
也									
어조사 야									
耶									
어조사 야									

제11강

躍									
뛸 약									
揚									
드날릴 양									
楊									
버들 양									
讓									
사양할 양									
壤									
흙 양									
御									
거느릴 어									
於									
탄식할 오/ 어조사 어									
抑									
누를 억									
憶									
생각할 억									
焉									
어찌 언									

予									
나 여									
余									
나 여									
汝									
너 여									
輿									
수레 여									
亦									
또 역									
譯									
번역할 역									
役									
부릴 역									
驛									
역 역									
疫									
전염병 역									
沿									
따를 연									

軟									
연할 연									
宴									
잔치 연									
燕									
제비 연									
悅									
기쁠 열									
閱									
살필 열									
染									
물들 염									
炎									
불꽃 염									
鹽									
소금 염									
影									
그림자 영									
詠									
읊을 영									

한자	훈음
泳	헤엄칠 영
譽	기릴 예
銳	날카로울 예
傲	거만할 오
烏	까마귀 오
嗚	슬플 오
吾	나 오
悟	깨달을 오
汚	더러울 오
娛	즐길 오

獄									
감옥 옥									
擁									
안을 옹									
翁									
늙은이 옹									
瓦									
기와 와									
臥									
누울 와									

제12강

緩 느릴 완									
曰 가로되 왈									
畏 두려워할 외									
遙 멀 요									
腰 허리 요									
搖 흔들 요									
辱 욕될 욕									
欲 하고자할 욕									
慾 욕심 욕									
庸 떳떳할 용									

羽									
깃 우									
憂									
근심 우									
尤									
더욱 우									
又									
또 우									
于									
어조사 우									
宇									
집 우									
愚									
어리석을 우									
偶									
짝 우									
云									
이를 운									
韻									
음운 운									

越									
넘을 월									
僞									
거짓 위									
胃									
밥통 위									
謂									
이를 위									
緯									
씨 위									
違									
어길 위									
幽									
그윽할 유									
誘									
꾈 유									
裕									
넉넉할 유									
愈									
나을 유									

酉									
닭 유									
悠									
멀 유									
柔									
부드러울 유									
維									
맬 유									
惟									
오직 유									
唯									
오직 유									
幼									
어릴 유									
猶									
오히려 유									
閏									
윤달 윤									
潤									
윤택할 윤									

乙									
새 을									
吟									
읊을 음									
淫									
음란할 음									

제13강

泣									
울 읍									
凝									
엉길 응									
宜									
마땅할 의									
矣									
어조사 의									
而									
말이을 이									
已									
이미 이									
夷									
오랑캐 이									
翼									
날개 익									
寅									
범 인									
忍									
참을 인									

姻	혼인할 인
逸	달아날 일
壬	북방 임
賃	품팔 임
玆	이 자/검을 현
慈	사랑할 자
恣	방자할 자
紫	자주빛 자
刺	찌를 자/찌를 척
爵	벼슬 작

酌									
술 부을 작									
潛									
잠길 잠									
暫									
잠시 잠									
藏									
감출 장									
臟									
오장 장									
粧									
단장할 장									
墻									
담 장									
掌									
손바닥 장									
莊									
장중할 장									
丈									
어른 장									

葬									
장사지낼 장									
載									
실을 재									
栽									
심을 재									
裁									
마를 재									
哉									
어조사 재									
宰									
재상 재									
著									
나타날 저									
抵									
막을 저									
寂									
고요할 적									
摘									
들추어낼 적									

滴

물방울 적

제14강

跡									
발자취 적									
蹟									
자취 적									
笛									
피리 적									
殿									
전각 전									
竊									
훔칠 절									
漸									
점점 점									
蝶									
나비 접									
貞									
곧을 정									
淨									
깨끗할 정									
訂									
바로잡을 정									

井									
우물 정									
頂									
정수리 정									
亭									
정자 정									
廷									
조정 정									
征									
칠 정									
齊									
가지런할 제									
堤									
둑 제									
諸									
모두 제									
燥									
마를 조									
照									
비칠 조									

兆									
억조 조									
弔									
조상할 조									
租									
구실 조									
拙									
졸렬할 졸									
縱									
세로 종									
佐									
도울 좌									
坐									
앉을 좌									
柱									
기둥 주									
奏									
아뢸 주									
株									
그루 주									

珠									
구슬 주									
舟									
배 주									
鑄									
주조할 주									
洲									
물가 주									
宙									
집 주									
遵									
좇을 준									
俊									
준걸 준									
仲									
버금 중									
卽									
곧 즉									

제15강

曾									
일찍 증									
憎									
미울 증									
贈									
줄 증									
症									
증세 증									
蒸									
찔 증									
之									
갈 지									
枝									
가지 지									
只									
다만 지									
遲									
늦을 지									
池									
연못 지									

辰									
별 진/때 신									
振									
떨칠 진									
震									
진동할 진									
陳									
늘어놓을 진									
鎭									
진압할 진									
疾									
병 질									
姪									
조카 질									
秩									
차례 질									
執									
잡을 집									
徵									
부를 징									

懲									
징계할 징									
且									
또 차									
借									
빌 차									
錯									
어긋날 착/ 둘 조									
此									
이 차									
捉									
잡을 착									
贊									
도울 찬									
慙									
부끄러울 참									
慘									
참혹할 참									
倉									
곳집 창									

蒼									
푸를 창									
昌									
창성할 창									
暢									
화창할 창									
菜									
나물 채									
彩									
채색 채									
債									
빚 채									
策									
꾀 책									

제16강

妻									
아내 처									
拓									
넓힐 척/ 탁본할 탁									
斥									
물리칠 척									
尺									
자 척									
戚									
겨레 척									
踐									
밟을 천									
淺									
얕을 천									
薦									
천거할 천									
賤									
천할 천									
遷									
옮길 천									

哲									
밝을 철									
徹									
통할 철									
添									
더할 첨									
尖									
뾰족할 첨									
妾									
첩 첩									
晴									
갤 청									
替									
바꿀 체									
滯									
막힐 체									
逮									
잡을 체									
遮									
갈마들 체									

抄									
뽑을 초									
秒									
초 초									
肖									
닮을/같을 초									
超									
뛰어넘을 초									
礎									
주춧돌 초									
促									
재촉할 촉									
觸									
닿을 촉									
燭									
촛불 촉									
聰									
귀밝을 총									
催									
재촉할 최									

抽

뽑을 추

醜

추할 추

追

쫓을 추

丑

소 축

畜

가축 축

제17강

逐									
쫓을 축									
衝									
부딪칠 충									
臭									
냄새 취									
吹									
불 취									
醉									
취할 취									
側									
곁 측									
値									
값 치									
恥									
부끄러울 치									
稚									
어릴 치									
漆									
옻 칠									

枕									
베개 **침**									
沈									
잠길 **침**/ 성 **심**									
浸									
잠길 **침**									
墮									
떨어질 **타**									
妥									
온당할 **타**									
托									
맡길 **탁**									
濯									
씻을 **탁**									
濁									
흐릴 **탁**									
誕									
태어날 **탄**									
奪									
빼앗을 **탈**									

貪									
탐할 **탐**									
搭									
탑 **탑**									
湯									
끓일 **탕**									
怠									
게으를 **태**									
殆									
위태로울 **태**									
泰									
클 **태**									
澤									
연못 **택**									
兎									
토끼 **토**									
吐									
토할 **토**									
透									
통할 **투**									

把									
잡을 파									
罷									
파할 파									
播									
뿌릴 파									

제18강

頗									
자못 파									
販									
팔 판									
版									
널 판									
貝									
조개 패									
偏									
치우칠 편									
編									
엮을 편/ 땋을 변									
遍									
두루 편									
片									
조각 편									
蔽									
덮을 폐									
弊									
해질 폐									

廢									
폐할 폐									
肺									
허파 폐									
幣									
폐백 폐									
浦									
물가 포									
捕									
잡을 포									
飽									
배부를 포									
抱									
안을 포									
幅									
폭 폭									
漂									
뜰 표									
楓									
단풍 풍									

皮									
가죽 피									
被									
입을 피									
彼									
저 피									
畢									
마칠 필									
匹									
짝 필									
荷									
멜 하									
何									
어찌 하									
賀									
하례할 하									
鶴									
학 학									
旱									
가물 한									

汗									
땀 한									
割									
나눌 할									
咸									
다 함									

제19강

含									
머금을 함									
陷									
빠질 함									
巷									
거리 항									
項									
목 항									
恒									
항상 항									
響									
울릴 향									
該									
갖출 해									
亥									
돼지 해									
奚									
어찌 해									
享									
누릴 향									

獻	바칠 헌
玄	검을 현
軒	처마 헌
縣	고을 현
懸	매달 현
絃	줄 현
穴	굴 혈
嫌	싫어할 혐
脅	위협할 협
螢	반딧불 형

亨									
형통할 형									
衡									
저울대 형									
慧									
지혜 혜									
兮									
어조사 혜									
浩									
넓을 호									
胡									
오랑캐 호									
虎									
범 호									
乎									
어조사 호									
互									
서로 호									
毫									
터럭 호									

豪

호걸 호

惑									
미혹할 혹									
魂									
넋 혼									
昏									
어두울 혼									
忽									
갑자기 홀									
鴻									
큰 기러기 홍									
弘									
넓을 홍									
洪									
넓을 홍									
禾									
벼 화									
禍									
재앙 화									
穫									
거둘 확									

擴									
넓힐 확									
丸									
둥글 환									
還									
돌아올 환									
換									
바꿀 환									
荒									
거칠 황									
皇									
임금 황									
悔									
뉘우칠 회									
懷									
품을 회									
劃									
그을 획									
獲									
얻을 획									

橫									
가로 횡									
曉									
새벽 효									
侯									
제후 후									
毁									
헐 훼									
輝									
빛날 휘									
携									
가질 휴									
胸									
가슴 흉									
戲									
놀 희									
稀									
드물 희									

제2판

대학생이 알아야 할

한자 漢字